2024年度江苏省高校哲学社会科学研究一般项目“习近平青年观引领大学生理想信念教育研究(2024SJSZ1047)”
2024年度宿迁市社科研究课题“新时代大学生理想信念教育研究(24SYC-172)”阶段性研究成果
2024年度宿迁学院“56同心工作室”研究课题“以红色文化铸牢中华民族共同体意识研究(2024tzzx01)”

邓平安 著

DAXUESHENG ZHIYUAN FUWU CHANGTAIHUA YANJIU

大学生志愿服务常态化研究

苏州大学出版社
Soochow University Press

图书在版编目(CIP)数据
大学生志愿服务常态化研究 / 邓平安著. --苏州：苏州大学出版社，2024.9. -- ISBN 978-7-5672-4970-7
Ⅰ. D432.6
中国国家版本馆 CIP 数据核字第 2024CC1026 号

书　　名：大学生志愿服务常态化研究

著　　者：邓平安
责任编辑：薛华强
装帧设计：吴　钰

出版发行：苏州大学出版社(Soochow University Press)
社　　址：苏州市十梓街 1 号　**邮编**：215006
印　　装：广东虎彩云印刷有限公司
网　　址：www. sudapress. com
邮　　箱：sdcbs@ suda. edu. cn
邮购热线：0512-67480030
销售热线：0512-67481020

开　　本：700 mm×1 000 mm　1/16　**印张**：14　**字数**：252 千
版　　次：2024 年 9 月第 1 版
印　　次：2024 年 9 月第 1 次印刷
书　　号：ISBN 978-7-5672-4970-7
定　　价：58.00 元

前 言

大学生志愿服务作为大学生回馈和贡献社会的自愿无偿活动，乃是大学生所从事的一项至为重要的社会实践，其对于培养大学生的社会责任感和公民意识，提升大学生的综合素质和创新能力，乃至于高校立德树人根本任务的有效落实都具有极为重要的意义。就前置条件而言，大学生志愿服务的实效性又取决于自身的常态化。这种常态化有利于大学生在理念上将志愿服务作为自我教育和锻炼的有效手段，在价值追求上将志愿服务视为自身的一种良好品质和行为习惯。然而，大学生志愿活动确乎存在着与常态化要求相悖的非常态化现象。作为一种不争的事实，这种非常态化无疑影响到了大学生志愿活动的效果。如何确保大学生志愿活动的常态化，使这一活动成为大学校园和社会生活中一道可持续的亮丽风景，成为大学生成人成才的促进性和“加持性”因素，乃至于成为推动社会文明进步的重要力量，就成为一个需要认真审视和切实解决的现实问题，而这也正是本研究的目的所在。

大学生志愿服务要实现常态化，必须以正确把握这一活动的本质特征和必要性为前提条件，而这主要取决于以下两个向度的努力：一是努力做到对这一活动的精准理解，这是大学生志愿服务实现常态化的认知基础；二是实现对这一活动的价值认同，这是大学生志愿服务得以常态化的心理和情感基础，也是大学生志愿服务实现常态化的动力所在。具体而言，前者主要表现为对大学生志愿服务具体表征的把握，大学生志愿服务主体情感的自愿性、动机的公益性、时间的持续性、服务的专业性、服务对象的广泛性和区域的均衡性以及内容的精准性，乃是大学生志愿服务的表征所在；后者则具体表现为大学生志愿服务常态化的双重效应，即两方面的意义。一方面，这一活动契合了马克思主义关于人的全面发展理论，对于大学生这一志愿服务主体的良好发展具有重要意义；另一方面，这一活动契合了马克思主义关于自由人联合体发展的思想，从而对于促进社会全面进步具有重要意义。相信通过对这两方面的精准把握，将为实现大学生志愿服务的常态化提供正确路径和内在动力。

科学研究的价值在于认识和解决问题，而问题解决方案的合理性和有效性又内在地要求对存在问题进行精准把握。大学生志愿服务要实现常态化，必须对非常态化的具体表征及其内在原因获得正确认知。通过实证调研可知，大学生志愿服务虽然取得了一些成绩，在育人和服务社会方面彰显了自身的意义，但总体上尚处于非常态化状态，这具体表现为大学生志愿服务中的走过场等形式主义，服务的短期化且持续性不强，参与主体的积极性和主动性不够，队伍松散而难以有效彰显志愿服务的力量，因创新不足而导致内容的同质化、难以打破路径依赖格局，等等。导致这种非常态化的原因，既有管理机制方面过度的行政化而导致的组织不力、自主性不强、效能低下等因素，也与具体实施过程中的组织管理不善、激励和支持不足有关；而作为参与者的大学生过强的功利性动机，则是导致非常态化的内因所在。对这些非常态化的具体表征和内在原因的精准把握，乃为实现常态化所必需，也为问题的解决提供了基本的思路。

科学研究不是闭门造车。本研究的目的在于为大学生志愿服务的常态化提供有益启示，而要实现这一价值追求，必须放眼于两方面的现实：一是国内高校志愿活动的实践，二是国外大学生志愿活动的主要举措。前者是本研究之“原”即现实性基础，后者则是对于本研究具有借鉴意义的“他山之石”。为此，本研究首先以我国高校志愿服务活动的制度设计比较完善的典型高校 S 学院作为个案，直面 S 学院志愿服务活动的正面案例、负面案例和“正负参半”案例，通过对该校在志愿服务活动中取得的成绩和存在的问题的分析，力图从中找到具有启迪意义的路径。其次，本研究放眼域外典型国家的志愿服务常态化模式，通过对诸如美国的信用记录、欧洲的时间银行模式和东亚发达经济体法儒相济制度模式的分析，力图从中获得可资借鉴的因素。由于社会制度和文化习俗等方面的差异，国外发达国家的做法当然不能照搬照抄，但其中合理的方面确乎值得我国借鉴。当我们在马克思主义理论的指导下，从中国具体的现实国情出发时，国外的相关制度和做法就可以为我国大学生志愿服务的常态化提供借鉴意义。

作为应对现实问题的具体举措，提出有效的解决方案乃是本研究的价值所在。这种应对，首先要求方案设计中理念的自觉和科学理论的指导，这对问题的解决具有宏观上引领方向的作用。为此，本研究以马克思主义人本理论与西方心理契约理论为理论依据，力图构建一个“体用关系”的分析框架：以马克思主义人本理论——关于人的自由全面发展的理论——为本体，其解决的是大学生志愿服务中的价值论和方向性问题，属于本研究的本体论和方法论范畴；以心理契约理论为“用”，其提供的是具体的分析工具，大学生志愿服务的操作方法和技巧是其关注的重点所在。据此，本研究在以马克思主义人本理论为“体”、以心理契约理论为“用”的总体思路下，将大学生志愿服务常态化问题置于人与社会互动发展的育人视域中，从宏观的价值目标和微观的操作方法两个层面进行深入研究，在保证总的方向和原则的前提下，通过稳定的心理契约的构建，形成大学生个人成长与社会文明程度提升的双向互动的常态化志愿服务体系。

上述基于马克思主义人本理论与心理契约理论的“体用关系”的分析框架，需要具体化为推动大学生志愿服务常态化的实施路径和具有可操作性的方案。这首先表现为马克思主义人本价值理论视域下心理契约驱动作用的发挥：激发主体的自愿性，作为参与志愿服务的内在要求，自愿性乃是大学生志愿服务常态化的前提和基础；强化动机的公益性，这种公益性乃是马克思主义人本价值的内在要求，也意味着大学生参与志愿服务境界的提升；维持志愿服务时间的持续性，作为对于志愿者参与志愿服务频率和时长的考量，时间的持续性是大学生志愿服务常态化的保障和条件；提高服务的专业性，这种专业性乃是大学生志愿服务合科学性的题中应有之义；拓展志愿服务对象的广泛性，作为对志愿服务领域和范围的明确指向，广泛性是志愿服务常态化的重要特征和优势所在；达成大学生志愿服务的区域均衡性，作为对志愿服务地域和分布的合理安排，区域均衡性是志愿服务常态化的方向和目标；保证大学生志愿服务的内容精准性，这直接关乎志愿服务的内容和效果，也是志愿服务常态化的核心和关键。其次，为了实现政府主体、学校主体和志愿者主体之间目标的一致性，形成多边心理契约，需要建立一个政府主导、学校参与、志愿者执行的志愿服务协调机制。政府作为大学生志愿服务的组织者、引导者和监督者，要发挥其宏观调控、政策引导、资源整合、保障保险等方面的作用；学校作为参与者，应切实担当学生志愿服务的组织者、实施者和推动者的角色，发挥其育人功能、教育资源、专业优势等方面的作用；大学生作为志愿服务的参与者、执行者和受益者，要发挥其主体意识、创新精神、奉献精神等方面的作用。相信通过以上两方面卓有成效的努力，将能为大学生志愿服务的常态化提供可行的实施路径和可操作的行动方案。

CONTENTS 目录

绪 论

第一节 选题缘由与研究意义

本研究将从理论和实践两个层面，探讨大学生志愿服务常态化问题。

一、选题缘由

大学生志愿服务作为大学生回馈和贡献社会的自愿无偿活动，乃是大学生所从事的一项至为重要的社会实践，其对于培养大学生的社会责任感和公民意识，提升大学生的综合素质和创新能力，乃至于高校立德树人根本任务的有效落实都具有极为重要的意义。就前置条件而言，大学生志愿服务的实效性又取决于自身的常态化。这种常态化有利于大学生在理念上将志愿服务作为自我教育和锻炼的有效手段，在价值追求上将志愿服务视为自身的一种良好品质和行为习惯。然而，大学生志愿活动确乎存在着与常态化要求相悖的非常态化现象。作为一种不争的事实，这种非常态化无疑影响到了大学生志愿活动的效果。如何确保大学生志愿活动的常态化，使其成为大学校园和社会生活中一道可持续的亮丽风景，成为大学生成人成才的促进性和“加持性”因素，乃至于成为推动社会文明进步的重要力量，这是一个需要认真审视和切实解决的现实问题。

（一） 政策重视志愿服务

近些年来，我国政府高度重视志愿服务事业的发展，2017 年国务院出台了《志愿服务条例》，为志愿服务活动提供了法律保障和政策指导。同时，我国政府也积极推动志愿服务与社会建设、经济发展、文化繁荣等各领域的深度融合，将志愿服务纳入国民教育体系、社会信用体系、社会保障体系等，为志愿服务提供了广阔的发展空间和机遇。据《志愿服务蓝皮书：中国志愿服务发展报告（2017）》统计，我国志愿服务组织从2012年的9.3万个发展到2017年6月的34.21万个，全国实名注册志愿者人数已经达到6 136万人，增长速度为368.5%，39.43%的志愿者在一年中至少参加过3次或4次志愿服务。[①] 党的十八大以来，习近平总书记对志愿服务事业倾情关心关怀，亲自主持会议审议通过一批有关志愿服务的重要文件，并在参观考察、座谈交流、指示回信时，多次对志愿服务做出重要指示、提出明确要求。[②] 在党的十九大上，习近平总书记提出要“推进诚信建设和志愿服务制度化，强化社会责任意识、规则意识、奉献意识”[③]。2019年，习近平总书记向中国志愿服务联合会第二届会员代表大会致贺信，希望包括大学生志愿者在内的广大志愿者“立足新时代、展现新作为……继续以实际行动书写新时代的雷锋故事”[④]。习近平总书记的这些重要论述，引起了全国范围内广泛的学习讨论。为此，需要学术研究及时跟进、深入探索志愿服务规律，为志愿服务政策实施提供强有力的理论支撑。

（二） 社会和教育的双重困惑

第一，志愿服务非常态化下的社会进步诉求困惑。本研究将志愿服务非常态化定义为志愿服务的组织方式、活动内容、活动动机以及社会效果等方面偏离了正常的目标状态，而并不特指志愿服务中的非常规状态，如重大活动、社会紧急状态等特殊情况。从诉求社会发展的角度来看，志愿服务是推动社会文明进步和社会治理创新的有效途径。在疫情防控、抗击自然灾害、脱贫攻坚、北京冬奥会等重大任务中，广大志愿者用实际行动展现了理想信念、爱心善意、责任担当，成为人民有信仰、国家有力量、民族有希望的生动写照。而日常的社区管理、社会互助、精神文明建设等活动，也应该纳入

---

① 中国志愿服务联合会．中国志愿服务发展报告（2017）[M]．北京：社会科学文献出版社，2017：10－15.

② 推动新时代志愿服务事业持续健康发展——中央文明办负责同志答记者问[N]．人民日报，2020－06－06.

③ 习近平．决胜全面建成小康社会夺取新时代中国特色社会主义伟大胜利[M]．北京：人民出版社，2017：43.

④ 弘扬奉献友爱互助进步的志愿精神　以实际行动书写新时代的雷锋故事[N]．人民日报，2019－07－25.

志愿服务的视野，因为这是志愿服务常态化的内在要求，是体现志愿精神的主要途径。然而，在理论认识层面和实践操作层面存在的误区和问题，导致了对志愿服务本质特征、价值目标、功能机制等方面的认识不清或认识偏颇，使志愿服务仍然处于一种非常态化状态。因此，研究如何推动志愿服务常态化，提高志愿服务质量和水平，促进社会文明进步和社会治理创新，是很有必要的。

第二，志愿服务育人目标偏离下的教育异化困惑。从育人的角度来看，大学生志愿服务是培养大学生社会责任感和公民意识，提高大学生综合素质和创新能力，落实高校立德树人根本任务的重要途径。习近平总书记在给南京青奥会志愿者回信时指出，无论是在台前还是幕后，无论是迎来送往还是默默值守，青年志愿者都可以在这场青春盛会中展现自己的风采。他在给华中农业大学“本禹志愿服务队”的回信中勉励广大青年弘扬奉献、友爱、互助、进步的志愿精神，坚持与祖国同行、为人民奉献，以青春梦想、用实际行动为实现中国梦做出新的更大贡献。这就意味着志愿服务不仅是一种人格和精神的塑造，而且与一定的社会需要相联系，从而可以较好地体现教育目的。因此，研究如何推动大学生志愿服务常态化，培养大学生的社会责任感和公民意识，提高大学生的综合素质和创新能力，具有重要的教育意义。然而，在当前的育人实践中，大学生志愿服务同样存在着一些误区和问题，表现为：一是忽视了志愿服务与育人之间的内在联系和互动影响，以“量化”的方式，只考虑是否参与了活动，参与了多少活动，而忽视了活动的育人效果，人为地将志愿服务与社会实践教育的育人目标割裂开来；二是将志愿服务简单地归结为一种课外活动或社会实践，而忽略了其作为一种教育过程和教育内容的本质要求；三是将志愿服务视为一种单向的教与学或传授与接受的关系，而忽视了其作为一种双向互动与合作或共同学习和共同成长的关系；四是将志愿服务纳入功利主义或应试教育的逻辑之中，而削弱了其作为一种人文主义或素质教育的理念和方法。这些误区导致了对志愿服务在育人目标、育人方式、育人效果等方面的认识不清或偏颇。因而，如何发挥志愿服务育人的教育功能值得进一步探讨。

（三） 相关学术研究的大背景

在相关研究单一化、浅层化的背景下需要创新研究视角。首先是学术研究理论视角的单一化，表现为：一是视角比较狭窄。大学生志愿服务问题是一个体现复杂的社会和教育现象的交叉问题，需要从社会进步和人的健康成长双重视角去审视。然而，目前鲜有从社会文明进步和教育两个方面交互的角度去深入揭示大学生志愿服务本质和规律的研究。二是理论处于浅层化的状态。表现在：理论创新缺乏深度、广度，主要停留在对现有理论的引用、解释和应用上，缺乏对理论本身的批判、反思和改进，无法形成具有自身特色和学术贡献的理论成果。三是理论创新缺乏高度。目前主要围绕大学生志愿服务活动的现状、问题、对策等实践层面进行探讨，停留在事实描述层面，缺乏对大学生志愿服务活动的本质、规律、价值等哲学维度的思考，无法提升大学生志愿服务活动的理论水平和指导作用。为此，深化研究的理论和方法创新，从对现有理论的应用转向对现有理论的改造，或是从对现有理论的改造转向对现有理论的超越，是当前相关学术研究要思考的问题；结合时代发展和社会变革，不断发现和解决大学生志愿服务活动中出现的新问题、新矛盾、新挑战，不断提出和验证大学生志愿服务活动中涌现的新思想、新观点、新模式，不断构建和完善适应大学生志愿服务活动特点和规律的新概念、新范式、新框架。从单一学科领域向多元学科领域延伸，从单一视角和方法向多维视角和方法拓展，从单一层次和维度向多层次和维度推进，借鉴和引入经济学、管理学、法学、政治学、文化学等相关学科的知识和理论，形成跨学科、交叉学科和新兴学科的研究平台，是未来该领域学术研究发展的趋势。如何以马克思主义为哲学基础，以社会主义核心价值观为准则，以习近平新时代中国特色社会主义思想为指导，并合理地借鉴和批判地吸收西方比较成熟的相关理论，形成符合中国特色、中国风格、中国气派的理论创新成果，是本领域研究要解决的问题。简言之，从学术研究背景看，大学生志愿服务领域仍然有很大的深化研究空间。

综上所述，大学生志愿服务领域的理论创新是一项重要而紧迫的任务。只有通过深化、拓展、提升三个方面的理论突围，才能为大学生志愿服务活动提供科学指导和理论支撑，从而推动大学生志愿服务活动走向规范化、专业化、常态化。本研究试图以马克思主义人本哲学为指导，并借鉴西方心理契约理论，以马克思主义人本价值目标为统领，以心理契约理论为具体分析工具，从理论交叉和功能交叉的双重视角，对新时代大学生志愿服务常态化问题进行理论和实践探索。

二、研究意义

（一） 理论意义

1. 拓展了大学生志愿服务研究的理论视野和分析范畴

本研究将大学生志愿服务常态化问题置于人与社会互动发展的育人视域，从宏观的价值目标（马克思主义人本价值目标）和微观的操作方法（心理契约理论和方法）两个层面进行深入分析，突破了传统的单一理论视角，试图通过理论的交叉和融合使问题分析更全面，更能体现马克思主义理论与其他理论的互动性和对其他理论的包容性，为大学生志愿服务常态化问题提供一个新的理论框架和分析视角。这不仅有利于揭示大学生志愿服务活动的本质特征、价值目标、功能机制等，也有利于指导大学生志愿服务活动在思想建设、价值引领、制度构建、规范管理等方面的改革实践。

2. 创新了大学生志愿服务研究的理论模型和实践方案

本研究创造性地将马克思主义人本价值与心理契约理论相结合，形成马克思主义与西方管理学理论在大学生志愿服务运用层面的“体用关系”，即以马克思主义人本理论为本体，以心理契约理论为“用”（具体分析工具），构建了一个适用于解决新时代中国特色社会主义大学生志愿服务常态化问题的理论模型，并提出具有可操作性和指导性的实践方案，为大学生志愿服务常态化问题提供理论指导和实践指引。这一理论模型和实践方案不仅有利于激发和培养大学生志愿服务的内在动机和自主意识，也有利于构建和维护大学生志愿服务的外部环境和社会支持的制度体系，从而提高大学生志愿服务的质量、效果和价值。

3. 拓宽了大学生志愿服务研究的国际视野和理论比较视角

本研究借鉴国内外在志愿服务常态化方面的成功经验，并从心理契约理论的角度进行解读，指出其可取之处和局限性，为促进大学生志愿服务常态化提供参考和创新启示。这不仅有利于借鉴和吸收国外在志愿服务常态化方面的先进理念和成熟做法，也有利于增强中国在志愿服务常态化方面的国际交流与合作。

4. 提升了大学生志愿服务研究的时代价值

本研究回应了当前大学生志愿服务非常态化问题下的现实需求，针对大学生志愿服务存在着动机不纯、组织乏力、服务欠专业、内容不精准等非常态化问题，提出促进大学生志愿服务常态化的目标、路径和措施，旨在使大学生志愿服务通过制度化和规范化保障，成为一种社会习惯并内化为个人品质，以及成为社会与人双重发展的持续动力，从而实现人与社会互动发展的育人目标和社会进步目标。这不仅有利于推动大学生志愿服务与社会需求、专业教育、人才培养等方面的有效对接，也有利于探索大学生志愿服务在教育和社会公益事业实践中的双重意义。

（二） 实践意义

1. 为促进大学生志愿服务常态化的制度建设实践提供了科学合理的理论依据

本研究以马克思主义人本价值理论为指导，以心理契约理论为分析工具，既有“仰望星空”的高远理想诉求，又有“脚踏实地”的现实人性逻辑依据，为促进大学生志愿服务常态化的制度建设提供了科学合理的理论依据。这不仅有利于明确大学生志愿服务常态化的价值目标和功能机制，也有利于制定相关政策法规并实现管理制度的规范化。本研究还结合新时代中国特色社会主义制度和国情，对国内外在志愿服务常态化方面的做法进行了分析，这不仅有利于发挥新时代中国特色社会主义制度在志愿服务常态化方面的优势和潜力，也有利于体现新时代中国特色社会主义国情对大学生志愿服务常态化方面的特殊要求。

2. 为促进大学生志愿服务常态化梳理了可资参考借鉴的国际实践经验

本研究一方面从历史唯物主义出发，结合时代发展背景，分析了国外志愿服务常态化的经验及理论依据；另一方面，通过对当前我国现实历史背景和历史方位的解读，在以马克思主义人本哲学审视国外志愿服务局限性的基础上，分析我国大学生志愿服务常态化的可能性实践方案，为我国志愿服务提供宝贵经验。

3. 为促进大学生志愿服务常态化的实践操作提供了一个有效可行的实践方案

本研究提出了马克思主义人本价值下的心理契约理论，并分析了其在大学生志愿服务常态化中的作用和机制，提出目标引领多元主体心理契约纽带韧化的实践路径，为促进大学生志愿服务常态化的实践操作提供有效可行的方案。其实践的可操作性依据在于：一方面，克服了一味地宣扬远大理想，使实践流于走过场而无法常态化的现实困难；另一方面，避免了大学生志愿服务一味地追求个人实用主义，抛弃社会理想，陷入违背志愿精神的现实非常态化困境。

第二节　国内外研究现状

志愿服务具有重要的政治、经济、社会等价值，在缓和社会矛盾、促进经济建设、改善社会风气等方面发挥着不可或缺的作用，同时也是塑造人的过程。因而，志愿服务逐渐成为学术界关注的重点和热点。

一、国内研究现状

（一）大学生志愿服务功能与意义的研究

志愿服务在促进大学生成长成才方面发挥着重要作用，有利于培养大学生的社会责任感、奉献精神和团队合作能力。近年来，我国高校积极开展各种形式的志愿服务活动，取得了显著成效。然而，对于大学生志愿服务的功能与意义还存在不同的观点和认识，需要进一步梳理和探讨。本部分主要综述了国内关于大学生志愿服务功能与意义的研究现状。

国内关于大学生志愿服务功能与意义的研究主要从以下两方面展开。

1. 对大学生志愿服务的社会功能与意义的相关研究

第一，促进社会和谐发展。大学生志愿服务可以有效地缓解社会矛盾，满足社会需求，增进社会信任，促进社会和谐发展。丁科、张明霞（2015）指出，大学生志愿服务可以通过与思政课、校园文化、网络公益平台、社会公益活动相结合的途径来实现导向、凝聚、激励以及调节的功能。① 刘欣（2020）认为，新时代大学生志愿服务是志愿服务的主要主体，高等学校是志愿服务主战场，在推进社会文明建设中发挥了重要作用。② 王万奇、陶光均（2022）认为，大学生志愿服务是推进社会主义现代化强国建设的重要力量，对于中华民族伟大复兴意义重大，为此应当发挥家庭在新时代大学生志愿服务意识培育中的始发站优势，强化高校在新时代大学生志愿服务发展中的主体责任，营造良好的社会志愿服务氛围，构建家庭、高校以及社会协同的发展路径，真正推动新时代大学生志愿服务的高质量发展。③

---

① 丁科，张明霞．大学生志愿服务的思想政治教育功能及其实现[J]．教育与职业，2015（23）：45－47．

② 刘欣．新时代大学生志愿服务现状及对策研究[J]．教育现代化，2020，7（46）：130－132．

③ 王万奇，陶光均．新时代大学生志愿服务发展路径探究[J]．社会科学家，2022（12）：147－153．

第二，弘扬社会主义核心价值观。大学生志愿服务可以有效地弘扬社会主义核心价值观，传播先进文化，培育良好风尚，提升社会文明程度。周禄涛、陈惠珍（2022）认为，大学生志愿者通过参与大事件的志愿服务，展示了“奉献、友爱、互助、进步”的志愿精神，传播了“富强、民主、文明、和谐”的国家理念、“自由、平等、公正、法治”的社会理念、“爱国、敬业、诚信、友善”的公民理念。[①] 李芹、郭琴（2019）认为，社会主义核心价值观与志愿服务精神有高度契合性。志愿服务活动是社会主义核心价值观的有效落实载体。[②] 张红霞（2019）认为，大学生志愿服务具有了解社情民意、培养优秀品质、坚定理想信念、践行社会主义核心价值观、强化责任担当意识等功能。[③]

第三，推动社会治理创新。大学生志愿服务可以有效地推动社会治理创新，增强社会组织活力，拓展社会参与渠道，完善社会治理体系。王晓莉（2019）通过文献分析和实地调查探讨了高校开展“一带一路”共建国家文化交流类志愿服务活动的意义、现状和问题，并提出了加强顶层设计、优化项目设置、强化人才培养等建议。张莉萍、慎荣翔（2019）认为，大学生志愿者通过参与“互联网+”“一带一路”“乡村振兴”等新型志愿服务项目，利用自身专业优势和创新能力，为基层治理提供智慧支持和技术支持，为群众诉求提供沟通协调和解决方案，为政府决策提供信息反馈和建议参考。[④] 郑帅（2017）从社会治理创新的视角，分析了大学生志愿服务与社会治理的契合关系。[⑤]

2. 大学生志愿服务对高校教育教学改革的意义的相关研究

第一，促进高校教育改革。黄孔雀（2018）认为，大学生志愿服务体现了学生知识学习与服务学习的结合，可以有效地促进高校教育改革，拓展教

---

① 周禄涛，陈惠珍．高质量发展中的大学生志愿服务：要求、价值、路径[J]．福建医科大学学报（社会科学版），2022，23（5）：30－36.

② 李芹，郭琴．社会主义核心价值观落细落小落实的载体研究——基于大学生志愿服务视角[J]．北京印刷学院学报，2019，27（S1）：45－47.

③ 张红霞．论大学生志愿服务的育人功能及其实现路径[J]．思想理论教育导刊，2019（01）：152－156.

④ 张莉萍，慎荣翔．“互联网+志愿服务”与大学生志愿精神的培育——以“志愿中国”网站及“志愿汇”APP为例[J]．北京青年研究，2019，28（3）：68－72.

⑤ 郑帅．社会治理创新视域下大学生志愿服务双向契合机制探析[J]．新疆教育学院学报，2017，33（4）：86－89.

育资源，丰富教育内容，创新教育方式。[①] 刘金华（2022）认为，将大学生志愿服务融入大学生思想政治实践教学中，体现了高校思想政治改革创新的要求，有利于提高高校思想政治教育的成效。[②]

第二，落实高校立德树人根本任务。大学生志愿服务对于培养大学生的社会责任感、奉献精神和团队合作能力，以及促进社会和谐发展和文明进步都具有重要意义。[③] 荣文婷（2022）认为，大学生志愿服务是高校立德树人的载体。[④] 宋志强、张晓红（2022）认为，北京冬奥会志愿服务为高校立德树人提供了平台，其作用在于：使青年学生树立爱国主义情怀、引导青年学生成为中国梦追梦者；培育青年学生志愿服务精神和社会主义核心价值观；有助于在青年学生中培育人类命运共同体意识和奥林匹克精神。[⑤] 兰英、彭林权（2015）论述了大学生志愿服务具有思想塑造、素质拓展、能力提升、人格健全等功能。[⑥]

（二） 构建大学生志愿服务长效机制的研究

一是从价值引领视角建构大学生志愿服务长效机制。价值引领是指以社会主义核心价值观为指导，以奉献、友爱、互助、进步为内容，以道德教化、情感感染、实践激励为手段，对大学生进行价值认同、价值选择、价值实践的过程。从价值引领视角建构大学生志愿服务长效机制，其核心路径是通过宣传教育、示范引导、激励评价等方式，使大学生深刻理解和自觉践行社会主义核心价值观，树立正确的志愿服务理念和态度，形成稳定的志愿服务意识和习惯。例如，张贵礼（2015）通过文献分析和案例分析探讨了高校如何利用思政课堂、专业课堂、第二课堂等载体，将社会主义核心价值观融入大学生志愿服务教育中，引导大学生在参与志愿服务中受到思想启迪、品

---

① 黄孔雀. 服务学习融入大学生志愿服务的实践研究[J]. 教育探索，2018（3）：63－66.

② 刘金华. 志愿服务融入下的高校思政课实践教学改革对策研究[J]. 湖北开放职业学院学报，2022，35（24）：70－72.

③ 共青团中央. 高校共青团青年志愿服务工作指引（二〇二二年版）[EB/OL].（2022－11－21）[2023－05－31]. http://zqb.cyol.com/html/2022－11/23/nw.D110000zgqnb_20221123_3－02.htm.

④ 荣文婷. 新时代以大学生志愿服务为载体的立德树人路径研究[J]. 商业经济，2022（12）：185－187.

⑤ 宋志强，张晓红. 充分发挥北京冬奥会志愿服务的立德树人作用[J]. 北京联合大学学报（人文社会科学版），2022，20（1）：33－40.

⑥ 兰英，彭林权. 试论大学生志愿服务的育人功能[J]. 学校党建与思想教育，2015（2）：40－42.

德陶冶、能力提升、素质提高。[①] 万馨（2023）通过分析高校如何通过宣传推广、优良示范、荣誉评定等方式，弘扬奉献、友爱、互助、进步的志愿精神，激发大学生参与志愿服务的内在动力和自主意愿。[②]

二是从组织保障视角建构大学生志愿服务长效机制。组织保障是指高校通过完善组织架构、规范管理流程、优化资源配置等方式，为大学生志愿服务活动提供有效的组织支持和管理保障。从组织保障视角建构大学生志愿服务长效机制，其核心路径是通过多层级设置组织机构、协同化建设干部队伍、特色化设计活动项目等方式，实现高校对大学生志愿服务活动的一体化管理。刘志铭、殷沁雅、陈忆莱（2021）通过案例说明，将志愿服务的组织模式分阶段进行了中外对比，并从人才、培训、信用、资源、激励手段等方面，对志愿服务发展提出了对策建议。[③] 李婷婷、常健（2023）通过“是否持续”“是否专业”两个维度，将社区突发事件应对的志愿服务分成四种类型，并提出了高校相关教育主体根据不同类型完善相应的组织与管理模式的应对措施。[④] 宋辰婷（2019）则通过模型构建和数据调查，分析了青年学生参与志愿服务的驱动力量与组织强度的关系。[⑤] 当然，并不是所有的组织模式都是有效或科学的，也有文献从批判的角度分析了大学生志愿服务高度行政化的模式对于志愿服务和育人效果的负面影响。张杰（2014）认为，我国志愿服务组织模式呈行政化态势，为此要探寻破解行政化的路径，从而形成志愿服务长效运行机制。[⑥]

此外，关于志愿服务具体的机构组织模式的文献也比较多见，包括从属地的共青团到学校团委，再到班级团支部的组织作用等，相关的内容分述于不同的志愿服务文献中，通过中国知网对题名、关键词或全文的方式组合检索，从检索结果出现的文献数量可见一斑。

三是从外部合作视角建构大学生志愿服务长效机制。外部合作是指高校

---

① 张贵礼. 实践育人视角下大学生志愿服务长效机制研究[D]. 武汉：华中农业大学，2015.

② 万馨. 推动“三个融入”，完善大学生志愿服务长效机制[EB/OL].（2023 - 03 - 30）[2023 - 05 - 30]. https://opinion. voc. com. cn/article/202303/202303300921001145. html.

③ 刘志铭，殷沁雅，陈忆莱. 中外志愿服务组织模式对比研究[J]. 国际公关，2021（3）：18 - 19.

④ 李婷婷，常健. 社区突发公共事件中的应急志愿服务：组织与管理模式[J]. 学习论坛，2023（2）：90 - 97.

⑤ 宋辰婷. 共青团志愿服务中青年学生的参与驱动力分化研究——基于共青团组织凝聚青年现状研究（2016 年）的调查数据[J]. 中国青年研究，2019（6）：26 - 33.

⑥ 张杰. 我国志愿服务组织的行政化倾向及校正路径[J]. 理论月刊，2014（9）：154 - 156.

与政府部门、社会组织、企业单位等外部力量进行有效沟通和协调，共同推进大学生志愿服务活动的开展。从外部合作视角建构大学生志愿服务长效机制，其核心路径是通过对接国家战略和社会需求，拓展更多更稳定的校外合作基地和资源渠道，促进与地方基层政府和社会组织的良性互动等方式，实现高校对外开放式合作。首先是关于大学生志愿服务合作理念或合作机制的探讨。曾天雄、卢爱国（2014）提出通过项目制的方式，实现政府、社区、社区志愿服务组织、社区成员之间的协调合作，以破解社区志愿服务失灵的困局。① 曾骊（2007）探讨了如何通过合作的价值理念，驱动构建大学生志愿服务长效机制的研究命题。② 其次是基于具体专业领域的合作思考。吴昊、盛磊、李季（2020）分析了医院与医学专业高校合作，开展志愿服务的思路。③ 芦帅（2014）通过具体案例，阐述了高校与公共图书馆合作开展文化公益活动并分析了其有益之处。④ 最后，通过管理学理论的视野分析高校志愿服务以外部合作构建志愿服务长效机制的理论逻辑，较多见的是通过协同理论探讨合作对于志愿服务长效机制构建的意义。例如，任慧颖（2022）从公共危机协调治理理论的视角，分析了应急志愿服务多主体合作和联动机制构建问题，旨在达到对应急志愿服务对象精准识别、对志愿服务活动实现快速决策和行动之目的。⑤ 概而言之，众多有关协调机制驱动志愿服务常态化的研究成果，基本存在着高校与社会内外合作因素，这是由大学生志愿服务组织主体（如高校或教育主管部门）与服务对象（如社区等）、社会管理主体（如政府、非政府组织等）等存在着业务交叉性特征和职能的协同性要求决定的。毫无疑问，高校要组织大学生进行志愿服务活动，离不开与社会的协调互动甚至离不开相关管理部门支持。

四是从社会工作的角度建构大学生志愿服务长效机制。马飞向（2023）

---

① 曾天雄，卢爱国．分开与合作：社区志愿服务机制创新研究[J]．湘潭大学学报（哲学社会科学版），2014，38（1）：78－80．

② 曾骊．大学生志愿服务与和谐社会共同理念——基于合作主义角度的研究[J]．当代青年研究，2007（12）：38－42．

③ 吴昊，盛磊，李季．基于院校合作模式的大学生医院志愿服务实践探索[J]．中国医院管理，2020，40（9）：93－94．

④ 芦帅．公共图书馆与高校合作开展志愿服务策略——以中山大学博雅班广州图书馆社会研习计划为例[J]．高校图书馆工作，2014，34（2）：57－59．

⑤ 任慧颖．应急志愿服务的多主体—全过程联动研究——基于公共危机协同治理理论的视角[J]．理论学刊，2022（1）：152－160．

探讨了消费助残中大学生志愿服务的长效推动力量如何发挥的问题。① 樊宁娜、陈美霞（2020）从社会工作的视角切入，分析了大学生志愿服务培训对志愿服务长效机制构建的意义所在。② 齐秀强、赵英丽（2013）从社会工作视角提出要通过健全志愿者选拔与培训体系、导入社工价值理念、建立监督评估机制、创建社工联动机制等举措来构建长效机制，从而推动大学生志愿服务深入、可持续发展。③ 王民忠、狄涛（2013）认为，构建大学生志愿服务长效机制对于大学生个人发展、高校思想政治教育、社会精神文明建设都具有重要意义，指出要通过发挥政府主导作用、学校主体作用、社会保障作用等途径来推动大学生志愿服务长效机制的构建。④ 刘海春、姚岱虹（2014）从探究社会治理理论与大学生志愿服务的基本理论契合点出发，提出要从内生机制和外生机制两个维度构建大学生志愿服务长效机制。⑤

（三）关于大学生志愿服务存在问题及对策研究

问题是科学研究的逻辑起点，亦是科学研究的终极目标。有研究者指出，伴随着高校大学生志愿服务的迅速发展，大学生志愿服务体系也出现了一些问题，志愿服务存在行政化倾向、社会外延功能没有得到充分发挥、管理机制不精细、保障机制不健全、培训机制不系统、项目建设不稳定、信息反馈不通畅等问题。针对存在问题，提出了要加强志愿服务主体建设、运行机制建设、项目建设的优化路径。⑥ 黄艳（2014）认为，大学生志愿服务存在服务质量不高、专业性不强、活动内容单一、形式简单等问题，并在分析产生问题原因的基础上提出了要加大宣传力度、创新活动形式、加强志愿者培训、完善法律保障体系、健全激励机制等建议。⑦ 徐子恒、王为正（2014）认为，虽然大学生志愿服务取得的成绩斐然，但是在推进过程中也出现了诸

① 马飞向．“社会工作＋志愿服务”助力消费助残[J]．中国社会工作，2023（10）：43.

② 樊宁娜，陈美霞．社会工作视角下大学生志愿服务培训机制浅议[J]．南方论刊，2020（11）：94－95，112.

③ 齐秀强，赵英丽．社会工作视角下大学生志愿服务长效机制构建[J]．当代青年研究，2013（7）：118－122.

④ 王民忠，狄涛．论大学生志愿服务长效机制的构建[J]．思想理论教育导刊，2013（10）：126－128.

⑤ 刘海春，姚岱虹．社会治理视域下大学生志愿服务长效机制的构建[J]．思想教育研究，2014（6）：87－90.

⑥ 许人冰．论高校大学生志愿服务体系存在的问题及其优化[J]．广东青年干部学院学报，2011（1）：72－79.

⑦ 黄艳．当代大学生志愿服务现状、问题与对策[J]．高等农业教育，2014（2）：93－97.

如志愿服务发展不均衡、志愿者能力相对不足、志愿精神缺失等问题，并结合问题提出了要完善志愿服务网络、大力弘扬志愿精神、坚持走中国特色志愿服务之路的对策。[①]

（四）关于大学生志愿精神培育研究

精神是引领和支撑行为的持久力量。王万奇（2022）论述了志愿服务精神的内涵、特征，并探讨了实现志愿服务精神的路径选择问题。[②] 王雁（2021）以公共服务参与中主体的动机为分析视角，构建了大学生志愿服务精神培育的模型，并提出了大学生志愿服务精神培育的优化策略。[③] 陶倩、肖炳南（2012）探讨了大学生志愿精神培养的短期目标与长期目标、应然目标与实然目标相关命题，阐述了大学生志愿精神培养的内容，并指出要通过知（认知辨析）、情（情感体验）、意（意志磨炼）、行（实践操练）等方法来强化大学生志愿精神的培养。[④] 许黎英（2013）则分析了大学生志愿精神的现状，指出还存在志愿精神没有有效内化、志愿服务缺乏持续性、志愿服务专业性不强、志愿服务激励保障不足等问题，提出通过普及知识、打造品牌、提高能力、加强宣传等途径来加强高校大学生志愿精神的培育。[⑤]

（五）关于国内外大学生志愿服务比较研究

魏娜、王焕（2019）以相关数据库为研究材料，通过对国内外志愿服务研究主题演进与热点进行比较，从而论证了我国与发达国家在志愿服务领域的差距，并得出我国志愿服务尚处于起步阶段的论断。[⑥] 王丽荣、陈思（2019）从中美不同消费水平变化引发志愿服务变化的角度分析，旨在以美国为参照，探寻消费水平拐点如何影响志愿服务发展变化的规律，从而提出我国志愿服务发展路径选择问题。[⑦] 郝运、王屾（2010）指出，美国大学通

① 徐子恒，王为正．高校青年志愿服务存在的问题及对策[J]．思想理论教育导刊，2014（8）：124－126.

② 王万奇．新时代志愿精神的内涵、特征及弘扬路径[J]．思想政治教育研究，2022，38（1）：160－163.

③ 王雁．公共服务动机视域下新时代大学生志愿精神培育机制模型建构[J]．学校党建与思想教育，2021（12）：48－50.

④ 陶倩，肖炳南．大学生志愿精神培养的理论思考[J]．思想教育研究，2012（11）：79－83.

⑤ 许黎英．论大学生志愿精神的培育[J]．浙江社会科学，2013（6）：154－155.

⑥ 魏娜，王焕．国内外志愿服务研究主题演进与热点比较研究——基于2008—2018年的数据分析[J]．中国行政管理，2019（11）：124－130.

⑦ 王丽荣，陈思．中美两国志愿服务发展的比较及启示——基于居民消费变化的视角[J]．华南师范大学学报（社会科学版），2019（1）：118－123.

过建立健全完善的志愿服务招募、培训、评价和保障机制，有效保障了大学生志愿服务的运行。[①] 龙永红（2011）在《中美大学生志愿服务激励机制的比较研究》中从制度合法性认同要素的激励、创新管理要素的激励、志愿组织与志愿者关系要素的激励三个方面对中美大学生志愿服务激励机制进行了比较研究。[②] 王娟、胡希希（2013）在《中日大学生志愿服务的异同比较和启示》中，从两国政府和教育部门重视志愿服务事业、两国大学生参与志愿服务活动的目的和动机相似两个方面阐明了两国志愿服务的共同点，从志愿服务内容和领域、活动经费、制度建设三个方面分析了两国志愿服务的不同点，在比较和反思的基础上，提出建立符合我国国情的大学生志愿服务长效机制。[③]

综上所述，随着大学生志愿服务的蓬勃发展，国内学术界围绕大学生志愿服务进行了多角度、多层面的研究，积累了一定的研究成果。但是，进一步深化研究的空间也比较明显。例如，如何结合新时代，找到新的理论视角，用高度概括的理论框架，系统地整合我国大学生志愿服务存在的问题并提出解决方案。

二、国外研究现状

志愿服务起源于19世纪初，与西方国家的宗教慈善活动密切关联，志愿精神也成为重要的文化传统，其价值功能不断彰显，因而志愿服务相关领域引起西方学者的研究兴趣，其关注点集中于以下几个方面。

（一）关于志愿服务概念与内涵的研究

志愿服务的概念和内涵在不同的国家和文化中有所差异，但一般都包含以下几个特征：自愿性、无偿性、公益性和组织性。自愿性指志愿者是出于自己的意愿和兴趣，而不是受到外部的强制或诱导参与服务活动的；无偿性是指志愿者不以获取经济利益为目的，而是以贡献社会为动机的；公益性指志愿者的服务活动是为了促进社会福祉和公共利益，而不是为了个人或私人

---

① 郝运，王屾．浅析当代美国大学志愿服务的运行机制[J]．外国教育研究，2010，37（4）：91－96．

② 龙永红．中美大学生志愿服务激励机制的比较研究[J]．山东青年政治学院学报，2011（5）：46－50．

③ 王娟，胡希希．中日大学生志愿服务的异同比较和启示[J]．日本问题研究，2013（3）：69－73．

利益；组织性指志愿者的服务活动是通过一定的组织或机构进行协调管理，而不是随意或零散的（Wilson，2012①；Hustinx Cnaan & Handy，2010②；Cnaan，Handy & Wadsworth，1996③）。威尔逊（Wilson）把志愿服务定义为不计回报地帮助他人、团体或组织的利他主义活动，往往以自由分配时间的方式展开，并且是无偿提供服务。④ 里奇凌（Rietschlln）⑤ 认为，志愿服务是社会成员自发性产生的用于满足共同需要和个人利益的行为。彭纳（Penner）认为，志愿服务是某种有计划性的，亲近社会的，自觉自愿、尽心尽力参与的长期的主体性活动，长期性、计划性、非义务性与一定的组织性是其典型特征。⑥ 肯·艾伦则将自觉自愿利他且不求回报的活动，统统归于志愿服务之列。⑦

（二）关于志愿服务动机的研究

一是基于经济学视角的研究。经济学视角认为，志愿者是一种有限理性的经济人，其参与志愿服务是基于成本收益分析和效用最大化的原则。这一视角主要有两种理论模型：公共物品理论和人力资本理论。

公共物品理论认为，志愿服务是一种公共物品，即非排他性和非竞争性的物品，其供给不能完全依靠市场机制，需要政府或社会组织的干预。志愿者是一种公共物品的生产者或提供者，其动机是为了享受公共物品带来的私人效用或社会效用。私人效用指志愿者从参与活动中获得的个人满足、乐趣、荣誉等；社会效用指志愿者对社会福利、公共利益、道德规范等的认同和支持。⑧ 人力资本理论认为，志愿服务是一种人力资本的投资，即通过参

---

① Wilson，J. Volunteerism research：A review essay [J]. *Nonprofit and Voluntary Sector Quarterly*，2012（2）：176－212.

② Hustinx，L. Cnaan，R. A. & Handy，F. Navigating theories of volunteering：A hybrid map for a complex phenomenon [J]. *Journal for the Theory of Social Behaviour*，2010（4）：410－434.

③ Cnaan，R. A.，Handy，F. & Wadsworth，M. Defining who is a volunteer：Conceptual and empirical considerations [J]. *Nonprofit and Voluntary Sector Quarterly*，1996（3）：364－383.

④ Wilson，J. Volunteering [J]. *Annual Review of Sociology*，2000，26（1）：215－240.

⑤ Rietschlln. Voluntary as sociation membership [J]. *Journal of Health and Social Behavior*，1998，39（6）：337－348.

⑥ Penner，L. A. Dispositional and organizational influences on sustained volunteerism：An interactionist perspective [J]. *Journal of Social Issues*，2002，58（3）：447－467.

⑦ 肯·艾伦. 普遍适用的志愿服务管理模式[J]. 志愿服务论坛，2003（2）：58－69.

⑧ Andreoni，J. Impure altruism and donations to public goods：A theory of warm-glow giving [J]. *The Economic Journal*，1990，100（401）：464－477.

与活动来提高自身的知识、技能、经验、人际关系等，从而增加自身的收入或就业机会。志愿者的动机是为了获取人力资本带来的长期收益或潜在收益。①

二是基于心理学视角的研究。心理学视角认为，志愿者是一种有情感和认知的心理主体，其参与志愿服务是基于自我实现和社会认同的需要。这一视角主要有两种理论模型：功能性动机理论和社会交换理论。功能性动机理论认为，志愿者参与活动是为了满足自身不同层次和类型的心理需求，即功能性需求。这些需求包括：价值观需求（表达自己的价值观和信念）、认知需求（获取新知识和新技能）、社交需求（建立新关系和新友谊）、职业需求（提升职业能力和职业发展）、保护需求（减轻自己的负面情绪和压力）、增强需求（增加自己的自信和自尊）。② 社会交换理论认为，志愿者参与活动是为了获得社会支持和社会认可，即社会回报。这些回报包括：感恩回报（受到他人的感激和赞扬）、互惠回报（期待他人自己在需要时给予帮助）、声誉回报（提高自己在社会中的地位和形象）、归属回报（增强自己对团体或组织的归属感）。③

三是基于社会学视角的研究。社会学视角认为，志愿者是一种有社会属性和社会责任的社会成员，其参与志愿服务是基于社会结构和社会文化的影响。这一视角主要有两种理论模型：资源依赖理论和规范行为理论。资源依赖理论认为，志愿者参与活动是受到个人资源和环境资源的制约或促进。个人资源指个人所拥有的时间、金钱、教育、技能等；环境资源指个人所处的家庭、朋友、组织、媒体等环境。资源依赖理论认为，资源越多越丰富，越有利于促进个人参与志愿服务。④ 规范行为理论认为，志愿者参与活动是受到社会规范和道德规范的指导或约束。社会规范指社会对个人行为的期望和要求；道德规范指个人对自己行为的判断和评价。规范行为理论认为，当个

---

① Becker, G. S. *Human Capital: A Theoretical and Empirical Analysis, with Special Reference to Education* [M]. New York: Columbia University Press, 1964.

② Clary, E. G., et al. Understanding and assessing the motivations of volunteers: A functional approach [J]. *Journal of Personality and Social Psychology*, 1998, 74 (6): 1516 - 1530.

③ Penner, L. A., et al. Prosocial behavior: Multilevel perspectives [J]. *Annual Review of Psychology*, 2005, 56 (1): 365 - 392.

④ Wilson, J. & Musick, M. Who cares? Toward an integrated theory of volunteer work. *American Sociological Review*, 1997, 62 (5): 694 - 713.

人感受到来自他人或自身的正向压力时，更可能参与志愿服务。[①] 这与马斯洛的需要层次理论有契合性。他们认为人们参与志愿服务活动，无非在于实现其本人认为非常重要的个人与社会目标，他们从志愿服务的六个重要功能出发来归类志愿者的动机，即价值、理解、职业、社交、自尊、保护。威尔逊[②]则将志愿服务活动的动机归因于志愿者个人属性或社会环境两个方面，并以此作为志愿者动机理论的分类方法。温尼佛德（Winniford）等[③]分别从利己主义和利他主义哲学方法论的角度，探讨了评估志愿服务动机的方法。

（三）对于志愿服务功能与意义的研究

从志愿服务功能来说，第一，是其经济功能。W. O. 西蒙斯（W. O. Simmons）和罗丝玛丽·伊曼纽尔（Rosemarie Emanuele）经研究发现一个奇怪的现象，一个地区的最低工资标准越高，非营利组织内志愿者的数量就越多，付薪人员的数量就越少。也就是说，志愿服务的劳动总量与所在地区的最低工资标准成正比。[④] 弗朗西斯·福山（Francis Fukuyama）认为，社会成员在志愿服务合作中培养的信任与合作，将对经济产生积极的影响。[⑤] 苏珊·齐迈克（Susanne Ziemek）则认为，志愿服务是一种积极向上、充满理想的社会经济行为。[⑥] 第二，政治功能。罗伯特·帕特南（Robert Putnam）认为，志愿组织作为社会的横向性建构，有力促进了社会资本的供给和良性运转。[⑦] 西尼（Sidney）等认为，大学生志愿服务效率的提高与其志愿服务的经历有关，并且这种经历会进而影响到他们的政治参与度。[⑧] 第三，社会功

---

① Omoto, A. M. & Snyder, M. Considerations of community: The context and process of volunteerism [J]. *American Behavioral Scientist*, 2002, 45 (5): 846 - 867.

② Rietschlln. Voluntary as sociation membership [J]. *Journal of Health and Social Behavior*, 1998, 39 (6): 337 - 348.

③ Winniford, J. C. Carpenter, D. S. & Grider, C. An analysis of the traits and motivations of college students involved in service organizations [J]. *College Student Development*, 1995, 28 (8): 27 - 38.

④ Simmons, W. O. & Emanuele, R. The relationship between the minimum wage and volunteer labor [J]. *Nonprofit Management and Leadership*, 2007, 18 (2): 213 - 221.

⑤ Fukuyama, F. Social capital, civil society and development [J]. *Third World Quarterly*, 2001, 22 (1): 7 - 20.

⑥ Ziemek, S. Economic analysis of volunteers' motivations: A cross-country study [J]. *Journal of Socio-Economics*, 2006, 35 (3): 532 - 555.

⑦ Putnam, R. D. *Bowling Alone: The Collapse and Revival of American Community* [M]. New York: Simon & Schuster, 2000.

⑧ Sidney, M, Frisch, M. & Wood, L. Civic service worldwide: Impacts on issues of social equity [J]. *Nonprofit and Voluntary Sector Quarterly*, 2005, 34 (4), 486 - 500.

能。彼德·格雷夫（Peter Graefe）指出志愿组织在社会发展中发挥着重要作用，通过提供高效率、高质量的服务能够影响社会政策的制定和政策的实施状态。[①] 罗络斯（Roelofs）认为，志愿组织通过资源分配、服务提供、教育普及和科技创新等方式促进公民参与社会改革，从而逐渐成为资本主义生存与发展的重要保护层。[②] 托尼·马歇尔（Tony marshall）认为，志愿组织通过开展活动，既促进了社会成员间的团结，也促进了社会环境的和谐。

从志愿者服务意义来说，志愿服务对于社会、组织和个人都有着重要的意义这无疑是共识。对于社会来说，志愿服务可以提供多样化和补充性的社会服务，满足社会需求和解决社会问题；可以增强社会资本和社会凝聚力，促进社会参与和公民责任感；可以推动社会创新和社会变革，反映社会多元化和民主化（Zmerli，2011[③]）。对于组织来说，志愿服务可以提高组织的效率和效能，增加组织的资源和能力；可以提升组织的形象和声誉，增强组织的信任和合作；可以激发组织的创造力和活力，促进组织的学习和发展（Hager & Brudney，2015[④]；Haski-Leventhal，2010[⑤]）。对于个人来说，志愿服务可以提供个人发展和成长的机会，增加个人之间的技能和知识；可以提供个人满足和幸福感的来源，增加个人的自尊和自信；可以提供个人社交和归属感的渠道，增加个人之间的友谊和支持（Wilson & Musick，1999[⑥]；Clary et al.，1998[⑦]）。

---

① Graefe, P. The role of voluntary organizations in social policy development and delivery in Canada: A view from the trenches [J]. *Canadian Review of Social Policy / Revue canadienne de politique sociale*, 2005, 55/56, 145 - 166.

② Roelofs, J. *Foundations and Public Policy: The Mask of Pluralism* [M]. Albany: State University of New York Press, 2003.

③ Zmerli, S. *Political Trust: Why Context Matters* [M]. Boca Raton: ECPR Press, 2011: 207 - 228.

④ Hager, M. & Brudney, J. L. In search of strategy: Universalistic, contingent and configurational adoption of volunteer management practices [J]. *Nonprofit Management and Leadership*, 2015, 25 (3): 235 - 254.

⑤ Haski-Leventhal, D., et al. The impact of the human resource management system on social workers' attitude and behaviour [J]. *Community Development Journal*, 2010, 45 (1): 104 - 118.

⑥ Wilson, J. & Musick, M. The effects of volunteering on the volunteer [J]. *Law and Contemp. Probs.*, 1999, 62: 141.

⑦ Clary, E. G., et al. Understanding and assessing the motivations of volunteers: A functional approach [J]. *Journal of Personality and Social Psychology*, 1998, 74 (6): 1516 - 1530.

（四）有关志愿服务存在问题及机制优化研究

志愿服务尽管有着积极的意义，但也面临着一些挑战和问题。一方面，志愿服务受到社会、政治、经济、文化等宏观环境因素的影响，如社会变迁、政策变化、资源紧缺、价值冲突等，这些因素可能影响志愿服务的需求、供给、质量、效果等方面（Rochester et al.，2010[①]；Hustinx & Lammertyn，2003[②]）。另一方面，志愿服务也受到组织、个人等微观层面因素的影响，如组织管理、个人动机、个人特征、个人经验等，这些因素可能影响志愿者的招募、留用、培训、激励、满意度等方面（Einolf，2011[③]）。

针对志愿服务存在的问题，学者们提出了一些优化志愿服务机制的建议和对策。一般来说，这些建议和对策可以分为三个层面：政策层面、组织层面和个人层面。在政策层面，建议政府制定支持性和保障性的法律法规，提供充足和稳定的财政资金，建立有效和透明的监督评估体系，促进多元主体之间的合作协调（Brudney & Meijs，2009[④]；Salamon et al.，2004[⑤]；Handy et al.，2000[⑥]）。在组织层面，建议组织明确自身定位和目标，完善内部管理制度和流程，提高服务质量和专业性，关注员工与志愿者之间的互动和协作（Hustinx，Cnaan & Handy，2012[⑦]；Hager & Brudney，2004[⑧]；Pearce，

① Rochester，C.，et al. *Volunteering and Society in the 21st Century* [M]. Basingstoke：Palgrave Macmillan，2010.

② Hustinx L. & Lammertyn，F. Collective and reflexive styles of volunteering：A sociological modernization perspective [J]. *International Journal of Voluntary and Nonprofit Organizations*，2003 (14)：167 - 187.

③ Einolf，C. J. Gender differences in the correlates of volunteering and charitable giving [J]. *Nonprofit and Voluntary Sector Quarterly*，2011，40 (6)：1092 - 1112.

④ Brudney，J. L. & Meijs，L. C. It ain't natural：Toward a new (natural) resource conceptualization for volunteer management [J]. *Nonprofit and Voluntary Sector Quarterly*，2009，38 (4)：564 - 581.

⑤ Salamon，L. M.，et al. *Global Civil Society: Dimensions of the Nonprofit Sector* [M]. Bloomfield，CT：Kumarian Press，2004.

⑥ Handy，F.，et al. Public perception of "who is a volunteer"：An examination of the net-cost approach from a cross-cultural perspective [J]. *International Journal of Voluntary and Nonprofit Organizations*，2000，11 (1)：45 - 65.

⑦ Hustinx，L. Cnaan，R. A. & Handy，F. Navigating theories of volunteering：A hybrid map for a complex phenomenon [J]. *Journal for the Theory of Social Behaviour*，2012，42 (4)：410 - 434.

⑧ Hager，M. A. Brudney，J. L. Volunteer Management Practices and Retention of Volunteers [R]. Washington DC：Urban Institute，2004.

1993[①])。在个人层面，建议根据自身兴趣和能力选择合适的志愿服务活动。

综上所述，可以发现，国外的志愿服务有几个特点：一是起步早，研究广泛深入，理论成熟，在基本概念和对志愿服务理念的深入理解方面，深深地影响了我国志愿服务的学术研究。二是多角度、多层次研究，一方面，对志愿服务的概念、内涵、动机、发展模式等展开研究；另一方面，对志愿服务与政治因素、经济因素和社会因素的关系关注较多。

如前所述，志愿服务活动与志愿服务研究，在西方发达国家比较早出现，我国后起跟进。有关志愿服务在概念和内涵方面，无论是国内研究还是国外研究，基本达成共识，志愿服务是指个人或组织自愿为社会或他人提供无偿或低偿服务的活动，是一种社会参与和公民责任的表现。志愿服务在不同的国家和地区有着不同的发展历程与特点，但都体现了人类对于和平、公正、可持续发展的共同追求。但是，现有的研究仍然存在以下不足：

第一，比较研究不深入。志愿服务是一种跨文化、跨国界的社会现象，不同国家和地区的志愿服务活动有着各自的特点和规律，也存在着相互借鉴和合作的空间。国内外学术界对于志愿服务活动的比较研究在深度和广度方面还存在提升的空间，现有的研究基于不同文化背景、制度环境、发展水平等因素对于志愿服务活动的影响和启示进行探讨，然而时势不断变化，新时代的新问题层出不穷，需要研究者有更敏锐的研究触角。

第二，实证研究不广泛。国内外研究以定性研究、纯理论分析居多，缺乏调查分析，建立在数据基础上的定量研究不足。更是缺乏建立在数据和指标基础上的评估体系的研究。

第三，学科交叉研究不够。现有的研究多从思想政治教育或是社会学的角度对志愿服务特别是青年志愿服务问题进行关注，而缺乏从人的行为动机方面的探讨。

为此，本研究在已有研究成果的基础上，打破单纯从思想政治教育角度研究大学生志愿服务活动的惯常思路，在坚持马克思主义人本哲学指导的基础上，引入制度经济学的契约与交易成本理论，以及社会学、心理学的心理契约相关理论，分析大学生志愿服务的有关问题。针对新时代中国特色社会主义的时代需要与中国传统文化的现实情况，本研究从马克思主义人本价值

① Pearce, J. L. *Volunteers: The Organizational Behavior of Unpaid Workers* [M]. London: Routledge, 1993.

目标出发，以马克思主义理论为“体”，以西方的相关理论特别是心理契约理论为“用”，旨在通过学科交叉以及方法论的科学性与具体方法的实用性相结合，探究大学生志愿服务这一复杂的社会问题及中国特色的志愿服务发展路径。在研究范围上，既有国际视角，又有国内视角；在研究方法上，既有理论的定性分析，又有调查获取数据的定量研究；在研究内容上，力求更全面、更深刻。本研究从多角度分析大学生志愿服务存在的问题和一般规律，探究大学生志愿服务如何实现可持续发展的路径。

第三节　研究的指导思想与理论工具

马克思主义人本理论展示了一个关于人的全面发展和社会进步的理论框架。在此框架下，大学生志愿服务不仅是一种社会实践活动，更是一种实现个人价值、促进社会进步的重要途径。志愿服务活动体现了大学生的社会责任感和奉献精神，同时也促进了他们的个人成长和素质提升。马克思主义人本理论为志愿服务提供了价值引领、行动原则和效果评估依据，从而使志愿服务成为推动社会进步和人的全面发展的有效工具。此外，心理契约理论作为理论工具，为理解和改善个体与组织之间的关系提供了新的视角。心理契约关系的建立和维护对于提高个体的工作满意度、工作投入度和组织忠诚度至关重要。在志愿者组织中，建立良好的心理契约关系可以促进志愿者的满意度和忠诚度，从而提高组织的整体效能。马克思主义人本理论指导下的心理契约理论，为我们理解人的本质、人的发展和人的解放提供了理论根据，也为大学生志愿服务活动提供了指导和在评估方面的方法论。

一、马克思主义人本理论

（一）马克思主义人本理论的基本内涵

马克思主义人本理论是指马克思主义关于人的本质、人的发展和人的解放的一系列思想。马克思主义认为，人既是社会历史的产物，也是社会历史的创造者，人的本质具有丰富性、多层次性，它是人在生产劳动过程中、在社会分工和交往关系中，人的个性和人的社会性不断生成和发展变化的结果。马克思主义还强调，人类社会及人的本身的发展过程，是追求自由和解放的过程。因而，人作为有意识的、创造性的存在物，其最高价值在于对人的自身本质的发现。马克思主义还指出，人在资本主义社会中遭受了异化，失去了作为人的尊严和权利，因此需要通过无产阶级革命和社会主义建设，实现人的解放和全面发展。马克思主义人本理论具有深刻的理论意义和现实意义，为我们认识人、尊重人、发展人提供了科学指导，也为我们构建理想社会提供了价值理念和行动准则。① 马克思主义人本理论可以从以下几个方面进行把握。

第一，人的本质论。马克思认为，人与其他动物不同之处在于，人具有自由自觉地改造自然和社会的能力，这种能力体现在劳动活动中。劳动是人类生存和发展的基础，也是人类实现自我价值和进行自我完善的途径。通过劳动，人不仅创造了物质财富，也创造了精神财富。劳动使得人与自然、与他人、与自我形成了一种有机的统一。因此，劳动是构成人的本质的核心要素。②

第二，人的发展论。马克思认为，作为一种历史存在，人并非一成不变，而是随着社会历史条件的变化而变化。马克思指出："人就是人的世界，就是国家，社会。"③ 可见，在马克思主义看来，人的发展不是孤立的，而是与社会互为条件的。每一个时代都有其特定的生产方式和社会形态，这决定了每一个时代中人们所具有的特定的需要、特定的能力、不同的关系状态和个性追求。例如，东方文明中的集体取向与西方文明中的个人本位取向之间的差异、中国传统社会重义轻利的义利观与市场经济条件下义利观的改变等，即为明显例证。因此，马克思把人看作一个具体历史存在，并根据不同历史阶段来分析不同类型的人。以阶级论分析，在奴隶制社会，奴隶主和奴隶是两种截然不同的存在；而在资本主义社会，资产阶级和无产阶级是两种对立而又相互依存的存在；在未来共产主义社会，则不存在阶级差别，所有人都是自由平等而又全面发展的存在，此即为人及其社会发展的终极目标。④

第三，人的解放。在马克思看来，从狭义上说，在阶级社会中，绝大多

---

① 张国安．马克思关于人的本质的四重含义及其现实意义[J]．甘肃社会科学，2015（6）：27－31．

② 李卓群．马克思关于人的本质问题的三个维度[J]．郑州航空工业管理学院学报（社会科学版），2012，31（4）：52－54．

③ 马克思，恩格斯．马克思恩格斯选集（第1卷）[M]．北京：人民出版社，1995：1．

④ 张风莲．马克思的个人发展理论及其当代价值[J]．哲学研究，2006（5）：19－24．

数人都处于被剥削、被压迫、被异化的状态，他们不能按照自己的需要和愿望来安排自身的命运，而只能按照统治阶级的意愿来生活和工作。以资本主义社会为例，无产阶级不仅要满足资本家对剩余价值的无限追求，而且承担了繁衍后代，为资本家进行劳动力再生产的使命。恰如马克思所言："德国人的解放就是人的解放。这个解放的头脑是哲学，它的心脏是无产阶级。"①而从广义上说，人在没有实现物质和精神极大丰富，文明程度达到非常高的水准之前，总是在受必然性控制，而人总是在努力克服必然性统治，从必然王国走向自由王国。因此，马克思主张，要实现人的本质和发展，就必须实现人的解放。人的解放不仅是一种政治上的解放，即摆脱阶级压迫和国家暴力的束缚；也是一种经济上的解放，即消灭私有制和剥削制度，建立公有制和按劳分配的原则；更是一种文化上的解放，即消除意识形态的束缚，建立科学的世界观和价值观，促进人的全面发展。除此之外，人的解放还包括人通过对于自然和社会必然规律的认识，达到克服必然性束缚的自由状态。②

（二）马克思主义人本理论对大学生志愿服务的指导意义

如前所述，马克思主义人本理论是马克思主义的核心理论之一，它从人的本质、人的自由和全面发展等方面，揭示了人类社会发展的根本目标和价值取向。大学生志愿服务是一种社会实践活动，它体现了大学生的社会责任感、奉献精神和人文关怀，也有利于大学生的个人成长和素质提升。马克思主义人本理论与大学生志愿服务有着内在的联系，可以从以下几个方面进行概括。

第一，马克思主义人本理论为大学生志愿服务提供了价值引领。古希腊哲学家普罗泰戈拉提出的一个重要命题——人是万物的尺度，对后世影响深远。马克思主义人本价值较好地吸收了这一理念。但是，马克思主义引入了体现人与客观世界关系的"实践"这一范畴，认为人通过生产劳动，成为社会历史发展的主体和动力，人本身也是社会历史发展的目的和价值所在，而不是如功利主义异化状态下作为"手段"的人。人的自由和全面发展是社会进步的标准和动力，但是在追求人与社会进步的实践过程中，必须以社会公

---

① 马克思，恩格斯．马克思恩格斯选集（第1卷）[M]．北京：人民出版社，1995：16.

② 魏长领，冯展畅．马克思主义人类解放思想的三层意蕴[J]．河南社会科学，2019，27（10）：1－7.

平和正义为基础。这些观点对大学生志愿服务起到了价值引领作用，即大学生志愿服务应该以促进人的自由和全面发展为目标，以关注社会公平和正义为导向，从而在这种“人本”价值引领下，使志愿服务实践活动为人类实现从必然王国走向自由王国的终极目标助力。

第二，马克思主义人本理论为大学生志愿服务提供了行动原则。马克思主义认为，人是具有创造力、理性和社会性的主体，也是具有个性、情感和需求的个体。① 因此，马克思主义要求尊重人的主体性、个性和多样性，反对对人的异化、剥削和压迫。这些原则为大学生志愿服务提供了行动原则，即大学生志愿服务应该以尊重服务对象的主体性、个性和多样性为基础，以满足服务对象的切实需求为出发点，以促进服务主体和服务对象的双向发展为目标。②

第三，马克思主义人本理论为大学生志愿服务提供了效果评估依据。马克思主义认为，人通过社会实践来改造自然、改造社会、改造自我。因此，马克思主义要求用辩证唯物主义和历史唯物主义来分析社会发展规律。因而，马克思主义的人本哲学方法论，可以为大学生志愿服务这一社会实践活动提供效果评估依据，即大学生志愿服务应该以辩证唯物主义和历史唯物主义为指导，以客观事实为依据，以科学标准为尺度，以不断完善为动力，来检验和评价志愿服务活动的过程和结果。③ 把志愿服务与推进社会进步和人的发展联系起来，评估其效果。当人的实践活动符合社会发展规律和发展方向时，其无疑是正确和积极的；反之，当人的实践活动背离社会发展的客观规律时，则这种实践活动无疑是负面的。这是因为在马克思主义看来，人类社会发展是一个“自然历史”过程，人不能改变社会发展的规律，但人可以在认识规律的基础上，顺应社会规律而通过实践推动社会进步。这就意味着，建立在以人为本、顺应社会历史发展规律基础上的实践活动，无疑在历史评价或者说社会进步效果评估中是正面的和有效的社会实践活动。

---

① Wartenberg, Thomas E. “Species-Being” and “Human Nature” in Marx [J]. *Human Studies*, 1982, 5 (2): 77 - 95. JSTOR, http://www.jstor.org/stable/20008832. Accessed 16 Feb. 2024.

② 姜泽廷. 志愿服务价值与马克思主义人的价值理论的联系[J]. 北京交通大学学报（社会科学版）2012, 11 (2): 91 - 94.

③ 张芬，张春，王悦舒. 大学生志愿服务效果评价体系研究[J]. 学校党建与思想教育，2013 (10): 65 - 67.

二、作为理论工具的心理契约理论

（一）心理契约的基本内涵

心理契约是指个体与组织之间隐含的、非正式的、不成文的期望和义务关系。[①] 心理契约是一种主观的心理感受，不同于法律契约的明确性和强制性，而是基于个体与组织之间的互动和交换，形成了一种相互认可和承诺的心理状态。心理契约的内容包括个体对组织提供的报酬、福利、培训、晋升等物质方面的期望，以及对组织提供的尊重、信任、公平、归属等非物质方面的期望；同时也包含组织对其成员（个人）的期望，如对个人的工作绩效、忠诚度、创新性、合作性等方面的期望。这也就意味着心理契约是双向互动的，并不单纯是个体对组织单方面的心理预期，也非组织对于其成员（个人）单方面的期望，这种双向性也是名之曰“契约”的意义所在。为了区别于一般的契约关系，不妨把心理契约分为两种类型：一是交易型心理契约，指个体与组织之间基于短期、有限、具体的交换关系而形成的心理契约，其内容主要是物质方面的期望和义务，此类心理契约与一般的经济契约在内容上更接近，不同之处在于前者是通过心理期望值来体现，后者是通过明文规定来展示；二是关系型心理契约，指个体与组织之间基于长期、广泛、抽象的交换关系而形成的心理契约，其内容主要是非物质方面的期望和义务。[②] 心理契约的作用机理在于，它可以影响个体与组织之间的信任关系，从而影响着个体的工作态度及其由此决定的行为。个体在感觉到自己与组织之间的心理契约得到维系时，会产生正向的情感和认同，从而提高工作满意度、工作投入度和倾向于更高的组织忠诚度；反之，个体在感觉到自己与组织之间的心理契约被违背或破坏时，会产生负向的情感和反应，从而降低工作满意度和工作投入度，继而改变与组织忠诚度关联的行为，甚至导致离职或报复的心理动机。

心理契约理论源于企业组织的研究，旨在通过非营利性的人性激励因素克服营利性的功利因素，是基于人性的价值驱动理论。正因为它克服的是外在的功利性目的（当然也不完全排除物质利益因素），着眼于内在的价值驱

---

① Rousseau, D. M. *Psychological Contracts in Organizations: Understanding Written and Unwritten Agreements* [M]. New York: Sage Publications, 1995.

② 龙立荣，易谋，张勇. 交易型与关系型心理契约对员工任务绩效和关系绩效的影响——绩效薪酬和上级支持感的调节作用[J]. 预测，2015，34（1）：8－14.

动机制，因而该理论无疑可以拓展应用到非营利组织中。在作为非营利组织的志愿者组织中，志愿者与组织之间的心理契约关系同样影响着志愿者的满意度、忠诚度。因此，非营利组织要重视与志愿者之间建立良好的心理契约关系，通过有效沟通、合理分配、适当激励等方式，满足志愿者对组织（当然在一定程度上包括扩大了的组织——社会）为其提供物质和非物质方面支持的期望。同时，为满足组织或社会的发展需要，要求作为其成员的志愿者履行一定的责任和义务——为其归属的组织或社会提供一定质量和数量的服务，满足组织或社会的期许。从而，促进志愿者与组织之间实现双赢。

（二） 心理契约理论的起源与发展

心理契约理论是美国著名管理心理学家 E. H. 薛恩（E. H. Schein）在 20 世纪 60 年代正式提出的。他认为，“心理契约是作为组织成员的个体将对组织的‘有所奉献’与希望从组织中‘有所获取’之间的一种心理平衡，以及组织将针对个人期望收获而提供的一种配合”[①]。虽然这不是有形的契约，但是其作用却类同于有形契约。心理契约作为一种主观的心理感受，是基于个体与组织之间的互动和交换形成的一种相互认可和承诺的心理状态。

心理契约理论与多种学科和理论有关联，其中最重要的是社会交换理论、公平理论和期望理论。社会交换理论认为，人际关系中存在着一种互惠原则，即个体与组织之间基于相互利益而进行的交换，其核心是报酬与成本的平衡。[②] 公平理论认为，个体对自己与他人之间的交换是否公平有一种主观判断，当感觉到不公平时会产生不满和反应。期望理论认为，个体的行为取决于其对行为结果的期望和对结果价值的评价。这些理论都可以解释心理契约中个体与组织之间的期望和义务关系，以及心理契约满足或违背时对个体态度和行为的影响。

心理契约理论经历了从单一维度到多维度、从静态到动态、从描述性到规范性的发展过程。最初，E. H. 施恩等人将心理契约看作一种单一维度的、静态的、描述性的概念，即员工与组织之间存在着的仅仅是一种隐含的、非正式的、不成文的期望和义务关系。后来，罗梭等人将心理契约看作是一种多维度的、动态的、规范性的概念，即员工与组织之间存在着多种类型和层

---

① 爱德加·薛恩. 组织心理学[M]. 北京：经济管理出版社，1987：25.

② 张媚迪，李富田. 心理契约与社会交换、公平理论的关系[J]. 商场现代化，2009（4）：334－335.

次的期望与义务关系，这些关系随着时间和环境的变化而变化，并受到法律、道德和社会规范等因素的制约。① 目前，心理契约理论已经成为一个涉及法律、经济学、管理学、心理学等多学科领域的研究课题，并在组织管理实践中得到广泛应用。

（三） 心理契约理论对正确把握大学生志愿服务的启示

如前所述，心理契约理论是指个人与组织之间的一种隐含的、非正式的、主观的、动态的交换关系，它反映了双方对彼此的期望、承诺和责任。心理契约理论可以用来分析和指导大学生志愿服务活动，因为大学生志愿者与服务对象、服务组织和社会之间也存在着类似的心理契约。大学生志愿服务可以看作一种双赢的交换关系，即大学生志愿者通过为社会贡献自己的智慧和力量，换取社会对他们的认可和支持。这种交换关系就构成了一种心理契约，它包括以下几个方面：首先，存在着大学生志愿者与服务对象之间的心理契约。这是一种以爱心为基础，以帮助为目标，以感恩或是成就感为回报的心理契约。其次，大学生志愿者与服务组织（如高校、高校共青团、班集体等）之间的心理契约。这是一种以责任为基础，以合作为目标，以发展为回报的心理契约。大学生志愿者期望通过自己的服务，支持服务组织的使命和目标，遵守服务组织的规章制度，同时也得到服务组织的培训、指导、保障及认可。再次，大学生志愿者与社会之间的心理契约。社会可以理解为扩大的组织，因为公益性的社会组织在理论上或是理想状态下，其代理的是社会。这是一种以公益为基础、以贡献为目标、以成长为回报的心理契约。此外，还包括组织与社会之间的契约关系，组织一方面代表志愿者去服务社会，一方面又代表社会评估和管理志愿服务的效果，实际上承担着双重代理的角色。大学生志愿者期望通过自己的服务，促进社会文明进步，响应社会需求和期待，同时也获得社会的认同与尊重。

总之，心理契约理论与大学生志愿服务有着密切的关联性，它有助于更好地理解和评价大学生志愿服务活动的动机、过程和效果，同时也有助于更好地激励和管理大学生志愿者队伍，为提高大学生志愿服务活动的质量和水平提供参考依据。

---

① Guarino, J. M. *Book Review Psychological Contracts in Organizations: Understanding Written and Unwritten Agreements* [M]. Thousand Oaks, California: Sage, 1998.

三、双重理论的体用关系解释

以马克思主义人本理论为“体”，心理契约理论为“用”，去解释和推动大学生志愿者服务实践，具有较大的适宜性。

（一）马克思主义人本理论与心理契约理论的交叉

马克思主义人本理论是马克思主义的核心理论之一，它从人的本质、人的自由和人的全面发展等方面，揭示了人类社会发展的根本目标和价值取向。马克思主义人本理论强调人的主体性、创造性和社会性，反对对人的异化、剥削和压迫。马克思主义人本理论认为，人的自由和全面发展必须建立在社会公平和正义的基础上，必须通过社会实践来实现，它可以通过批判“社会总体异化”，为人的自由解放提供理论支撑。①

心理契约理论是一种分析组织与员工之间关系的理论，它认为组织与员工之间存在着一种隐含或明确的互惠关系，即员工为组织提供劳动、忠诚和承诺，而组织为员工提供报酬、培训和发展机会等。心理契约理论强调员工的主观感受、期望和信任，从这个角度看，它是基于人与人之间的社会关系而派生出来的理论形态，这一点与马克思主义关于人的社会性本质具有高度的一致性。在马克思主义看来，人除了有个体的本质特征外，还存在着一种“类”的本质，即人的社会性本质。而心理契约理论的构建，正是基于人的“类”特征及人的共性。也就意味着心理契约理论是基于主体之间的“换位”思考，从处理人与组织之间的关系来说，“我”的付出，意味着站在“我”的角度看，组织（集体的人或法人）会给予“我”对等的回报。因为反过来，当别人为了“我”有付出时，“我”也会反过来给予“他”这种回报，这正是基于人性的普遍法则而缔结的心理契约。从这个角度看，心理契约理论正是基于人的“类”的心理特征。由此可以看出，心理契约理论也会将员工的利用、背叛和失信等行为判定为违约行为而加以反对，并认为员工的满意度、承诺度、绩效与组织履行心理契约的程度有密切关联性。

心理契约理论虽然主要用于解释企业管理问题，但就其本质来说，在于探讨个体与其所在的组织的关系问题。马克思主义人本理论与心理契约理论的内容交叉性在于它们都关注人的价值、需求和发展，都反映了人与社会之

---

① 王雨辰．论西方马克思主义的问题逻辑及当代价值[J]．马克思主义与现实，2021（4）：95－103.

间的相互作用和相互影响，都提倡一种以人为本、以信为基，维系“关系常态化”的思想和行为方式。值得一提的是，马克思主义人本理论并不排除个人利益，甚至建立在“利益”范畴的逻辑起点上①，这与心理契约理论建立于个体心理期望的利益关联性相一致。这些交叉性的内容，为我们分析大学生志愿服务常态化问题提供了一个有益的视角。

（二）马克思主义人本理论的方向性与心理契约理论的具体性

马克思主义人本理论是一种宏观的、普遍的、哲学的理论，它揭示了人类社会发展的总体规律和总体目标，描述了一个美好社会应该具备的基本特征和基本价值。马克思主义人本理论是一种大方向性的理论，它提供了一个根本的立场、观点和方法，从而能够从整体上、从根本上去认识和解决人和社会问题。心理契约理论是一种微观的、具体的、应用的理论，它分析了组织与员工之间关系的实际状况，并提供可资参照的有效管理和激励员工的手段与策略。心理契约理论作为一种具体性的理论，具有操作性强的特征，有助于人们通过这种理论分析工具去改善和优化人与人、人与组织或人与社会的关系。

正因为两者既有交叉性内容，又处于抽象与具体、宏观与微观等不同的层面，马克思主义人本理论与心理契约理论可以相互补充、相互促进。如前所述，马克思主义人本理论可以为心理契约理论提供价值指引、目标引领等，它主要偏重于“形而上”的特征，而心理契约理论则是具体的、“形而下”的。这种大方向性的“方法论”与“具体的方法”相结合，可以为大学生志愿服务常态化问题提供一个完整的解释框架和解决问题的有效途径。

（三）马克思主义人本理论对心理契约理论的批判性和矫正性

马克思主义人本理论与心理契约理论虽然有着交叉性的内容，但也存在着一定的差异和矛盾。马克思主义人本理论对心理契约理论有着批判性和矫正性作用，主要表现在以下几个方面：

（1）基于看待人与社会关系的角度的差异方面。马克思主义人本理论认为，人是社会历史发展的主体和动力，也是社会历史发展的目的和价值所在。正因为人的自由和全面发展是社会进步的标准和动力，马克思主义人本理论才要求从社会历史的角度来看待人与社会之间的关系，并认为应该从社

---

① 谭培文. 马克思主义以人为本与利益机制[M]. 北京：人民出版社，2023.

会变革的角度，在社会生产劳动实践过程中，推动人与社会之间的关系优化。① 心理契约理论则从个体心理的角度来看待组织与员工之间的关系，甚至更多从组织稳定而非个体人发展的角度来调节组织与员工之间的关系。这就导致心理契约理论忽视了社会历史条件对组织与员工之间关系的影响，也忽视了组织与员工之间关系对社会历史发展的影响。因此，马克思主义人本理论对心理契约理论有着批判性功能，马克思主义人本理论要求超越个体心理层面，在把握社会历史发展规律的基础上，把组织与个体之间的关系纳入社会历史发展的大背景中去考察和评价。

（2）基于以人为本还是以组织为本之间价值判断的差异方面。马克思主义人本理论认为，人是具有创造力、理性和社会性的主体，也是具有个性、情感和需求的个体。因此，马克思主义人本理论要求尊重人的主体性、个性和多样性，反对对人的异化、剥削和压迫。而心理契约理论则往往从组织利益的角度来看待组织与员工之间的关系，从组织控制的角度来管理组织与员工。这就导致心理契约理论忽视了员工作为人的尊严、价值和权利，忽视了员工作为个体的差异、特点和选择。因此，马克思主义人本理论对心理契约理论有着矫正性，要求我们超越组织利益层面，把握人本价值层面，把员工作为人而不仅仅是作为资源来看待和尊重。

（3）基于客观实践性与主观心理性的差异方面。马克思主义人本理论认为，人是通过社会实践来改造自然、改造社会、改造自我和改造他人的。社会实践是人与自然的中介，它也是马克思主义革命性和批判性的体现。因此，马克思主义人本理论要求用辩证唯物主义和历史唯物主义来分析社会实践的规律、社会矛盾，推动社会进步。心理契约理论则往往从个体心理角度来看待组织与员工之间的关系。这就导致心理契约理论忽视了社会实践的动态性、复杂性和多样性，忽视了社会实践对组织与员工之间关系的影响，最终有可能滑入唯心主义世界观。

（四）马克思主义人本理论与心理契约理论的结合性和适用性的现实依据

如前所述，马克思主义人本理论与心理契约理论虽然有着差异和矛盾，但也有着交叉和补充。在当前我国所处的社会背景下，我们可以把马克思主

① 张熊玲，王小兵．马克思论人的自由全面发展的历程、内涵及出路[J]．中共南宁市委党校学报，2020，22（1）：14－18.

义人本理论与心理契约理论相结合，以解释和解决大学生志愿服务常态化问题，但这种结合是以马克思主义为“体”、心理契约理论为“用”作为前提的，即以马克思主义人本价值为哲学本体论，以心理契约理论为工具性方法，而不是本末倒置。这种结合性和适用性主要表现在以下几个方面：

（1）从历史方位论的角度看，新时代向大学生志愿服务提出了更高要求，从而呼唤志愿服务理念的创新，包括坚定理想信念、服务社会大局、提高综合素质、弘扬志愿精神、创新服务方式等。我国已经迈入了中国特色社会主义新时代，社会主要矛盾发生了变化。新时代要求我们：一是在马克思主义人本理论的指导下，坚持以人民为中心的发展思想，坚持以人民为本的社会发展价值取向，推进大学生志愿服务实践。习近平总书记指出：“坚持以人民为中心的发展思想。发展为了人民，这是马克思主义政治经济学的根本立场。”[①] 这些要求与马克思主义人本理论是一致的，也为我们运用马克思主义人本理论来分析和指导大学生志愿服务提供了坚实的基础。二是在新时代中国特色社会主义新的历史方位中，要在广大群众特别是青年学生中进一步强化社会有希望、人民特别是青年有奔头的心理预期。而心理契约理论可以作为借鉴。

（2）从社会转型论的角度看，我国还处于工业社会向后工业社会的转型期，这是一个经济结构、社会结构、文化结构、价值观念等方面都发生深刻变化的时期。这个转型期要求我们既要继承和发扬工业社会的优秀成果，又要适应后工业社会的新特点。而工业社会是典型的科学主义主导、重视契约精神的社会，因此心理契约理论在当前的历史方位下，有很强的解释力。但是，没有马克思主义人本价值理论的引领，则会丢弃我国社会主义的本质对大学生志愿服务的要求。为此，在当前社会转型期，我们应将马克思主义的基本原理与心理契约理论相结合，解释和解决大学生志愿服务的现实问题。

（3）从实践创新论的角度看，我国正在推进社会主义核心价值观建设，这是一个培育和践行社会主义核心价值观、增强国家文化软实力、提升国民素质和道德水平、促进社会和谐稳定的重大工程。[②] 这个工程要求我们既要坚持马克思主义人本理论的价值指引，又要运用心理契约理论的工具，创新

---

① 习近平. 坚持以人民为中心的发展思想，坚定不移走共同富裕道路[EB/OL]. http://www.qstheory.cn/zhuanqu/2021-02/28/c_1127149319.htm，2021-02-18/2023-09-09.

② 梁建新，余荣. 十八大以来我国文化影响力提升的基本经验[J]. 长沙理工大学学报（社会科学版），2021，36（3）：93-103.

大学生志愿服务的模式和机制，通过建立一种基于共同价值观、互惠互利、信任尊重、自愿参与、持续发展的志愿服务心理契约关系，激发大学生志愿服务的内在动力，提高大学生志愿服务的质量和效果。

马克思主义人本理论与心理契约理论交叉视角下的大学生志愿服务常态化推进策略分析，如图绪-1 所示。

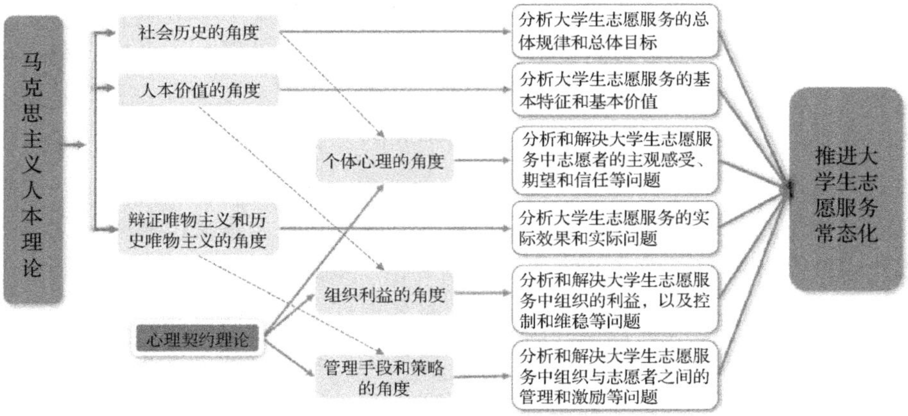

图绪-1　马克思主义人本理论与心理契约理论交叉视角下的大学生志愿服务常态化推进策略分析

综上所述，马克思主义人本理论是大的方向和价值统领，它与作为具体工具性方法的心理契约理论可以相互补充、相互促进，在当前我国所处的历史方位下，有着很强的结合性和适用性。应该把握这种结合性和适用性，运用这种结合理论来论述和推进大学生志愿服务常态化建设的实践，为构建社会主义和谐社会、实现中华民族伟大复兴的中国梦做出贡献。

第四节　研究思路、内容与方法

研究思路为我们提供了探索未知领域的指南，研究的内容定义了研究的范围和深度，而方法则是实现研究目标的手段。

一、研究思路

本研究旨在探讨如何促进大学生志愿服务常态化问题，即如何使大学生志愿服务成为一种持续、专业、广泛、均衡、精准的公益活动，从而对个人成长和社会进步都有积极意义。

从研究的过程思路（图绪-2）来说，本研究通过背景分析和文献梳理明确研究的问题，通过调查和访谈直面现实中的问题，通过理论框架剖析问题，通过经验吸取和机制构建解决问题。从研究背景与现状出发，旨在发现志愿服务存在的现实问题和学术研究存在的盲点问题；继而通过调查问卷和数据分析，揭示大学生志愿服务非常态化的现状和问题，即对照大学生志愿服务常态化的几个本质特征，包括主体的自愿性、动机的公益性、时间的持续性、服务的专业性、对象的广泛性、区域的均衡性、内容的精准性等，分析非常态化方面与常态化要求之间的差距；通过马克思主义人本理论与心理契约理论的交叉视角，审视大学生志愿服务非常态化问题的根源所在，即相关主体之间心理契约关系存在的偏离、异化、投机等现象；通过个案分析和国外经验借鉴，探索有利于促进大学生志愿服务常态化的有效因素和机制，从制度、文化、激励等方面进行马克思主义人本理论与心理契约理论的双重理论解读；最后，提出构建马克思主义人本价值下的心理契约机制，引领多元主体形成共同目标，韧化心理契约关系纽带，促进大学生志愿服务常态化的路径和策略。

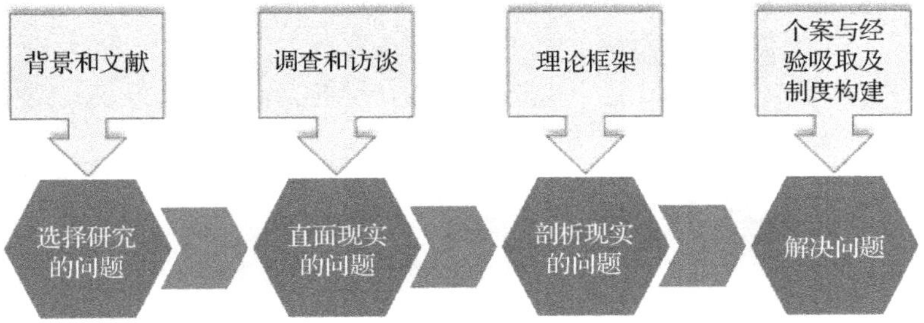

图绪-2　研究的过程思路

本研究遵循的逻辑思路（图绪-3）为：是什么（理想状态是什么，现实状态是什么）—为什么（存在的问题及其理论解释）—怎么做（如何破解存在的问题，并提出对策建议）。

首先是研究大学生志愿服务常态化“是什么”的问题。大学生志愿服务是一种社会公益活动，它体现了大学生的社会责任感和奉献精神，也有利于大学生的成长和发展；大学生志愿服务常态化问题是指如何使大学生志愿服务成为一种常态化、制度化、规范化的活动，而不是一种偶尔的、随意的、形式化的活动，也不是只关注重大、热点问题的特殊性活动。志愿服务往往以重大、热点活动为抓手进行宣传和推进，在重大、热点问题上，志愿服务参与者有可能成为特殊时期的“英雄”，而热点或是重大活动过后，志愿服务主体仍然能够一如既往，在日常社会风尚氛围营造或是日常社会治理中默默地贡献自己的志愿服务，这是常态化的志愿服务。

其次是研究大学生志愿服务常态化“为什么”的问题。从当前现实问题出发，确立有针对性的“靶向”，即当前大学生志愿服务存在着非常态化这一现实问题。志愿服务的理想状态是制度化、规范化、长期化从而达到常态化。理想与现实存在差异，问题的症结在于缺乏稳定的心理契约机制。契约理论是一种分析个体之间相互依赖关系的理论，它认为个体之间的行为是基于一种隐性或显性的契约，即一种双方互惠互利的协议，而心理契约是一种心照不宣的心理认同。

再次是“怎么做”的问题，即如何建立有效的心理契约机制，提高大学生志愿服务的质量和效果，以及大学生志愿服务的积极性和主动性。

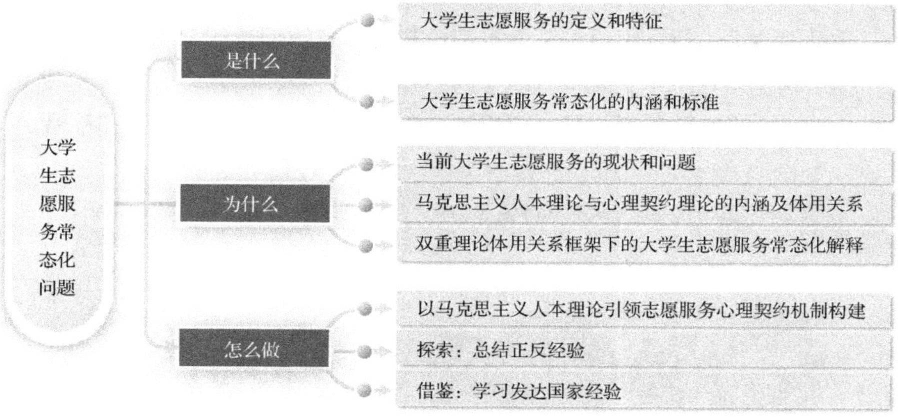

图绪-3　研究的逻辑思路导图

二、内容框架

本研究以马克思主义人本价值目标下的心理契约理论为分析框架，研究大学生志愿服务非常态化的现实困境，以及如何在马克思主义人本价值目标下，通过心理契约机制的构建，使大学生志愿服务由非常态化向常态化发展。主要包括以下内容：

第一，大学生志愿服务存在的非常态化问题。非常态化主要有两个方面表现：一是过分关注热点、焦点和重大活动，忽视志愿服务对日常社会管理的参与；二是志愿服务偏离活动目标，为活动而活动，没有扣紧社会公益和真正的育人要求这一双重目标。本研究将志愿服务“非常态化”定位于偏离社会和教育目标的志愿服务，而不特指社会重大事件、重大活动中“非常态”的志愿服务。

第二，大学生志愿服务非常态化的原因。本研究认为，大学生志愿服务非常态化的原因在于：从大方向来看，背离了马克思主义人本价值目标而发生了异化；从微观的行为逻辑看，没有构建起稳定的心理契约，甚至出现了逆向心理契约。

第三，马克思主义人本理论与心理契约理论的交叉关系和体用关系。本研究结合新时代中国特色社会主义的国情，论证了马克思主义人本理论与心理契约理论的交叉关系。众所周知，契约精神以及由此决定的契约关系，是工业社会发展的典型特征。我国作为制造业大国，还没有进入以“伦理精神”为典型特征的后工业社会，因而，心理契约理论在当前中国仍然有着重要的解释性工具意义。但是我国作为社会主义国家的发展目标在于实现人的价值，以人民为中心和依靠人民，以人的自由解放为终极目标，马克思主义是其哲学基础。从这个角度来看，马克思主义人本理论与心理契约理论，在分析中国大学生志愿服务问题上，可以理解为“体”与“用”的关系，即以马克思主义人本理论为“本”，以心理契约理论为“用”。

第四，在马克思主义人与社会互动发展的视野中，大学生参与志愿活动的心理契约类型与特点。心理契约类型是指个人与组织之间相互履行责任和相互承诺的不成文规则。根据心理契约的内容和稳定性，可以将心理契约分为两种类型：交易型心理契约和关系型心理契约。交易型心理契约是指个人与组织之间的一种短期的、有限的、具体的、以经济利益为主的责任和承诺。交易型心理契约的特点是：个人和组织之间的互动基于合同或规则，而非基于信任或情感。个人和组织之间的责任和承诺应该明确、可量化、可评估，而不应是模糊、难以界定、难以衡量的状态。交易型心理契约总体上讲并不适用大学生志愿服务这种类似于社会价值构建属性的活动，但不可否认，交易型心理契约可能是大学生志愿服务心理契约的基础，因为大学生志愿服务就其普遍性来说，不可能排除功利性目的，而要做的是突破功利性进行理念的升华。

关系型心理契约是指个人与组织之间的一种长期的、广泛的、抽象的、以社会情感为主的心理契约。[①] 在特定的时期或场合，关系性心理契约相比于交易型心理契约显得更加稳定。当这样的心理契约成为一种社会文化，往往形成类似于“规则”或“制度”的范畴。大学生志愿服务无疑属于此范畴。但在关系型心理契约构建中，不排除以交易型心理契约作为其底层逻辑。关系型心理契约又可细分为情感型、尊重型等多个亚类。

第五，大学生参与志愿活动的心理契约内容及其影响。如前所述，从一般意义来看，心理契约内容是指个人与组织之间相互负责任和相互承诺的具体内容和范围。本研究对心理契约理论的内涵进行了一定拓展，在大学生志愿活动中，不仅包括大学生与学校、社团等组织之间的心理契约关系，还包括与社会或政府之间的心理契约关系，以及社会或政府对大学生志愿服务本身的反向心理预期。根据心理契约的来源和层次，可以将心理契约内容分为两个方面：显性心理契约内容和隐性心理契约内容。显性心理契约内容是指个人与组织之间明确的、书面的、正式的责任和承诺，通常来源于合同或规则。显性心理契约内容的影响是：可以为个人和组织提供法律保障和制度保障，增强双方的信任和安全感；还可以规范个人和组织之间的行为与期望，减少双方的分歧和冲突；也有激励个人和组织之间互惠互利，促进双方合作和发展的功能。

隐性心理契约内容是指个人与组织之间隐含的、口头的、非正式的责任和承诺，通常来源于长期的沟通或社会化的约定俗成。隐性心理契约内容的影响是：首先，可以满足个人和组织之间的情感和价值需求，增强双方的归属感和认同感；其次，可以适应个人和组织的变化，增强双方的灵活性和适应性，它克服了显性心理契约“规定”的刚性；最后，可以促进个人和组织之间共享与学习，增强双方的能力，更有利于实践管理学中的“权变”

---

① 刘艳红．品牌危机与品牌长期管理[M]．北京：中国经济出版社，2019：151－152.

思想。

第六，大学生参与志愿活动的心理契约违背表现及其影响。心理契约违背，是指个人或组织感知到对方没有履行或没有完全履行其责任和承诺，从而导致心理契约的破裂或受损。心理契约违背的表现可以分为两种：主观心理契约违背和客观心理契约违背。主观心理契约违背是指个人或组织主观感受到对方没有履行或没有完全履行其责任和承诺，这种感受可能是基于错误的理解或期望，也可能是基于正确的理解或期望。主观心理契约违背的后果是：首先，会导致个人或组织对对方的信任和满意度降低，从而影响双方的关系；其次，会导致个人或组织对自己的价值和能力产生怀疑，从而影响双方的自尊和自信；最后，还可能导致个人或组织对未来的期望和目标产生变化，从而影响双方的承诺履行和忠诚关系。

客观心理契约违背是指个人或组织客观证实了对方没有履行或没有完全履行其责任和承诺，而且这种证实是基于事实或证据，而不是基于感觉或猜测。客观心理契约违背的后果在于：它会导致个人或组织对对方的敌意和反抗增强，从而引发双方的冲突和危机；它还可能在个人或组织的权利和利益受到损失时，引发彼此间的不满；客观心理契约违背还会导致个人或组织对未来的发展机会产生不好的预期，从而引发双方的恐惧甚至从契约关系中逃离。

第七，大学生志愿服务常态化的运行机制。在马克思主义人本价值目标下，通过人的发展与社会发展的互动机制，建立稳定的心理契约，破解大学生志愿服务非常态化问题，构建大学生志愿服务常态化运行机制。这就要求重构契约主体的关系，以交易型契约为逻辑底色，更要突破交易型契约的局限性，建立长久稳定的关系型心理契约。

可以将本研究的主要内容表述为图绪-4。

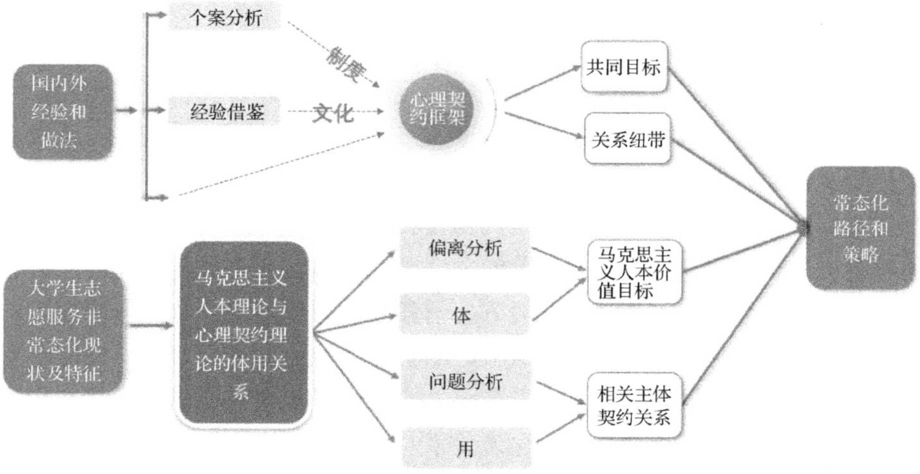

图绪-4　本研究主要内容与框架

三、研究方法

大学生志愿服务常态化研究是一个既有浓郁理论意味又具有很强现实性的课题，也是一个颇具难度的课题。要达到既定的研究目标，获得正确的研究结论，科学的研究方法的运用就至为重要。本研究以马克思主义的立场、观点和方法为指导，综合运用各种行之有效的研究方法，借此拓宽研究思路，深化研究内容，丰富研究成果。

（一）系统分析方法

从系统科学的角度而言，大学生志愿服务常态化关涉政府、学校和志愿者本人等多重主体。大学生志愿服务的非常态化是各种制约因素作用的结果，而实现常态化又离不开各种促进性因素的积极作用。多重主体、各种制约性因素和促进性因素并非各自独立存在、互不相干，各要素内部及相互之间事实上存在着一种相互影响和制约的关系，它们共同构成了影响大学生志愿服务常态化的复杂系统。为此，本研究运用系统分析的方法，探析各要素内部和各要素之间“实然”之关系，在此基础上确定各要素有效协同以形成大学生志愿服务常态化合力的应然之道。

（二）跨学科研究方法

大学生志愿服务常态化的实现取决于多种要素的有效供给，涉及组织行为和个人不同的动机考量，是社会生活中的政治、经济、文化、教育、管理、心理等诸多方面共同作用的结果。由此，本研究将力图贯通教育学、管理学、心理学、经济学、社会学等领域的理论与方法，在多学科视角下解读导致大学生志愿服务非常态化的原因，把握形成这一现象的内在机理，并进一步基于这种多维视角而有的放矢地提出有效应对之策。

（三） 实证研究方法

大学生志愿服务常态化是一种现实诉求，从逻辑上而言是对客观存在的非常态化的积极应对。这种存在问题和应对之策的客观性与现实性，决定了运用实证研究方法的必要性。为此，本研究通过问卷调查和个别访谈，收集和分析大学生参与志愿服务的人数、时长、内容、动机、满意度、效果等相关数据，以及大学生志愿服务的相关制度和规范设计及评价情况，把握大学生志愿服务的现状及非常态化的影响因素，从而为存在问题的精准确定和有效解决，提供较为充分的实证方面的依据。

（四） 比较分析方法

本研究通过对国内外不同地区、不同类型、不同水平的志愿服务活动和机构进行横向及纵向比较分析，发现其异同点和优劣势，从而为确立大学生志愿服务常态化的行动方案提供有价值的参考；也正是基于对马克思主义人本理论与心理契约理论的比较分析，本研究构建了一个体用关系的分析框架。相信这种行动方案和分析框架，将因其基于分析比较的视角而使自身达到最优化。

第五节 重点、难点与创新点

重点、难点不仅是研究的核心，也是挑战。重点、难点的探讨，涉及如何构建一个坚实的理论支点来支撑研究的整体架构。这不仅要求在理论上有所突破，还要在实际应用中找到切入点。

一、重点、难点

重点：（1）如何形成理论支点支撑研究的构架。通过理论交叉构建理论框架，将这个理论框架有效应用于研究的问题中，从而形成分析问题解决问题的理论支点，是研究的重点。马克思主义人本理论是哲学基础和价值导向，是方法论层面的内容，心理契约理论是在马克思主义人本价值引领和马克思主义哲学方法论指导下的具体方法。因而，马克思主义人本理论是“体”，心理契约理论是“用”。构建马克思主义指导下的心理契约理论，意味着将马克思主义哲学话语体系与作为西方管理学理论的心理契约理论两者交叉融合，并形成一个解释框架。

（2）通过理论分析和调查研究得出核心观点。如前所述，本研究以马克思主义为“体”、心理契约理论为“用”的体用关系为理论支点，结合现实调查数据和现状信息，分析大学生志愿服务非常态化问题的根源所在，探讨大学生志愿服务非常态化问题与马克思主义人本价值目标之间的偏离程度，并得出核心观点：大学生志愿服务非常态化问题是由相关主体之间缺乏基于马克思主义人本价值目标的心理契约而导致的。因此，要解决该问题，就需要构建马克思主义人本价值下的心理契约理论框架，引领多元主体形成共同目标，韧化心理契约关系纽带。

总之，本研究的重点是运用马克思主义人本价值目标指导下的心理契约理论分析大学生志愿服务活动中存在的有关激励机制、约束机制、信任机制等问题，以及这些问题对大学生志愿服务常态化的影响。

难点：（1）理论交叉融合难。将马克思主义人本理论与心理契约理论交叉运用的难点主要在于如何将两种理论进行有效整合，既能够保持各自的理论特征和优势，又能够相互补充和支持，形成一个有机的理论框架。同时，还要注意避免将两种理论进行简单的套用，而要根据实际情况进行适当的调整和改进。

（2）经验做法移植克服“排异性”策略难。应借鉴国内外经验和做法，提出具有可操作性和针对性的路径与策略，既能够充分发挥马克思主义人本价值下的心理契约在大学生志愿服务常态化中的作用，又能够有效地调动多元主体的积极性和责任感，形成共同目标和有效的激励机制。其难点主要在于如何在借鉴国内外经验和做法的基础上，结合我国实际情况，提出符合我国国情和大学生特点等的大学生志愿服务常态化路径和策略；同时，难点还在于如何避免将国内外经验和做法进行简单的复制或移植，而是要基于我国高等教育的育人目标，结合志愿服务活动的特点和规律进行适当的创新和改进。

（3）方法论与具体方法融合难。如何将马克思主义认识论和方法论作为根本，结合多种具体方法，使方法论与具体方法以及方法与方法之间没有违和感，无疑是研究的难点。

二、创新之处

（一） 研究视角的创新

这一创新主要在于提出并依循了价值理性和工具理性相统一或相结合的研究视角。从逻辑角度而言，由于大学生志愿服务对于社会的发展进步和大学生的成人成才具有重要意义，所以必须推动这一服务的常态化。对于前者，需要通过马克思主义人本理论所体现的价值目标或者价值理性加以把握，而后者则借助西方的心理契约理论所体现的工具理性得以实现，而这体现了价值理性和工具理性的统一：价值理性必须通过具体的操作手段和方案即工具理性得以实现，而工具理性又需要价值理性予以明确的方向指引。从而，具有创新意味的价值理性和工具理性相统一的视角既能确保大学生志愿服务常态化的正确方向，又能使其依循正确的行为路径。

（二） 研究方法的创新

由上述具有创新意味的价值理性和工具理性相统一的研究视角所决定，本研究采用了“体用关系”的分析框架，这是研究方法上的创新。纵观大学生志愿服务的既有研究成果，其多为对问题的形而下或实证层面的思考，这种思考固然必要，但作为科学研究则还不够。为了推动研究的深入，本研究力图在哲学层面对马克思主义人本理论与心理契约理论进行价值定位和明确其作用范围：以马克思主义人本理论为“体”，以西方管理学上的心理契约理论为“用”，从“体用关系”的角度分析了大学生志愿服务非常态化问题与马克思主义人本价值目标之间的偏离状况，以及相关主体之间心理契约关系存在的问题。这一研究方法既能较为精准地揭示大学生志愿服务非常态化问题的根源所在，又能够为从根本上解决该问题，提供理论指导和方向引领。

（三） 研究观点的创新

基于上述价值理性和工具理性相统一的研究视角和“体用关系”的分析框架，本研究既关注如何从思想和价值构建方面探析志愿服务常态化问题，又关注志愿行为背后的经济理性逻辑；既关注宏观方面价值体系的引领，又关注微观方面人的心理机制的作用方式和作用效能。据此，本研究在分析大学生志愿服务非常态化的原因方面提出如下观点：我国大学生志愿服务非常态化的原因在于在价值理念上偏离了马克思主义人本目标，在实践操作层面没有构建起大学生个人与政府或社会（在一定程度上政府是社会的代理）、个人与学校、学校与社会的稳定的心理契约关系。在大学生志愿服务常态化的实现方面则提出这一核心观点：要使我国大学生志愿服务常态化发展，必须构建马克思主义人本价值下的正向心理契约机制，引领多元主体形成共同目标，韧化心理契约关系纽带，从而形成大学生志愿服务常态化的有效路径。这种对存在问题原因的探究和相应的解决之道的设定乃是本研究的主要创新。

第一章

大学生志愿服务常态化的内涵与价值

价值或意义在事物的本质中体现出来，而事物的本质在其概念或定义中得到体现。因而欲了解大学生志愿服务及其常态化的价值和意义，须明确什么是大学生志愿服务常态化。志愿服务是指志愿者自愿为社会公益事业提供的无偿服务，是社会文明进步的重要标志，是培育和践行社会主义核心价值观的有效载体。志愿服务的主体是志愿者，即自愿参与社会公益活动，不以物质回报为目的，遵守法律法规和社会道德规范，履行义务和责任的公民。志愿服务的内容是社会公益事业，符合国家法律法规、社会公共利益和社会道德规范，有利于提高人民群众生活水平、增强社会凝聚力、促进社会和谐稳定的非排他性、非营利性事业。而志愿服务常态化，则意味着志愿服务活动主体是自觉自愿的自由状态（克服了功利主义等外物控制），目的是单纯的和遵循自己意愿和兴趣的，志愿服务是持续的、专业的、社会可预期的。从志愿者的行动意愿来说，觉得是值得的、有精神回报的，是符合稳定性心理契约规则的。而从整个志愿服务事业来说，是推动社会走向文明和进步的、符合马克思主义改造社会的实践要求的。因而，大学生志愿服务及其常态化不仅具有对青年大学生个人成长的教育意义特别是思想政治教育意义，同时还具有增进社会文明和进步的社会实践意义。为此，本研究总结了大学生志愿服务几个方面的本质特征，包括：主体的自愿性、动机的公益性、时间的持续性、服务的专业性、对象的广泛性、区域的均衡性和内容的精准性等。下面详细论述这几个方面的特征。

第一节　大学生志愿服务常态化的判断前提

欲了解大学生志愿服务常态化的内涵与价值，首先需要明确志愿服务的定义和意义。志愿服务是一种自愿、无偿、为社会大众利益而服务的行为，旨在推动社会发展、促进公共福祉和增强社会凝聚力。判断大学生志愿服务常态化的前提，就是要明确什么是志愿服务，它与其他公益性义务劳动存在何种区别。大学生志愿服务作为一种社会实践活动，不仅有利于学生个人成长和素质提升，还能促进社会和谐发展。因此，大学生志愿服务如何实现常态化发展，就是要回答社会需要什么样的志愿服务，大学及其大学生如何组织提供这种服务。

一、明确志愿服务的本质内涵

大学生志愿服务与志愿服务是特殊和一般的关系。因而，要研究大学生志愿服务常态化问题，先要明白什么是志愿服务。志愿服务的内涵包括自愿性、无偿性、社会性和公益性。自愿性体现了志愿者的自愿选择和参与，无偿性强调了志愿服务的非营利性质，社会性意味着志愿服务的服务对象是整个社会，公益性则强调了志愿服务的目的是社会大众的利益和福祉。

所有关于大学生志愿服务常态化的讨论，都不能脱离志愿服务的本质内涵，包括志愿服务的理论基础、实践形式、社会影响等多个方面。

志愿服务的本质内涵是多维的，涉及个体、社会和组织等多个层面。首先，从个体层面来看，志愿服务是一种自我实现和社会责任的体现。通过志愿服务，个体可以发挥自己的专长和兴趣，实现自我成长和价值。同时，志愿服务也是一种社会责任的表达，通过为社会做出贡献，个体能够体验到参与社会建设的快乐和满足感。其次，从社会层面来看，志愿服务是社会发展的重要推动力量。志愿者的参与可以填补社会服务的空白，促进社会资源的合理配置，推动社会公平和正义的实现。志愿服务还可以促进社会和谐，增强社会凝聚力和文化认同感。最后，从组织层面来看，志愿服务是一种组织动员和社会参与的重要方式。各种志愿组织和平台可以有效地组织和调动志愿者的力量，实现志愿服务的规模化和专业化。志愿服务也可以为组织带来声誉和社会认可，促进组织的可持续发展。

总的来说，志愿服务是一种自愿、无偿、为社会大众利益而服务的行为，具有个体、社会和组织等多方面的内涵和意义。了解和理解志愿服务的本质内涵，有助于更好地推动大学生志愿服务常态化，促进社会发展和大学生个人发展。

二、明确志愿服务与其他公益劳动的区别

志愿服务和其他公益劳动在本质、动机、目的、方式等方面存在着明显的区别。志愿服务作为一种自愿、无偿、为社会大众利益而服务的行为，强调的是个体的自愿参与和社会责任感。而其他公益劳动可能是由政府、组织或单位安排和要求的，具有一定的强制性和义务性质。从个体主观性来说，志愿服务的动机是基于对社会的热爱和责任感，是出于个人内在的价值观和信仰而进行的，其参与志愿服务是出于自愿选择，体现了个体的主体性和自主性。而其他公益劳动可能更多地受到外部因素的影响和驱动，有时可能是出于法律、政策或组织的要求，缺乏个体的内在动机和价值追求。志愿服务的目的是推动社会发展、促进公共福祉和增强社会凝聚力，强调的是社会整体利益和长远发展。志愿服务更注重参与者的成长和社会责任感的培养，是一种全面的人格塑造和社会参与的过程。而其他公益劳动可能更侧重于解决具体问题或满足特定需求，具有一定的实用性和局限性。

第二节　大学生志愿服务常态化的价值判断依据

大学生志愿服务是一种社会实践活动，旨在培养大学生的社会责任感、人文关怀和公民素养，同时也可为社会提供有益的服务和帮助。常态化是指一种长期稳定、规范有序、持续发展的状态，是一种理想的目标。那么，如何判断大学生志愿服务达到了常态化呢？可以从以下两个方面进行分析。

一、是否与马克思主义价值观一致

（一）是否与马克思主义社会发展本质论相对接

马克思主义揭示的是人由必然王国走向自由王国的历史规律，因而凡是符合历史规律，与时代发展潮流相一致的，则可称之为常态化的。大学生志愿服务常态化应该符合社会发展的规律和要求，即以人民为中心，促进人的

全面发展，维护社会公平正义，推动社会进步和文明。大学生志愿服务常态化不仅要满足大学生自身的发展需要，也要关注社会的现实问题和群众的切身利益，体现出人民主体地位和人民群众创造历史的动力。因此，判断大学生志愿服务是否常态化的依据之一是它是否能够有效地解决社会问题，改善民生状况，增强社会凝聚力和向心力，促进社会和谐稳定。而这正是马克思主义社会发展价值目标的内在要求。

第一，从马克思主义社会发展目标、动力和趋势看大学生志愿服务的本质特征。马克思主义社会发展理论指出，社会发展是人类社会历史的总体趋势，是人类社会不断进步的必然结果。社会发展的目标是实现人的自由全面发展，社会发展的动力是人民群众的创造性实践。大学生志愿服务作为一种社会实践活动，既是社会发展的产物，也是社会发展的推动力。大学生志愿服务常态化就是要使这种活动成为社会发展的有机组成部分，与社会发展的目标和动力相一致，为社会发展做出贡献。同时，从志愿服务对象来看，大学生志愿服务与受助对象的互动互助，恰恰体现了马克思主义语境中“一个人的发展是一切人发展的条件”这样一种理想状态，它打破了“我的优势是建立在你的弱势基础之上的”这样一种社会发展的异化状态。马克思主义社会发展理论是马克思主义基本理论的重要组成部分，它揭示了人类社会历史发展的规律和趋势，为我们认识和改造世界提供了科学的指导。

首先，马克思主义崇高的社会理想目标与志愿服务精神有高度的契合性。马克思主义崇高的社会理想目标是建立一个没有剥削、没有压迫、人人平等、自由全面发展的共产主义社会。这一理想体现了人类最美好的向往和追求，也是马克思主义者的信仰和动力之源。志愿服务精神是一种以奉献、友爱、互助、进步为核心的道德品质，它体现了人与人之间的关爱、互助和社会文明程度。马克思主义崇高的社会理想与志愿服务精神有高度的契合性，具体表现在：

一是都坚持以人民为中心的价值取向。马克思主义崇高的社会理想是为了实现人民群众的根本利益，为了让人民过上幸福美好的生活。志愿服务精神也是以人民为中心，为了满足人民群众的多样化需求，提高人民群众的生活质量和幸福感。马克思主义者通过志愿服务活动，可以更好地了解人民群众的思想状况和实际需求，可以更好地服务人民群众，可以更好地实践马克思主义崇高的社会理想。

二是都秉承以奉献为荣、以自私为耻的道德准则。马克思主义崇高的社会理想要求马克思主义者具有无私奉献、不怕牺牲、甘于奉献的精神，使个人利益服从集体利益，把个人命运与人类命运紧密联系起来。志愿服务精神也要求志愿者具有无私奉献、不图回报、乐于助人的品格，使个人爱好服从于社会需要，使个人发展与社会进步相协调。马克思主义者通过志愿服务活动，可以更好地培养和践行这种以奉献为荣、以自私为耻的道德准则。

其次，大学生志愿服务是社会发展的产物，因而在社会走向文明的过程中逐步体现出它的本质。随着社会主义市场经济的不断完善和社会文明程度的持续提高，人们对于精神文化生活的需求也日益增长。大学生作为新时代的接班人，具有较高的文化素养和道德水准，他们积极响应国家和社会的号召，自觉投身于各种志愿服务活动中，如扶贫济困、支教助学、环境保护、文化传播等，以实际行动体现出大学生的社会责任感和奉献精神。大学生志愿服务活动不仅丰富了大学生的课余生活，增强了他们的综合素质，而且也体现了社会主义核心价值观的内涵和要求，体现了我国社会主义制度的优越性和社会的良好风尚。

再次，大学生志愿服务是社会发展的推动力。马克思主义认为，人民群众是历史的创造者，他们通过自己的创造性实践推动着历史前进。大学生志愿服务活动就是一种创造性实践，它不仅能够帮助解决一些社会问题和民生困难，提高人民群众的幸福感和获得感，而且也能够促进大学生自身的成长和进步，培养他们的创新意识和能力。大学生志愿服务活动还能够增进大学生与各个阶层、各个民族、各个地区之间的交流和沟通，促进社会和谐稳定，增强国家凝聚力和向心力。可以说，大学生志愿服务活动是在有益于个人、集体和国家利益之中体现它的常态化本质的。

最后，大学生志愿服务常态化是社会发展的需要。常态化就是要使某种现象或行为成为常态，即正常、规范、持续地进行。或者说按照大学生志愿服务常态化的要求，使大学生志愿服务活动成为一种常见而又正常的现象，成为一种规范而又持续的行为。这样做有利于形成一种良好的社会风气，使大学生志愿服务成为一种社会公德和社会习惯，从而提高社会文明程度和道德水平。这样做也有利于激发大学生的社会责任感和奉献精神，使大学生志愿服务成为一种自觉而又自愿的行为，从而培养大学生的主动精神和创造精神。这样做还有利于促进大学生的全面发展，使大学生志愿服务成为一种在学习中实践的行为，从而提高大学生的综合素质和能力。从这个角度看，无疑大学生志愿服务常态化在社会发展与人的发展长期的互动中体现出它的本质。

第二，从马克思主义社会发展理论的社会多元互动论看大学生志愿服务的本质。马克思主义认为，社会发展是一个复杂多变的过程，涉及经济、政治、文化、生态等多个方面和层次。[①] 而从新时代中国化的马克思主义——新时代中国特色社会主义理论看，政治、经济、文化、社会、生态“五位一体”的社会发展理论，正是当前指导中国社会实践的热点诉求。社会发展要求各个方面和层次之间协调与平衡，形成良性互动，共同进步。大学生志愿服务作为一种跨界跨领域的活动，可以在不同的方面和层次上发挥作用，促进各个方面和层次之间的沟通与协作。大学生志愿服务常态化就是要使这种活动能够适应和满足社会发展的多元需求，与社会发展的各个方面和层次相协调。马克思主义社会发展理论的多元互动论为我们当前认识和改造世界提供了科学指导。

首先，大学生志愿服务可以在经济方面发挥作用。经济是社会发展的基础，也是社会发展的重要内容。经济发展要求提高生产效率，增加社会财富，改善人民生活水平，缩小贫富差距，实现共同富裕。大学生志愿服务可以通过参与扶贫济困、技术支持、创业指导等活动，帮助贫困地区和贫困群众增加收入，提高生活质量；可以通过参与科技创新、产学研合作、知识传播等活动，促进科技进步，推动产业升级，增强国家竞争力；可以通过参与消费引导、公益广告、节约倡导等活动，培养良好的消费习惯，提高消费效率，促进经济循环。大学生志愿服务常态化就是要使大学生志愿服务活动能够适应和满足经济发展的需求，与经济发展相协调。

其次，大学生志愿服务可以在政治方面发挥作用。政治是社会发展的保障，也是社会发展的重要内容。政治发展要求维护国家主权，保障人民权利，增强国家凝聚力，实现国家统一；要求坚持党的领导，加强党的建设，提高党的执政水平，实现党的长期执政；要求完善法治建设，加强法治实施，提高司法公正性，实现社会公平正义。大学生志愿服务可以通过参与爱国教育、民族团结、国际交流等活动，增强国家认同感和民族自豪感，维护国家利益和尊严；可以通过参与党员培训、党务工作、党风廉政等活动，加强对党的理想信念和纪律规矩的坚持与遵守，提高党员素质和作用；还可以

① Johnston, L. Marxism: *Class Analysis and Socialist Pluralism* (*RLE Marxism*): *A Theoretical and Political Critique of Marxist Conceptions of Politics* [M]. London: Routledge, 2015.

通过参与法治宣传、维权援助、监督举报等活动，增进对法律法规和法治原则的了解和尊重，维护法律权威和尊严。大学生志愿服务常态化就是要使大学生志愿服务活动能够适应和满足政治发展的需求，与政治发展相协调。

再次，大学生志愿服务可以在文化方面发挥作用。文化是社会发展的灵魂，也是社会发展的重要内容。文化发展要求弘扬中华优秀传统文化，增强民族文化自信，实现文化自立自强；要求推进社会主义先进文化，增强社会主义核心价值观的引领力，实现文化自觉自信；要求促进世界多元文化，增强人类文明的交流互鉴，实现文化共生共荣。大学生志愿服务可以通过参与文化遗产保护、非物质文化传承、民俗风情展示等活动，传承和弘扬中华优秀传统文化，增加民族文化的影响力和吸引力；可以通过参与思想教育、道德引导、公民培养等活动，宣传和践行社会主义核心价值观，增强社会主义先进文化的凝聚力和感召力；可以通过参与国际交流、外语教学、跨文化沟通等活动，促进和参与世界多元文化的对话和融合，增加人类文明的包容性和多样性。大学生志愿服务常态化就是要使大学生志愿服务活动能够适应和满足文化发展的需求，与文化发展相协调。

最后，大学生志愿服务可以在生态文明方面发挥作用。生态文明是社会发展的基础，也是社会发展的重要内容。生态发展要求建设美丽中国，保护自然资源，实现人与自然和谐共生；要求推进绿色发展，转变经济增长方式，实现可持续发展；要求促进全球治理，加强国际合作，实现共同应对。大学生志愿服务可以通过参与环境保护、节能减排等活动，提高环境意识和行动力，改善环境质量和效益；可以通过参与绿色创新、循环利用、低碳生活等活动，推动绿色技术和产业的发展与应用，降低资源消耗和污染排放；可以通过参与气候变化、生物多样性、海洋保护等活动，参与和支持全球生态治理的建设与完善，提高全球生态安全和公平。大学生志愿服务常态化就是要使大学生志愿服务活动能够适应和满足生态发展的需求，与生态发展相协调。

综上所述，马克思主义社会发展理论的多元互动论，为大学生认识和参与志愿服务活动提供了科学的理论指导。只有将其运用到实际工作中，推动大学生志愿服务活动的常态化，为社会发展的各个方面和层次做出应有的贡献，才能更好地体现志愿服务常态化的本质特征，而单一性、应时性的志愿服务活动，则偏离了志愿服务精神，谈不上体现志愿服务的本质，更谈不上体现常态化的志愿服务本质。

第三，从马克思主义社会发展过程的变革创新论看大学生志愿服务常态化。马克思主义理论强调，社会发展是一个不断变革创新的过程，需要不断地解决新问题、应对新挑战、开拓新领域、创造新价值。[①] 社会发展要求有创新精神和创新能力，有敢于探索和实践的勇气与智慧。大学生志愿服务作为一种富有创造性的活动，可以在不同的领域和场景中进行探索与实践，提供新思路、新方法、新模式、新成果。大学生志愿服务常态化就是要使这种活动能够不断地变革创新，与社会发展的变革创新相配合。

总之，马克思主义社会发展理论是判断大学生志愿服务常态化本质特征的依据，它可以从总体趋势、复杂多元、变革创新三个方面来分析大学生志愿服务与社会发展之间的关系，并提出相应的要求和标准。当然，在具体操作中还需要根据不同领域、不同地区、不同对象等具体情况，制定相应的评估指标和方法，以便更加科学、准确、客观地进行判断。

（二） 是否符合马克思主义以人为本理念

马克思主义人本理论是马克思主义社会发展理论的基础，马克思主义社会发展理论的逻辑基点和终极价值就是人的自由全面发展。因而，还须以马克思主义人本理论为依据判断大学生志愿服务常态化的本质特征。这就意味着大学生志愿服务常态化应该尊重和保障人权，尤其是受助者和志愿者的权利。受助者作为志愿服务的对象，应该享有平等、尊严、自主、参与等基本权利，不应该被歧视甚至被作为一种形式主义的虚假的志愿服务表演道具。志愿者作为志愿服务的主体，也应该享有自由、安全及参加培训等方面的权利，除保障条件外，应该基于大学生自己的专业和兴趣而主动参与，不应强迫、过分地被“交易”物化。因此，判断大学生志愿服务常态化的依据之一是，它是否能够建立和完善人权保障机制和基于人本的激励机制，保证受助者和志愿者的合法权益，以及通过机制驱动志愿者参与服务的精神动力不减。如前所述，马克思主义人本理论是一种以人为中心的哲学理论，它认为人是社会历史的主体和创造者，人的全面发展是社会发展的最高目标和价值标准，人的解放和自由是社会进步的动力和方向。马克思主义人本理论是判断大学生志愿服务常态化本质特征的重要依据。

第一，从人的本质的社会性看。马克思主义人本理论指出，人的本质是一切社会关系的总和，人的需要即人的本质。这意味着人不是孤立的、抽象的存

---

① Rabie, M. A. *The Making of History* [M]. iUniverse, 2001.

在，而是在特定的社会历史条件下与他人相互作用、相互影响、相互改变的存在。在马克思看来，共产主义社会的实现，意味着人的本质的回归，共产主义社会是完整的人占有自己全面本质的社会。① 人的需要也不是固定的和单一的，而呈多样性、发展性以及具有无限想象性等特征。大学生志愿服务作为一种特殊的社会实践活动，就是在这样的社会关系和人的需要中产生与发展的。大学生志愿服务常态化诉求，在于使这种活动能够适应和满足不断变化的社会生产方式和社会交往方式的需要，与社会发展和人民利益相一致。

第二，从人的本质的实践性看。马克思主义人本理论认为，劳动或实践是人的本质，是人区别于动物的根本标志。劳动或实践不仅是人创造物质财富和文化精神的手段，也是人实现自身价值和意义的途径，是人与自然联系的中介。劳动或实践使人从自然界中解放出来，成为自由的、自觉的、有创造力的存在。大学生志愿服务作为一种富有创造性的活动，就是在劳动或实践中展现和提升大学生的价值和意义。在马克思在《1844 年经济学哲学手稿》中指出，“整个所谓世界历史不外是人通过人的劳动而诞生的过程”②。大学生志愿服务常态化就是要使这种活动能够充分发挥大学生的劳动或实践能力，激发大学生的创造力、创新精神、创业意识、创造价值。

第三，马克思主义人本理论强调，人类社会发展的最终目标是实现人类解放和全面发展。③ 解放就是消除一切束缚和压迫人类发展的因素，使每个人都能够自由地选择自己的生活方式和发展道路。全面发展意即每个人都能够在各个方面和层次上得到平衡和协调发展，人人都能够充分地体现自己作为一个独立个体和社会成员的价值。大学生志愿服务作为一种促进社会公益事业和个人成长事业的活动，正是在推进这样一个目标。大学生志愿服务常态化就是要使这种活动能够持续、有效地解决社会问题和民众困难，增进社会和谐与稳定；也要使这种活动能够有利于大学生形成正确的世界观、人生观和价值观，培养良好的道德品质。

总之，马克思主义人本理论是判断大学生志愿服务常态化本质特征的重要依据，因为它可以从人的社会关系或交往关系、人的社会实践能力，以及契合社会发展的人的解放这三个方面来体现大学生志愿服务与人的本质之间的关系。

---

① 马克思，恩格斯．马克思恩格斯文集（第 1 卷）[M]．北京：人民出版社，2009：189.

② 马克思，恩格斯．马克思恩格斯文集（第 1 卷）[M]．北京：人民出版社，2009：196.

③ 马克思，恩格斯．马克思恩格斯文集（第 2 卷）[M] 北京：人民出版社，2009：53.

二、是否符合契约稳定的工具价值

大学生志愿服务应该具有可持续性、创新性和影响力。可持续性是指志愿服务能够长期稳定地开展下去，不受外部因素的干扰或影响，形成良好的制度和机制。创新性是指志愿服务能够不断适应社会变化和需求，通过寻求新的方法和途径，提高服务质量和水平。影响力是指志愿服务能够产生积极的社会效益和价值，引起社会各界的关注和支持，树立良好的形象与声誉。因此，判断大学生志愿服务常态化的依据之一是，它是否能够实现可持续性、创新性和影响力主体内部动机的稳定，即心理契约是否稳定。大学生志愿服务是一种社会实践活动，旨在培养大学生的社会责任感、人文关怀精神和公民素养，同时也为社会提供有益的服务和帮助。常态化是指一种长期稳定、规范有序、持续发展的状态，是一种理想的目标。那么，如何判断大学生志愿服务是否达到了常态化呢？可以从“常态化”的内涵要求来进行分析。

“常态化”的内涵要求是指大学生志愿服务活动应该具备的基本特征和条件，以保证其能够长期稳定、规范有序、健康持续地开展下去。具体来说，这些要求包括：一是规范性。规范性是契约稳定的基础，如果没有规范性，则失去了行为的约束，增加了行为的随意性，从而导致心理契约的不稳定性。规范性是指大学生志愿服务活动应该遵循一定的原则、标准和程序，形成一套完善的制度和机制，保证其能够被有效地组织、管理、评价和激励。规范性保证了大学生志愿服务活动的合法性和合理性，也有利于提高其质量和水平。规范性的活动由于克服了随意性，有利于形成一种行为习惯，并内化为心理认同，从而也有利于形成稳定的心理契约。二是稳定性。稳定性是指大学生志愿服务活动应该具有一定的持续性和连续性，不受外部因素的干扰或影响，形成一种良好的习惯和风气，当然它是建立在规范性基础之上的。稳定性保证了大学生志愿服务活动的可靠性和可预期性，也有利于培养大学生的责任感和奉献精神；同时，从社会和服务对象来说，也易于形成其稳定的心理预期，它是缔结稳定心理契约的条件。三是发展性。发展性是心理契约“稳定指向”的前提。发展性是指大学生志愿服务活动应该具有一定的变化性和创新性，能够不断适应和满足社会发展的多元需求，寻求新的方法和途径，提高服务质量和水平，从而保障缔约双方或多方能够根据环境和情势变化动态调整，保障志愿服务持续下去。发展性保证了大学生志愿服务活动的灵活性和前瞻性，也有利于激发大学生的创造力、创新精神、创业意识、创造价值。

总之，“常态化”的内涵要求是判断大学生志愿服务是否常态化的依据，因为它可以从规范性、稳定性、发展性三个方面来衡量大学生志愿服务活动是否能够长期稳定、规范有序、健康持续地开展下去，并提出相应的要求和标准，从而有利于形成稳定的心理契约状态。判断大学生志愿服务常态化本质特征的依据是，它是否符合马克思主义价值观——马克思主义社会发展、人的发展（以人为本）理念，以及是否建立在稳定的心理契约基础上两个方面。只有这两个方面都达到了一定的标准和水平，才能说大学生志愿服务实现了常态化。当然，在具体操作中还需要根据不同领域、不同地区、不同对象等具体情况，制定相应的评估指标和方法，以便更加科学、准确、客观地进行判断。

第三节　大学生志愿服务常态化的本质内涵

志愿服务常态化的本质内涵，是常态化的志愿服务可用概念表述出来的根本属性，可理解为大学生志愿服务常态化区别于形式主义、非常态化的志愿服务的特有规定性。例如，区别于营利性的非公益活动的特征、区别于别人要我干的“我要干”的自愿性特征等。本质特征是本质内涵的表征，从严格意义来说，大学生志愿服务的本质特征一定与大学生志愿服务常态化有密切的关联，或者说一切志愿服务都应该是“常态化”而非带表演性的，理由在于，一切应时性的、非常态化的志愿服务活动，都不是真正的“志愿”，而是“作秀”或另有目的。“大学生志愿服务蓬勃发展，已成为我国志愿者事业发展乃至社会文明发展的一道亮丽风景。”① 结合大学生相关具体志愿服务活动，其诸多形式都展现出了青年大学生积极进取、乐于奉献的精神风貌，大学生志愿服务精神可概括为“奉献、友爱、互助、进步”等核心内涵，其本质特征也在蓬勃发展的过程中逐渐清晰、愈发鲜明。这说明大学生志愿服务虽然存在一些问题，但总体上向好，向常态化方向发展的趋势日渐

① 林彩燕. 社会功能视野下提高大学生志愿服务质量论析[J]. 学校党建与思想教育，2018，571（4）：82.

明确。而要推进志愿服务常态化，就要建立长效运行机制，让志愿服务活动天天见、日日新，长流水、不断线。推进志愿服务常态化的目的在于形成一种良好的社会风尚和文化氛围，让更多的人参与到志愿服务中来，享受到志愿服务带来的快乐和成就感，增强对社会主义核心价值观的认同感和归属感，提升个人素养和社会责任感，实现个人成长与社会发展的统一。这就意味着大学生志愿服务特别是常态化的志愿服务可实现教育和社会改良双重目标。为此，需要把握志愿服务的本质特征，从而按照本质特征，去建设和改革大学生志愿服务的教育制度，使大学生志愿服务向常态化方向发展。从志愿服务的历史和现实看，志愿服务常态化至少有以下几个本质特征。

一、主体的自愿性

志愿服务的“主体自愿性”特征是指以高尚的精神自觉为行为主导意志，其动机源自个体内心的自觉自愿，绝非处于服从和压迫状态。[①] 这个特征是志愿服务的基础，是区别于其他活动形式的重要标志。主体的自愿性体现了一种关系型心理契约状态。如前所述，关系型心理契约比交易型心理契约更稳定，更趋向于精神层面而非物质追求，个体内部驱动因素大于外在的物质诱因，因而关系型契约主导下的志愿服务，更符合常态化的要求。

主体自愿性体现了个体自主选择的权利，其心理依据是能够体现个人兴趣与社会需求之间的默契而形成的稳定的心理预期。志愿本身蕴含着一种积极的人生态度，是主体意志自由的集中体现。[②] 在志愿服务中，个体有权选择自己感兴趣、擅长的项目，以及决定自己的服务时间、地点和方式。因此，志愿服务的主体自愿性使个体能够在志愿服务活动中体验到自主性和主动性，从而增强个体的自尊心和自信心。继而，志愿服务主体自愿性体现出个体对社会和服务对象的责任感与参与意识。志愿服务的参与是以对社会和他人的责任感为基础的，而非源于任何形式的强制力，这就可以保证社会满意度和正向的激励性评价，这种评价可使志愿服务主体产生自我回应的意识，并且对自己进行的志愿服务活动有强烈的认同感。由此，关系型心理契约得到构建，在关系型心理契约的维系下，志愿服务可以持续进行下去，形成志愿服务常态化的态势。

---

① 柳杨. 新时代大学生志愿服务研究[D]. 沈阳：辽宁大学，2020.

② 孙志勇，冯泽冉. 思想政治教育视域下的大学生志愿服务探析——以河北省大学生志愿服务活动为例[J]. 河北学刊，2015（3）：212.

在马克思主义人本思想看来，人的自主性是人支配自然力量的因素①，在以马克思主义为哲学基础的社会主义社会，在关系型心理契约下，主体自愿性能够激发个体的社会意识和参与意识，将个人的活动与个人的发展、社会的发展相统一起来，也就意味着它能够促进个体成长的社会化进程和公民意识的形成。一旦这种关系型心理契约与马克思主义社会发展目标和以人为本的理念相契合，主体自愿性就体现为志愿服务的民主性和平等性，作为社会主义核心价值观重要内容的民主、自由和平等，正是社会走向文明的重要因子。志愿服务的参与是基于个体自愿，而不是基于任何经济、政治、社会地位的差异，更不是通过外力强制，在这种个体自主选择的基础上，个体的创新能力和个性可以自由发挥，在马克思主义看来，人的主观能动性是社会创造的活力之源。

在稳定的关系型心理契约纽带下，志愿服务的自愿性和常态化是相辅相成、相互促进的。一方面，志愿服务的自愿性是其本质特征，也是其发展动力，只有保障和尊重志愿者的自主选择、自我表达和提供其自我实现的机会，才能调动和激发他们的参与热情和创造活力，提高志愿服务的质量和效果。另一方面，志愿服务的常态化是其发展目标，也是其社会价值所在，只有推进志愿服务制度化、专业化、智慧化、品牌化，才能使志愿服务更好地融入社会治理创新，满足人民群众对美好生活的多样化需求，促进社会和谐稳定。因此，在新时代推动志愿服务事业高质量发展，就是要坚持马克思主义人与社会互动发展的正确方向，完善体制机制，搭建有效平台，通过激发主体的服务意愿，提高行动效能，通过激发志愿服务主体自愿性的“人”的能动性因素，促进志愿服务的常态化。

总之，志愿服务的主体自愿性是志愿服务常态化的基础，是志愿服务的重要特征。它可以激发个体的自主性和主动性，增强个体的责任感和参与意识，增强社会凝聚力，从而推动社会的创新进步与和谐。

二、动机的公益性

（一）志愿服务动机的公益性特征

动机是众多志愿服务研究学者关注的重要问题。② 动机的公益性是志愿

① 马克思，恩格斯．马克思恩格斯全集（第1卷）[M]．北京：人民出版社，1980：113.

② 卓高生，孔德民，车文君．大学生志愿服务动机功能理论的实证研究[J]．统计与决策，2014（6）：111－113.

精神的核心内容。没有志愿精神的志愿服务，不是真正的志愿服务，更不用说常态化，因而动机的公益性是志愿服务常态化的必然要求，因为它最能体现志愿服务的“志愿精神”要素。如前所述，公益是指为了社会公众利益而进行的、不以营利为目的的活动或行为。它是一种奉献、关心、帮助和服务社会的行为，旨在促进社会的公共利益和社会进步，改善社会生态环境、社会福利、文化教育、健康医疗等方面，使社会更加公正、和谐、文明和富裕。公益活动可以是个人、组织或机构自愿、无偿、非营利性的行为，也可以是政府为了公共利益而承担的责任和义务。公益活动包括但不限于义务教育、医疗卫生、环境保护、扶贫救灾、文化传承、青少年教育、老年关爱、残疾人帮扶等各种形式的社会公益服务。公益活动与商业活动不同，它不以营利为目的，而是以社会公共利益为出发点和归宿。公益活动不仅关注眼前的利益，更注重长远的社会效益和公共利益。公益活动是社会进步和发展的重要动力与基础，是建设和谐社会、推动文明进步的必要手段之一。

从公益性来说，志愿服务既不是为了某个人和某个组织、某个机构服务，也不是基于亲属、朋友和个人关系的服务，而是为了社会公众的利益和福祉而开展的活动。[①] 动机的公益性特征体现在参与志愿服务的动机是出于对社会公共利益的贡献和奉献，而不是为了个人利益或其他非公益目的。这个特征之所以是志愿服务的核心和基础，甚至是区别于其他服务形式的重要标志，是因为：

首先，动机的公益性体现了志愿服务主体的社会责任意识。参与志愿服务的动机出于对社会公共利益的贡献和奉献，这种动机正是社会责任意识主体参与志愿服务的内在动因。马克思认为：“人的本质并非单个人所固有的抽象物，在其现实性上，它是一切社会关系的总和。”[②] 如前所述，志愿服务的参与者不是出于任何形式的强制，而是出于自愿和责任感，这种自觉的社会责任意识，既能够促进个体的成长，又能将个人及其创造力、实践力快速融入社会，形成青年与社会的有效融合，从而也能更好地从人的文明方面体现社会的文明程度。

其次，志愿服务动机的公益性体现在公民意识驱动志愿者参与社会服务。公民意识是指个体对社会公共利益的认识和关注，是基于对国家或社会

---

① 柳杨．新时代大学生志愿服务研究［D］．沈阳：辽宁大学，2020.

② 马克思，恩格斯．马克思恩格斯文集（第10卷）［M］．北京：人民出版社，2009：65.

的认同而愿意承担为国家或社会做些什么的责任感。大学生参与志愿服务的动机如果是出于对社会公共利益的贡献和奉献，则体现了其公民意识。这就意味着志愿服务的参与者不是被动的、消极的，而是积极的、主动的，这种积极的公民意识促进了个体的社会参与意识。

再次，志愿服务主体动机的公益性特征，还体现在其行为的道德信仰因素。道德信仰是指个体对道德准则的认识和信仰，参与志愿服务的动机出于对社会公共利益的贡献和奉献，这种动机正是体现了其坚定的道德信仰——公德意识。志愿服务的参与者不是出于个人利益或其他非公益目的，而是出于对道德准则的认知和坚守，这种道德信仰在通过行为外化于行时，不仅增强了个体的道德素质和品德修养，同时也对社会风气有积极影响，从而直接驱动了社会的文明进步。因为一定社会的文明程度，其核心是道德因素。

最后，志愿服务动机的公益性也体现在志愿服务的价值和意义上。志愿服务的价值和意义，如果不是以公益性为目标，那么志愿服务的非功利性就得不到体现。正是因为主体参与志愿服务是出于对社会公共利益的贡献和奉献，这种公益性的社会进步目标才成为其行为的诱因。

（二）马克思主义发展观视角下的动机公益性内涵

马克思主义社会发展观包括人的发展观和社会发展观。马克思主义人的发展观是指马克思主义关于人的自由全面发展的观点和方法；马克思主义社会发展观是关于社会发展的本质、规律、方向和目标的科学理论。马克思主义认为，社会发展是人类社会不断从低级向高级、从简单向复杂、从必然王国向自由王国的历史进程，其动力在于生产力和生产关系的矛盾运动，其方向在于实现人类的自由全面发展，其目标在于建立共产主义社会，因而马克思主义人的发展观和社会发展观是一致的。

第一，从马克思主义社会发展观来看。如前所述，大学生志愿服务动机的公益性，是指大学生志愿服务主体（个人或集体）行为的动机是否符合社会的公共利益，是否有利于社会的进步和人类的解放。志愿服务动机的公益性是公益事业的内在要求，也是公益事业的价值评判标准。大学生志愿服务动机的公益性体现了公益事业与社会发展之间的内在联系和相互作用。动机的公益性与马克思主义社会发展观相契合，主要表现在以下几个方面：

首先，大学生动机的公益性与马克思主义社会发展观的本质相契合。马克思主义社会发展观的本质在于揭示人类社会发展的规律，即生产力决定生产关系，生产关系反作用于生产力；经济基础决定上层建筑，上层建筑反作用于经济基础。大学生志愿服务公益性动机，体现了一种文明的社会意识形态，因而是一种上层建筑的反映，它受到经济基础和生产关系的制约与影响。例如，在低生产力水平下，一个人饭都吃不饱，则不可能在饿着肚子的情况下产生公益性动机。同时作为上层建筑的公益性社会意识形态也对经济基础和生产关系有着反作用与影响。大学生志愿服务动机的公益性能够促进生产力和生产关系的协调发展，推动经济基础和上层建筑的适应性变革，因为从公益心出发去治理和改造社会，能大大减少各藏“私心”带来的“人防人”导致的社会交易成本，从而促进社会发展。

其次，大学生志愿服务动机的公益性与马克思主义社会发展观的方向相契合。马克思主义社会发展观的方向在于实现人类的自由全面发展，即使人们能够自由地选择自己的职业、活动、伙伴、信仰等，并且能够全面地发挥自己的才能、潜能、创造力等。动机的公益性是一种自由意志和道德选择，它体现了人们对自己和他人生命价值和尊严的尊重与关怀，也体现了人们对社会进步和人类解放的追求与贡献。动机的公益性能够激发人们完善自我和改善社会的积极性与主动性，促进人们在个人与集体、自由与责任、权利与义务等方面达到平衡和协调，因为在马克思主义看来，未来高度发达的社会，克服了异化劳动状态，人的职业只是一种满足自己全能发展的需要，而不是谋生的工具。从这个角度看，大学生志愿服务动机的公益性，体现出与马克思主义社会发展方向的一致性。

最后，动机的公益性与马克思主义社会发展观的目标相契合。马克思主义社会发展观的目标在于建立共产主义社会，即消除一切形式的剥削和压迫，实现无阶级、无国家、无私有制、无暴力、无异化等的最高形式的社会。动机的公益性是一种共产主义精神的体现，它反映了人们对于共产主义社会的向往和信念，也反映了人们对于共产主义社会的实践和探索。动机的公益性能够促进人们在物质和精神方面的共同富裕，促进人们在平等和协作方面的共同、互助发展，促进人们在多样和和谐方面的共同生存，从而促进社会发展。

综上所述，动机的公益性与马克思主义社会发展观相契合，是马克思主义理论与实践相结合的重要内容，也是社会主义核心价值观的重要体现。应该在思想政治教育领域，着眼于激发志愿服务公益性动机，号召大学生积极参与公益事业，为推动社会发展和人类进步做出贡献。

第二，从马克思主义人的发展观来看。志愿服务常态化与志愿服务主体人的发展是互动的。从人的发展需要来说，马克思主义社会发展理论的出发点和立足点，其实是人的发展，它与个体的人的发展需要相符合。动机的公益性是基于个体的高层次需要，即自我实现的需要而发生的，自我实现是一种高级的、稳定的需要，由此驱动的服务活动是一种内在的驱动，是马克思主义语境中对事物发展变化起决定性因素的“内因”。它克服了外在的物质因素，是以纯粹的精神满足为目的驱动的行为，因而志愿服务公益性必然会导致志愿服务常态化。从这个角度看，志愿服务动机的公益性是促进志愿服务常态化的重要基础。人在高层次的需求过程中，才能形成有关活动的长效性，才有持久的动力。只有当志愿者出于公益目的而非私利目的，在追求“利他”的高层次需求时，才能真正体现出志愿服务的本质特征，并保持对志愿服务的长期坚持和积极参与，继而提高志愿服务的质量和效果。另一方面，公益性的动机也有利于增强志愿者之间的团结协作，形成良好的组织氛围和文化氛围，促进志愿服务组织的健康发展和专业化水平的提高。正如马克思所言：“每个人的自由发展是一切人的自由发展的条件。”① 因此，要弘扬奉献、友爱、互助、进步的志愿精神，引导广大志愿者树立正确的价值观和道德观，培养公益意识和社会责任感，自觉抵制功利主义、享乐主义等不良思想影响，从而提升志愿服务主体的道德和人格。

另外，志愿服务常态化是保障和激发志愿服务动机公益性的重要条件，从而也是志愿服务主体个人发展的重要途径。只有当志愿服务成为社会生活中一种常态化、制度化、规范化的活动时，才能为广大志愿者提供更多更好的参与平台和机会，才能为广大志愿者提供必要的激励保障和权益保护。在马克思主义哲学语境中，如果主体自愿性是“内因”，那么在常态化的志愿服务机制中，制度化、规范化的常态化条件则是“外因”，两者相互联系相互影响，共同在志愿服务过程中实现人自身的发展。同时，常态化的志愿服务也有利于增强社会对志愿者和志愿服务组织的认可与支持，形成良好的社会风尚和文明风貌。因此，要完善志愿服务制度和工作体系，加强对志愿服务组织和项目的培育与管理，加大对志愿者队伍建设和培训的力度，加快志愿服务信息化平台建设，从而在志愿服务常态化的机制下促进人的发展。

总之，动机的公益性是志愿服务的目标和核心之所在，是志愿服务的重要特征。它可以促进人们的社会责任意识、公民意识和道德信仰的形成与提

① 马克思，恩格斯．马克思恩格斯选集（第1卷）[M]．北京：人民出版社，2012：422.

高，促使人们参与社会和公共事务，推动社会进步。因此，大学生通过参与志愿服务，可培养自己的公民意识和社会责任感，发挥自己的作用，进而为社会和人民做出应有的贡献。正因为如此，动机的公益性与马克思主义发展观（社会发展观和人的发展观）有高度的一致性。

三、时间的持续性

何谓常态化？至少在时间上来说，常态化意味着活动的持续性，“常”从字义来说，意味着恒久不变，时间的持续性无疑是常态化的“内在规定性”，即本质特征。这就意味着时间的持续性是志愿服务常态化的基本要求。志愿服务时间的持续性特征，也就意味着志愿服务的活动效果应该是社会可预期的，不是时有时无，更非一阵热之后而归于沉寂。志愿服务作为一种利他行为，在动机自愿性前提下，志愿者提供的志愿服务并非必然地“应该”由他本人去履行，或是志愿者想做时才去做，而应该是只要现实社会存在需求，他们就必须立即行动，及时提供所需服务。唯有在志愿服务长效供给有保证的“持续”时间条件下，才有利于大学生“志愿精神”的培养。而这种供需良性互动的过程，正是大学生志愿精神生成的过程。“志愿精神一旦内化到大学生的精神世界中，将会持续地推动大学生在今后人生中不断地参与志愿服务，从而有利于整个志愿服务作用的持续发挥。”① 在实际情况中，志愿服务对象需求随时都有，这就要求“大学生志愿者为服务需求对象提供连续性的服务，表现在服务时间的连续性上”②。

时间的持续性包括两个层面：一是作为个体的志愿者要经常性参加志愿服务活动，不能“三天打鱼两天晒网”，要确保服务频次与服务时间的相对稳定；二是作为集体的志愿服务组织要经常性开展志愿服务活动，形成一个基于分工协作、密切配合的接力赛式的动态体系。不能将关注点只集中在具有重大影响、具有轰动效应的短期性活动中，原因在于只有做到志愿活动的常态化，才能在有重大活动时提供稳定可靠的志愿服务，反过来则不然。须让大学生志愿者有组织可参加、有活动可参与、有对象可服务。也就要求学校管理者与专业教师大力支持并鼓励大学生参与志愿服务，合理安排空余时

① 李金发. 治理理论视角下大学生志愿服务体系创新研究[J]. 湖北社会科学，2016（12）：164 - 168.

② 林彩燕. 志愿服务的问题与对策初探——以大学生志愿服务的供需调查为视角[J]. 浙江学刊，2016（3）：221 - 224.

间，让大学生都有机会有时间通过志愿者组织参与志愿服务。①

马克思主义理论认为，人类社会的发展是由生产力和生产关系的矛盾推动的，而生产关系又包括经济基础和上层建筑两个方面。志愿服务是一种社会服务活动，它既是上层建筑的反映，也是经济基础的调节手段。志愿服务时间的持续性表明了志愿者与社会之间的一种稳定的生产关系，这种生产关系有利于社会的和谐发展和人的全面发展。

契约理论认为，心理契约是个体与组织之间的一种隐性或显性的互惠期望，它影响着个体的行为和态度。志愿服务作为一种基于自愿原则的无偿奉献，它不仅满足了个体的自我实现需要，也为组织和社会带来了积极的价值与影响。志愿服务无论是品牌效应还是社会形象，都需要时间去积累，从而形成稳定的社会预期。志愿服务时间的持续性表明了志愿者与组织或社会之间的一种良好的心理契约，这种心理契约有利于增强志愿者的忠诚度和满意度，也有利于提高组织或社会的信誉和效率。因此，志愿服务时间的持续性是志愿服务常态化的本质特征之一。

四、服务的专业性

服务的专业性特征与志愿服务常态化有着密切的关联性。一方面，提高志愿服务的专业性水平，有利于提升志愿服务的效果和影响力，增强社会对志愿服务的认可度和信任度，从而促进志愿服务的常态化发展；另一方面，推进志愿服务的常态化建设，有利于培养和吸引更多具有专业素养和能力的志愿者参与志愿服务活动，形成专业化志愿服务队伍和组织，从而提升志愿服务的专业性水平。

一是志愿服务常态化特征体现了社会对志愿服务质量及效率的要求。志愿服务的专业性特征是指志愿服务活动具有一定的专业性和技术性，需要志愿者具备一定的专业知识和技能，以确保志愿服务的质量和效果。它是志愿服务的重要特征，也是志愿服务与其他服务的区别之一。首先，志愿服务的专业性体现在服务内容的专业性上。志愿服务的内容丰富多样，涉及教育、文化、环保、医疗、扶贫等领域，需要志愿者具备相应的专业知识和技能，以便更好地为服务对象提供专业化的服务。例如，志愿者在参与医疗志愿服务时，需要掌握一定的医学知识和技能，这样才能为患者提供有效的医疗服

① 林彩燕．志愿服务的问题与对策初探——以大学生志愿服务的供需调查为视角[J]．浙江学刊，2016（3）：221－224.

务。其次，志愿服务的专业性体现在服务方法的专业性上。志愿服务的服务方法也需要一定的专业知识和技能作为支撑，以确保服务的质量和效果。例如，在参与环保志愿服务时，志愿者需要掌握环保知识和技能，使用专业的工具和设备，采取科学的方法和措施，更好地保护环境。最后，志愿服务的专业性体现在服务管理的专业性上。志愿服务的服务管理也需要一定的专业知识和技能，以确保志愿服务的组织、协调和管理的有效性和高效性。例如，在组织大型志愿服务活动时，需要有专业的策划、组织、协调和管理人员，以确保活动的顺利进行和志愿者的安全。只有在有效的管理中，志愿服务组织才能稳定，继而使志愿者产生对组织积极的心理契约。最后，志愿服务的专业性需要志愿者不断提高自身的专业知识和技能。志愿者需要不断学习和积累专业知识，提高专业技能，使志愿服务的“深度”得到挖掘，以更好地为服务对象提供专业化的服务。①

二是志愿服务常态化顺应了现代社会分工的要求。马克思主义社会分工理论认为，社会分工是生产力发展的结果和表现，也是生产关系的基础和反映。社会分工促进了生产力的提高。马克思主义认为，私有制导致了劳动的异化和人的片面化，只有消灭私有制和旧式分工，实现共产主义社会，才能使人摆脱异化，实现自由全面发展。在资本主义社会，服务行业是为了追求利润而存在的，服务者和服务对象之间存在着对立的关系。服务者往往只能从事单一、机械、重复的工作，无法发挥自己的创造性和主动性，也无法得到服务对象的真诚感激和尊重。服务者的劳动成为一种异化劳动，服务者的人格也受到损害。在当前我国社会转型期，虽远没有到达共产主义阶段，但志愿服务已是一种不同于资本主义的服务形式，它是基于人道主义、平等互助、自愿参与等原则而进行的无偿服务活动。它本质上是基于自由状态的主体性活动，契合了马克思主义人类社会发展方向——实现自由人联合体的共产主义社会。无疑，选择自己最专业、最擅长的服务方式，更有利于将服务社会的功效发挥到最大。志愿服务者和服务对象之间不存在对立的关系，而是建立在相互尊重、理解和信任基础上的合作关系。志愿服务者可以根据自己的兴趣、爱好、特长和能力选择适合自己的服务领域和方式，可以发挥自己的创造性和主动性，从而得到服务对象的真诚感激和尊敬。志愿服务者的

① 共青团中央青年志愿者行动指导中心. 高校志愿服务发展报告[M]. 北京：中国青年出版社，2017：68.

劳动成为一种自由劳动，志愿服务者的人格也得到提升。因而，志愿服务专业化，是基于契合社会进步的分工，而不是一种异化，它更切合我国当前社会转型期志愿服务多元化的社会需求。

三是志愿服务专业化是基于大学生个人兴趣和成长的内在要求。志愿服务专业化是指志愿服务者在选择和开展志愿服务活动时，能够根据自己的专业知识、技能和素养，提供高质量、高效率、高水平的服务，同时也能够不断学习、创新和完善自己的服务水平和方法。志愿服务专业化是志愿服务常态化的本质特征之一，也是志愿服务质量和效果的重要保障，因为只有长久的兴趣，才有持续的动力。同时，志愿服务常态化也有利于促进志愿服务专业化，只有在常态化可预期的社会环境中，才可能形成专业化的志愿服务。

具体来说，实现志愿服务专业化，更有利于基于志愿者主体兴趣而进行的志愿服务领域的选择，意味着志愿者在选择和开展志愿服务活动时，不仅要考虑社会需求和社会效益，也要考虑自己的兴趣、爱好、特长和能力，以及自己的成长和发展。这样做有以下好处：首先，可以提高志愿者的积极性和主动性。如果志愿者对自己所从事的服务领域有着浓厚的兴趣，那么他就会更加投入和专注，更加乐于奉献和分享，并能做到勇于探索和创新。这样不仅可以提高志愿服务的质量和效果，也可以增强志愿者的满足感和幸福感。其次，可以促进志愿者的学习和成长。如果志愿者能够根据自己的兴趣、爱好、特长和能力选择适合自己的服务领域和方式，那么他就会更加有动力和信心去学习新的知识、技能和方法，去拓展新的视野、思路和经验，去挑战新的难题和困境。这样不仅可以提升志愿者的专业水平和综合素质，也可以丰富志愿者的人生阅历和价值观。最后，可以促进志愿服务结构的优化和协调。如果每个志愿者都能够根据自己的兴趣、爱好、特长和能力选择适合自己的服务领域和方式，那么就会形成一个多元化、专业化、个性化的高素质志愿服务队伍，满足人民日益增长的对志愿服务多方面、更高要求的需要。① 这样不仅可以提高社会资源的利用效率和社会效益，也可以增进社会团结和社会进步。

总之，志愿服务专业化是基于志愿者主体兴趣的选择，是一种符合人性、理性、社会性的志愿服务人力资源配置，同时也有利于个人发展、社会

---

① 郭建，王莹．推进志愿服务现代化的现实困境及逻辑进路［J］．道德与文明，2023（4）：28－37．

发展。因而志愿服务的专业性特征是志愿服务的本质特征之一，它需要志愿者具备一定的专业知识和技能，以确保志愿服务的质量和效果。志愿者在不断提高专业知识和技能，关注社会热点问题的同时，可提高自身的社会责任感和公民意识，从而更好地为社会和大众做出应有的贡献。志愿服务担负着社会治理创新和促进社会进步的重要使命，仅凭爱心和热情难以适应多样化的社会需求，也难以形成志愿服务的长效运行状态。只有充分发挥专业智慧和经验，才能更好地为大众服务，使大学生志愿服务向常态化方向发展。

五、服务对象的广泛性与区域的均衡性

如前所述，大学生志愿服务是一种无偿的社会活动，它旨在满足社会需求和促进社会进步并满足大学生自我成长的需要。志愿服务的对象和服务区域是志愿服务的重要组成部分，它们直接影响着志愿服务的质量和效果，体现了服务供给与需求的匹配度。因而，对象的广泛性与区域的均衡性是志愿服务常态化的本质特征之一，也是体现志愿服务的包容性与公益性的重要方面。

对象的广泛性是指志愿服务者能够根据社会需求和自身条件，为不同领域、不同层次、不同群体的人或事提供无偿服务。对象的广泛性体现了志愿服务的包容性，志愿服务不受地域、国界、民族、文化、宗教、政治等因素的限制，不分贫贱、老幼、男女等，不论肤色、种族、信仰、价值取向等。对象的广泛性体现了志愿服务的公益性，公益性的本质在于规则范围内的无差别性和非排他性。志愿服务包括科技、文体、法律、卫生志愿服务，生态环境保护志愿服务，窗口行业志愿服务，扶危济困志愿服务，重大活动志愿服务，应急救援志愿服务等，这些均与人们日常生活息息相关。由于志愿服务的类型多样、领域广泛，志愿服务的对象也多种多样。归纳起来，主要有城镇下岗失业人员、农村特困人口、优抚对象、未成年人、残疾人、老年人、流动人员等，用一句话概括来说就是“需要帮助的人”。无论男女老幼，都有需要他人服务的需求，也就是说只要是社会上存在的“个体”都有服务他人与被他人服务的需求，这也就决定了志愿服务的对象具有广泛性，它面对的是在规则面前无差别的每一个人。

区域的均衡性是指大学生志愿服务活动在不同地区、不同领域、不同对象间分布的合理性、平衡性和有效性。区域的均衡性体现了志愿服务的公益性，即志愿服务不以营利为目的，而是以满足社会需求和促进社会进步为目标，在此前提下同时满足自我成长、自我实现的需要。区域的均衡性要求大

学生志愿者能够根据社会需求和自身条件，在校内外、城乡间、国内外开展多样化、多层次、多领域的志愿服务活动，实现供需平衡。而实际情况则表明，离学校近的地区志愿服务多，而远的地区则少。空间距离的远近影响着志愿服务的供求关系，一般而言，交通方便且空间距离近的地区往往是大学生志愿服务容易“扎堆”的地方，这也源于大学生服务目的的功利性，如易于受关注、易于复制活动程序、易于完成相关学分等，而这种情况恰恰是大学生志愿服务偏离常态化的表现。区域的均衡性要求大学生志愿者能够打破空间距离的限制，关注那些远离学校、缺乏关注、有实际需要的地区，如农村、偏远地区、贫困地区、民族地区等，为他们提供适合的志愿服务，如支教、扶贫、慰问、科普等。有研究者指出，大学生志愿服务每到一地，都集中在一个点上，诸如养老院、孤儿院等机构，而那些非机构的处所却鲜有志愿者足迹。①

志愿服务对象的广泛性和志愿服务区域的均衡性之所以是志愿服务常态化的本质特征，是因为其体现了以下几个方面：

首先，体现了“逆行”的志愿者精神。因为越是志愿服务不容易到达的地方，越需要志愿服务，这就要求志愿服务主体拥有“逆行”的勇气和毅力。志愿服务作为一种社会活动，它旨在满足社会需求和促进社会进步与个人成长。社会需求是多元化、动态化、复杂化的，涉及各个领域、各个层次、各个群体。如果志愿服务者能够根据社会需求和自身条件，为不同的志愿服务对象提供无偿服务，而不是选择易于施行的对象或地区，则能够更好地发挥志愿服务的社会功能和公益作用，可以更好地实现志愿服务的社会价值和社会效益。而志愿服务地域的非均衡化则导致不少有实际需要者得不到志愿服务，甚至农村和偏远地区对志愿服务了解甚微。空间上的此热彼冷，某种意义上正是供求不平衡的表现。所以要建构空间的普遍性，这是由志愿服务精神的内在要求所决定的。所有人群都有对志愿服务的客观需要，而这与空间距离的远近没有关系。

其次，体现了志愿服务的多样性和包容性。志愿服务是一种多样化、包容性的服务形式。如前所述，常态化的志愿服务存在着服务对象广泛性的特征，意味着志愿服务对象虽各有不同但应该无差别对待，这也意味着常态化

---

① 林彩燕．志愿服务的问题与对策初探——以大学生志愿服务的供需调查为视角［J］．浙江学刊，2016（3）：221－224．

的志愿服务存在着包容性特征。这与志愿服务精神是一致的，体现了以“大爱”为志愿服务行动之源。从心理契约角度看，大学生志愿服务者能够根据社会需求和自身条件，为不同的志愿服务对象提供无偿服务，在展示出志愿服务的多样性和包容性的同时，还能够增进人与人之间的理解和信任，这种理解和信任是良性心理契约构建的基础。

综上所述，志愿服务对象的广泛性和地域的均衡性是志愿服务常态化的本质特征之一，它在体现志愿服务的社会性、公益性、多样性的同时，还体现了志愿服务主体作为“逆行者”的利他主义精神，以及以“大爱”为行动之源的包容性。

六、内容的精准性

大学生志愿服务内容的精准性，是指志愿服务者能够根据社会需求和自身特长，选择合适的服务对象、服务领域和服务方式，有效地解决社会问题，提高社会效益。如前所述，志愿服务常态化，是指志愿服务能够形成一种持续、规范、制度化的社会行为，不受时间、地点、事件等因素的限制，成为社会文明进步的重要标志和广大志愿者奉献爱心的重要渠道，因而常态化的志愿服务，对服务内容提出较高要求。

（一）从志愿服务常态化的双重价值看

大学生志愿服务内容的精准性与志愿服务常态化相互匹配，有利于提高大学生志愿服务的质量和水平，增强大学生志愿服务的吸引力和影响力，促进大学生全面发展。具体来说，大学生志愿服务内容的精准性与志愿服务常态化的匹配性，可以体现在志愿服务常态化对于育人和社会发展的双重价值上，一是育人价值即个人成长价值，二是社会发展价值。

从育人意义来说，志愿服务常态化无疑是育人的有效手段，它不仅可以巩固大学生的专业知识，更可以提升大学生的思想道德素质。而志愿服务内容的精准性是实现育人价值的前提。这是因为，通过志愿服务内容的精准性，一是有利于搭建大学生参与社会实践的平台，培养大学生的社会责任感和公民意识。通过精准对接社会需求，大学生可以在志愿服务中了解社会、关心民生、解决难题、贡献力量，体现自己的价值和作用。通过常态化开展志愿服务，大学生可以在志愿服务中锻炼自己的能力和品质，增强自己的信心和魅力，实现自己的成长和进步。二是有利于推动高校思想政治教育工作的创新和发展，培养大学生的理想信念和社会主义核心价值观。通过精准选择符合自身专业特长和兴趣爱好的志愿服务项目，大学生可以在志愿服务中寓学于乐、寓学于行，感受社会主义核心价值观的内涵和魅力。通过常态化参与各类志愿服务活动，可践行“奉献、友爱、互助、进步”的志愿精神，弘扬“爱国、敬业、诚信、友善”的社会风尚。三是有利于展示高校的社会责任和文化影响力，培养大学生的家国情怀和国际视野。通过精准开展针对不同群体、地区、领域的志愿服务，大学生可以在其中传播先进文化、弘扬民族精神、促进民族团结、维护国家利益。通过常态化参与国外的志愿服务，大学生可以在其中展示中国形象、传递中国声音、增进中外友谊、推动中外合作，这也是高校服务社会的育人宗旨。

从社会发展意义来说，大学生志愿服务内容的精准性，还体现在适应社会需求的变化而变化，使志愿服务的供给与需求能够“精准”对接，而这也正是志愿服务常态化的必然要求。习近平总书记在十九大报告中给中国社会发展阶段进行了新定位，即中国特色社会主义进入新时代。这一定位，意味着我国社会主要矛盾已经发生了变化。人民日益增长的美好生活需要和不平衡不充分的发展之间的矛盾成为新时代亟待解决的主要矛盾。伴随着社会主要矛盾的变化，群众的需求重心已经逐步从物质层面过渡到精神层面，从数量要求转向质量要求。在新时代背景下，志愿服务已经不再满足于简单的、单一的“扫大街、看老人、做表演”的服务形式，不能只停留在对孤寡老人等弱势群体的物质帮扶和卫生服务这种易于高度同质化、缺乏创新精神、降低志愿服务活力的项目上。志愿服务对象对志愿服务内容有着高质量的要求，且要根据时代的发展、社会的进步以及民众需求的变化做出相应的调整和改变。以“看老人”为例，要更加突出对老人的心灵慰藉和精神满足，让他们感受到亲情与温暖。高校要“积极发挥其专业优势，推进产学研用结合，建设一批大学生热衷参与、能体现大学生优势的志愿服务项目”①，主动借鉴发达国家的先进经验，逐步致力于社会关系的改善和社会结构的调整。大学生志愿服务内容要动态调整的客观依据在于：社会对志愿服务内容的需要是多样的，并随时代的变化而变化，这就要求大学生志愿服务内容尽可能具有多样性和全面性，并与实际需求合拍，从而使大学生志愿服务体现时代的风尚，成为社会文明的典范。

---

① 曹科岩，刘岩．关于构建大学生志愿服务长效机制的思考［J］．教育与职业，2015（23）：115－117.

（二）从构建稳定的心理契约角度看

如前所述，大学生志愿服务要达到“常态化”，离不开相关主体之间以及主体与社会之间多边关系的心理认同，即符合心理契约稳定的要求。从心理契约稳定性的角度分析，大学生志愿服务内容的精准性是大学生志愿服务常态化的本质特征。所谓内容的精准性，意味着大学生志愿服务的内容一是要与社会需求相匹配，二是要与大学生志愿服务主体的专业和兴趣相匹配，三是要与育人规律相匹配。从契约与交易成本的关系来说，只有通过这几重匹配，才能大大降低缔结契约和履行契约的成本，降低不确定性风险。

首先，志愿服务内容的精准性可以提高志愿服务的质量和效率，从而提高受服务对象的满意度，促进志愿服务主体与服务对象之间的信任，形成稳定的心理契约。从契约的核心来说，契约缔结的内容应该是明确的，否则守约就失去了基础。例如，大学生在为农村留守儿童提供教育辅导时，如果能够根据他们的年龄、学习水平、兴趣爱好等因素，设计出适合他们的教学内容和方法，则可以提高他们的学习效果和学习兴趣，从而增强他们对志愿者的信任，并建立起长期的合作关系。

其次，内容的精准性可以提高志愿者的参与度和责任感，从而增加志愿者的满足感和归属感，促进大学生志愿者与服务对象之间的相互尊重，形成稳定的心理契约。内容的随机性和随意性，则会导致契约履行中没有可资参照的标准，这会导致志愿服务主体行为的随意性，从而淡化履约责任。只有内容精准，责任才能明确。例如，大学生在为社区老人提供健康咨询时，如果能够根据他们的身体状况、生活习惯、心理需求等因素，提出合理有效的建议和指导，就可以提高他们的健康水平和生活质量。而这有利于形成长期合作的心理意愿，即可以缔结稳定的关系型心理契约。

最后，内容的精准性可以提高志愿服务的创新性和可持续性，从而增加双方的学习能力，促进双方互动和共享，形成稳定的心理契约。例如，大学生在为环境保护提供宣传推广时，如果能够根据社会现状、公众意识、媒体平台等因素，制作出精准的宣传内容与形式，就可以提高社会对环境问题的关注度和参与度，建立起长期影响力。

综上所述，大学生志愿服务内容的精准性是大学生志愿服务常态化的本质特征，它有利于形成稳定、互惠、互助、互动、互学、互进的心理契约关系。因此，在开展大学生志愿服务活动时，应该注重提高服务内容的精准性，以实现志愿服务常态化发展。

第四节　大学生志愿服务常态化的双重价值

对于大学生志愿服务常态化的价值，应该从两方面考察，一是作为主体的大学生志愿者，其个体性价值是主体行动的初始动力；二是志愿精神与社会文明相联系，因而社会性价值是社会对志愿服务评判的标准。鉴于志愿服务的超功利性本质，个体性价值与社会性价值是相辅相成的关系，因为从高层次需求来看，实现社会性价值也是个体成就感和实现自我价值的体现。考察大学生志愿服务常态化的双重价值，意味着不仅要关注大学生志愿服务常态化对个人成长的促进作用，也要考虑其对社会进步的贡献。因而，志愿服务不应被视为一种简单的劳动或义务，而是一个深具内涵的社会实践活动，它能够在塑造个人品质、提升专业技能、丰富社会经验等方面发挥重要作用。同时，它也是推动社会公平正义、促进社会发展创新、培育社会文明风尚的重要力量。因此，大学生志愿服务的常态化，不仅是对个人的一种锻炼和提升，更是对社会的一种贡献和回馈。

一、个体性价值

大学生志愿服务作为一种自愿、无偿、利他的社会实践活动，不仅能够为社会提供有益的服务，也能够促进志愿者自身的成长和发展。大学生志愿服务常态化，可以通过以下几方面体现大学生志愿者的个体性价值。

首先，大学生志愿服务常态化可以培养大学生的社会责任感和公民意识。通过参与各种形式的志愿服务，大学生可以深入了解社会的需求和问题，增强自己的社会参与度和社会影响力，树立正确的价值观和道德观，形成积极的人生态度和行为规范。这与背离常态化（非常态化）的负面因素形成了鲜明的对比。例如，有些大学生只是为了完成学校或组织安排的志愿服务任务而参与志愿活动，没有真正关心和帮助他们所服务的对象，只是走过场或应付表面，没有体现出真正的社会责任感和公民意识。同时，大学生志愿服务常态化也可以增强大学生的国家认同感和民族自豪感，激发他们对祖国和人民的热爱和奉献精神，培养他们成为有理想、有道德、有文化、有纪律的社会主义建设者和接班人。这与背离常态化（非常态化）的负面因素形成了鲜明的对比。例如，有些大学生只是为了获得国际交流或留学机会而参与跨国或跨地区的志愿活动，没有真正尊重和了解他们所服务的国家和文化，只是为了展示自己或工具性利用他人达到自己的目的，没有体现出真正的国家认同感和民族自豪感。

其次，大学生志愿服务常态化可以提升大学生的专业能力和综合素质。通过参与各种形式的志愿服务，他们可以将所学知识和技能运用到实践中，检验和提高自己的专业水平和实践能力，拓展自己的知识面和视野，增加自己的社会经验和阅历。这与非常态化的负面因素形成了鲜明的对比。例如，有些大学生只是为了获取志愿服务证书或奖励而参与志愿活动，没有真正运用和提升自己的专业知识与技能，只是重复或模仿他人的做法，没有拓展或创新自己的思路和方法。同时，大学生志愿服务常态化也可以锻炼大学生的沟通协作能力和创新创业能力，通过与不同背景和领域的人员交流合作，培养自己的团队精神和领导才能，通过解决各种实际问题和挑战，培养自己的创新思维和创业意识。大学生志愿服务常态化体现了服务的专业性，要求大学生根据不同的服务对象和内容，运用专业知识和技能，提供高质量的服务。有些大学生只是为了满足自己的虚荣心而参与志愿活动，没有真正考虑服务对象的需求和利益，没有体现出专业技能性和专业的责任感，这无疑不能称之为常态化的志愿服务。

最后，大学生志愿服务常态化可以促进大学生的心理健康和人格完善。通过参与各种形式的志愿服务，大学生可以体验到帮助他人、奉献社会、实现自我价值的快乐和满足感，并能够借此增强自己的自信心和自尊心，调节自己的情绪和压力，提高自己的幸福感和生活质量。同时，大学生志愿服务常态化也可以促进大学生的人格完善，通过与不同的人和事接触，培养自己的同理心和包容心，通过反思自己的行为和动机，培养自己的自律性和自省性。

综上所述，大学生志愿服务常态化可以体现出志愿者的个体性价值，它可以帮助大学生形成良好的社会责任感和公民意识，提升他们的专业能力和综合素质，促进他们的心理健康和人格完善，从而为他们的未来发展奠定坚实的基础。相反，背离常态化（非常态化）的负面因素会阻碍大学生个人成长，失去志愿服务的真正意义和价值。

二、社会性价值

大学生志愿服务是一种有益于社会的公益活动，它不仅能够促进志愿者自身的成长和发展，也能够为社会带来积极的影响和贡献。大学生志愿服务常态化，即将志愿服务作为一种日常习惯和生活方式，体现了服务对象的广泛性、区域的均衡性、内容的精准性等特征，通过其对于社会进步的推动作用体现出社会性价值。

首先，大学生志愿服务常态化可以推动社会公平和正义。通过参与各种形式的志愿服务，大学生可以为社会弱势群体提供关爱和帮助，为社会公益事业提供支持，为社会问题提供解决方案和建议，从而缩小社会差距，维护社会权益，促进社会和谐。将个人的成长与社会进步紧密结合，这本身就是社会文明的标志。

其次，大学生志愿服务常态化可以促进社会发展和创新。通过参与各种形式的志愿服务，大学生可以为社会经济建设提供人才和智力支持，为科技进步提供创新和创业动力，为文化繁荣提供传承和发展资源，从而推动社会经济发展，加速社会科技变革，丰富社会文化内涵。同时，大学生志愿服务常态化也可以促进开放和交流。通过参与各种形式的志愿服务，大学生可以为国际合作与交流提供桥梁与纽带，为国际友好与互信提供基础，为国际影响与地位提供支撑，从而拓展国际视野，增进国际理解，促进国际合作。

大学生在参与常态化的志愿服务中，易于形成关注社会需求和问题的习惯，自然而然会结合自己所学分析社会现状和不断变化的社会形势，并寻找可能的解决方案和建议。在志愿服务常态化的体制机制下，大学生会积极参与各种志愿服务项目，“八仙过海，各显神通”。这些常态化志愿服务活动，是社会发展创新的重要动能。

最后，大学生志愿服务常态化可以培育社会文明和风尚。通过参与各种形式的志愿服务，大学生可以为社会道德建设发挥示范和引领作用，可以引导社会风气，增强社会互信，这与社会主义核心价值观的要求一致。

综上所述，大学生志愿服务常态化对于社会进步具有重要意义，它可以帮助推动社会公平和正义，促进社会发展和创新，培育社会文明和风尚，从而为建设社会主义现代化强国做出贡献。

第二章

大学生志愿服务调查与非常态化现实困惑

在深入探讨大学生志愿服务的现状和挑战时，问卷调查和访谈不仅是收集数据的工具，更是发现和理解现实问题的关键。通过这些方法能够揭示志愿服务中存在的“非常态化”现象，诸如参与动机的功利性、活动的形式主义，以及组织管理上的不足。这些发现对于推动志愿服务向常态化发展至关重要，因为它们提供了改进的方向和依据。本章通过问卷调查与分析、访谈情况以及调查与访谈结果分析三个维度，不仅展示了大学生志愿服务的现实图景，也提供了理论洞见和实践指导。这些调查访谈结果强调了大学生志愿服务在个人成长和社会进步中的双重价值，同时也揭示了实现这一目标所面临的困难和挑战。通过对这些问题的深入分析和理解，可以更有效地促进志愿服务的常态化。

第一节　问卷调查与分析

在深入研究大学生志愿服务的价值和影响时我们必须认识到，大学生志愿服务不仅是一项社会实践活动，更是一种促进个人成长和社会进步的重要途径。通过问卷调查与分析可揭示大学生志愿服务的现状和面临的挑战，从而为我们提供如何更好地理解和推动志愿服务常态化的独特视角。

一、主要调查内容及志愿服务现状分析

（一）志愿服务的动机情况

为了探究大学生志愿服务的基本情况，笔者通过问卷展开调查，共收集了 1 000 份有效样本。与大学生志愿服务有关的问卷题目，笔者设置的第一

个问题是：您是否参加过志愿服务？这个问题旨在筛选出有志愿服务经历的大学生，作为后续深入研究的对象。在这个问题上，选择“否”的调查为200份问卷，暂不作为有参考价值的进一步调查对象，而仅作为基数的一部分，纳入参与率与参与效果的计算中。而回答“是”的问卷为800份。

接下来，对800份问卷设置的与志愿服务参与动机有关的问题是：您参与志愿服务的主要动机是什么？请从以下选项中选择最符合您的动机的一项：a. 为社会做贡献，帮助他人，实现自我价值；b. 增加社会经验，提高个人能力，拓展人脉；c. 应付学校要求，完成学分或证书；d. 其他原因，如兴趣爱好、跟随朋友等。在统计的时候将这些选项分类处理，从而得出相关占比数据，如表2-1所示。

表2-1 大学生志愿服务不同动机占比

动机	为社会做贡献，帮助他人，实现自我价值	增加社会经验，提高个人能力，拓展人脉	应付学校要求，完成学分或获取证书	其他原因，如兴趣爱好、跟随朋友等
占比	25%	35%	30%	10%

从表2-1数据可以看出，大学生志愿服务的动机并不完全是出于无私奉献，而是有一定的功利性和应付性。为了更深入地分析大学生志愿服务的动机，笔者基于以上数据对已参加过志愿服务的大学生进行分类，并对不同类型的大学生进行了比较分析。

对应表2-1的4个选项，将参加志愿服务的大学生依次分类为积极型、理性型、被动型、消极型。不同类型的具体特征如下：（1）积极型，主要是以为社会做贡献、帮助他人、实现自我价值为动机的大学生。这类大学生具有较高的社会责任感和道德水平，认为志愿服务是一种公民的义务和责任，也是一种自我实现和成长的途径。其选择参与的志愿服务内容多样化，注重社会需求和个人兴趣，且每周参与志愿服务的平均时长较长，达到5.6小时。每周时长为参加志愿活动的总时数除以在校周数，以下类同。（2）理性型，主要是以增加社会经验、提高个人能力、拓展人脉为动机的大学生志愿服务参与者。这类大学生具有较强的目标导向和自我管理能力，他们认为志愿服务是一种个人发展和社会交往的机会，也是一种提升自身竞争力的手段。他们选择参与的志愿服务内容相对比较专业化，注重个人能力的增长和社会经验的积累，每周参与志愿服务的平均时长适中，为3.8小时。（3）被动型，主要是以应付学校要求、完成学分或证书为动机的大学生。这类大学生具有较低的主动性和自我效能感，他们认为志愿服务是一种被动的应付和遵从，是学校规定必须完成的一道程序，因而选择参与的志愿服务内容简单化，他们的主导意识重在完成任务和达到要求，且每周参与志愿服务的平均时长较短，为2.4小时。（4）消极型，主要是以志愿服务活动以外的诱因导致的参与动机，如相比课堂的沉闷，到外头活动有新鲜感等，或跟随朋友等随机参与志愿活动。这类大学生具有较弱的社会认同感和责任感，他们认为志愿服务是一种无关紧要的娱乐和休闲，也是一种随意跟风的形式主义活动。其选择参与的志愿服务内容随意化，注重娱乐和休闲。他们每周参与志愿服务的平均时长相对更短，仅为1.2小时。

上述将大学生志愿服务分为积极型、理性型、被动型、消极型，这种分类是基于对大学生志愿服务的动机、内容特点、时长、效果和满意度等方面的调查与分析，综合考虑了大学生的个人特征、社会环境和志愿组织的管理特点。这种分类方法借鉴了心理学中的动机类型理论，将动机分为内部动机和外部动机，内部动机是指个体对活动本身感兴趣，并在活动过程中感到满足；外部动机是指个体为了获得外在的奖励或避免惩罚，由外在诱因导致的动机。积极型和理性型的大学生志愿者更多地受到内部动机的驱使，而被动型和消极型的大学生志愿者更多地受到外部动机的影响。

这种分类还参考了社会学中的社会角色理论，将社会角色分为规范性角色和自我表现性角色，规范性角色是指个体按照社会规范和期待来履行的角色，自我表现性角色是指个体根据自己的兴趣和价值来展示自己的角色。积极型和理性型的大学生志愿者更多地展现了自我表现性角色，被动型和消极型的大学生志愿者更多地扮演了规范性角色。心理契约，正是基于个体心理因素和社会因素互动形成的一种主体行为选择的机制。

不同类型的主体志愿服务的占比、动机、特点与评价如表2-2所示。

表2-2　不同类型的主体志愿服务的占比、动机、特点与评价

类型	积极型	理性型	被动型	消极型
占比	25%	35%	30%	10%
动机	为社会做贡献，帮助他人，实现自我价值	增加社会经验，提高个人能力，拓展人脉	应付学校要求，完成学分或获取证书	其他原因，如兴趣爱好、跟随朋友等

续表

选择志愿服务内容的特点	多样化 注重社会需求和个人兴趣	专业化 注重个人能力和社会经验	简单化 注重完成任务和达到要求	随意化 注重娱乐和休闲
对参与志愿服务的帮助和收获的评价	对自己和他人来说都有很大帮助和收获	对自己来说有一定帮助和收获，对他人影响不大	对自己来说没有太大帮助和收获，对他人效果不明显	对自己无任何帮助和收获，对他人造成负面影响

对调查数据整理和分析可知，积极型的大学生为最满意和最愿意继续参与志愿服务的类型，他们中有 60% 的人表示对参与过的志愿服务“非常满意”，并愿意继续参与，只有 5% 的人“非常不满意”，并表示不会继续参与。这可能是因为积极型志愿服务者有着为社会做贡献的较强动机，并愿意帮助他人，有着强烈的实现自我价值的需求。或者说因为其对志愿服务有着强烈的内部动机，继而展示出自我表现性的人格特征。理性型的大学生对曾参与的志愿服务“比较满意”，并表示可能会继续参与，只有 10% 的人“非常不满意”，并表示不会继续参与。这可能是因为理性型主体参与志愿服务的主要动机是增加社会经验、提高个人能力、拓展人脉等，他们对参与志愿服务有着一定的内部动机，并显示出一定的自我表现性角色特征。但其内部动机尚不及积极型大学生志愿服务者那么强烈。被动型的大学生对现实中的志愿服务“不太满意”，且多数“不太愿意”继续参与志愿服务。数据显示 35% 的人“不太满意”其曾经参与的志愿活动，且多表示为不太想继续参与，这一类型的调查问卷中，只有 10% 的人表示对现实志愿服务“非常满意”，并愿意继续参与。这可能是因为这一类型的志愿服务主体动机是应付学校要求，完成学分或证书，他们对志愿服务有着强烈的外部动机，表现为明确付出要有回报意愿的“规范性”角色。消极型的大学生是最不满意志愿服务现状和最不愿意继续参与志愿服务的类型。这一类型中有 60% 的人“非常不满意”已经参与的志愿服务，并且大多数表示不会继续参与志愿服务，只有 5% 的人表示“非常满意”，并愿意继续参与。这可能是因为他们的动机与志愿服务精神关联不大，如与志愿活动无关的兴趣爱好，跟随朋友等，而他们对志愿服务本身的必要性和社会意义并没有高度认同，当然也不排除在其心理认知里，认为现行的志愿服务活动毫无意义。各类型志愿服务主体志愿服务满意度与继续参与意愿相关调查数据如表 2-3 所示。

表 2-3　不同动机主体对志愿服务满意度及继续参与意愿占比

满意度及继续参与意愿	类型占比			
	积极型	理性型	被动型	消极型
非常满意并愿意继续参与	60%	25%	10%	5%
比较满意并可能会继续参与	25%	35%	30%	10%
不太满意并不太想继续参与	10%	30%	35%	25%
非常不满意并不会继续参与	5%	10%	25%	60%

表 2-3 展示了不同类型的大学生对参与志愿服务的满意度和继续参与意愿的百分比。从表中可以看出，不同类型的大学生在这两个方面有明显的差异。总体来说，积极型和理性型的大学生对参与志愿服务的满意度和继续参与意愿都较高，而被动型和消极型的大学生这两项意愿都较低。

（二）志愿服务的内容

为了方便整理相关信息，本研究将大学生志愿服务内容大致分为教育、环保、关爱、公益、其他五大类，并将这几个类别作为可多选的选项放到问卷答题中供作答。题目要求如果选“其他”类，则写出具体类别。通过问卷调查发现，大学生志愿服务内容占比分别如表 2-4 所示。

表 2-4　大学生志愿服务内容占比

内容	教育类	环保类	公益类	关爱类	其他类
占比	35%	25%	20%	15%	5%

从这些数据和调查情况来看，大学生参与的志愿服务的内容比较多样化，但是也存在一些问题：

一是教育类和环保类的志愿服务偏于普遍和重复，可能造成组织资源的浪费和志愿服务效果的降低。由共青团中央、教育部、财政部、人力资源和社会保障部共同组织实施的大学生志愿服务西部计划自 2003 年实施至 2022 年 8 月，累计招募派遣了 46.5 万余名高校毕业生和在读研究生，深入中西部地区的2 000多个县（市、区、旗）开展基层服务。[①] 其中，教育类和环保类（如支教、清理垃圾以维护校园环境等）的志愿服务项目占据了较大比例。从教育、环保两类志愿服务数据看，除了教育、环保专业相关背景外，所有大学生几乎均可进入这两类志愿服务领域，说明普适性的项目比较容易被大学生及其相关组织者选择。然而，普适性项目往往缺乏针对性和创新性，无法满足当地的多元化和个性化需求，也难以激发志愿者的积极性和主动性。

二是关爱类和其他类的志愿服务过于少见和缺乏。从调查的数据占比可见，志愿服务可能忽视了社会上一些弱势群体和紧急需求，对社会需求较高的领域关注不足。当前我国已转向高质量发展阶段，这对志愿服务提出了更高要求。比如，关爱老龄人口，需要志愿者具有更多护理知识；守护绿水青山，需要志愿者具有更高的生态保护专业素养；服务乡村振兴，需要志愿者更好把握农业农村发展规律；等等。而在广大的西部地区，急需农、林、医、法等领域的志愿服务。然而，这些领域的志愿服务项目却相对较少，导致社会资源配置不均衡，社会问题得不到及时有效解决。而选择“其他”类并填写比较专业的志愿服务项目的答卷极少，说明大学生将所学的专业知识和技能与社会服务相结合的意识不强。

三是大学生志愿服务的内容往往单调和机械，缺乏创新和挑战，没有充分发挥大学生的主动性和创造性。当问到“您认为您所从事的志愿服务与您的专业或兴趣有关吗?”时，有近六成的大学生认为志愿服务活动缺乏新意，因而难以提起兴趣，有四成多的大学生认为志愿服务活动过于简单，还有三成多的大学生直接认为志愿服务活动与自己的专业或兴趣无关。这些数据反映了大学生志愿服务的内容设计不够科学和合理，没有充分考虑到志愿者的个性差异和成长需求，也没有更好地利用志愿者的智慧和才能去对接社会的有效需求。

四是大学生志愿服务的内容与自身的专业背景和社会发展要求不一致，并未充分体现出教育意义和社会意义的高度统一性。服务内容与专业不一致，与个人兴趣不一致，这本身就违背了教育规律。大学生志愿服务作为培养社会主义建设者和接班人的重要途径，既要把大学生志愿服务与专业教

① 中青网. 大学生志愿服务西部计划累计选派46.5万余人[EB/OL]. http://news.youth.cn/gn/202208/t20220813_13917483.htm, 2022-08-13/2023-07-09.

育、创新创业和就业等紧密结合起来，又要把大学生志愿服务与社会需求、国家战略、时代主题等紧密结合起来。[①] 然而，目前大学生志愿服务的内容往往与这些目标脱节，没有形成内容与目标的有效互动，也并未实现志愿者自身价值的提升和社会价值的贡献这双重目标的互动并进局面。

二、对照常态化目标的问题审视

志愿服务常态化主要表现为但不限于以下几个方面：

第一，大学生参与志愿服务的动机是纯粹的，主要是为了贡献社会和实现自我价值，而不是出于功利性和应付所下任务之目的；第二，大学生参与志愿服务的内容具有多样性，能够有效地解决或缓解一些紧迫或重要的社会问题，而不是单一的、重复的或缺乏创新的程序化“表演”；第三，大学生参与志愿服务的时长足够，能够保证志愿服务的质量和效果，而不是零敲碎打而无法形成稳定的社会预期；第四，大学生参与志愿服务无论育人效果还是社会效果均具显著性，能够对自己、他人和社会产生正向的影响；第五，大学生参与志愿服务的自我满意度和社会满意度都较高，对志愿服务的内容、过程、结果等方面都感到满意，而不是相反。

基于以上表现，可以设置一个数理模型来衡量大学生志愿服务常态化状态是否达到。模型如下：

$$S = \frac{M}{N} \times \frac{\sum_{i=1}^{M}\left(\frac{\sum_{j=1}^{5} p_{ij}}{5} \times Q_i\right)}{M}$$

其中，N 为调查对象（大学生）的总数，M 为参与过志愿服务的大学生数，M/N 表示参与志愿服务的大学生比例，P_{ij} 为第 i 个大学生对志愿服务常态化各方面（动机、内容、时长、效果、满意度）的评分（1～5 分），$\frac{\sum_{j=1}^{5} p_{ij}}{5}$ 表示第 i 个大学生对志愿服务常态化各方面的平均评分，Q_i 为第 i 个大学生对志愿服务常态化综合评分（1～5 分）。

这个公式综合了大学生参与志愿服务的数量和质量两个维度，并赋予了总体印象更高的权重。

根据这个模型，可以计算出大学生志愿服务常态化状态 S 在 1～5 分之

① 曹阳，储祖旺．服务学习视角下新时代我国大学生志愿服务机制优化研究[J]．中国高等教育，2019（Z1）：69－71．

间取值。先设定一个阈值 T 来判断是否达到常态化状态，则当 $S \geqslant T$ 时，可以认定为达到了常态化状态；当 $S < T$ 时，则可认定为没有达到常态化状态。现把这个阈值 T 设置为 4 分，即大于等于 4 分，为大学生志愿服务达到了常态化状态；小于 4 分，则为非常态化状态。这个分数设计的理由如下：

一是根据《高校志愿服务指标体系（试行）》① 的赋分方法，核心指标、重要指标和基础指标的分值分别为 5 分、3 分和 1 分，按照不同的赋分方式计算得出每个二级指标的得分，然后按照一级指标的权重加权求和得出总分。总分最高为 100 分，最低为 0 分。本研究主要是宏观层面的理论分析，侧重于探究志愿服务主体的行为规律及行为成效，因而把无法用资料支撑的心理因素考虑进去（如满意度等）。为了研究的方便，本研究仅设定相关联的一级指标，涉及参与人数、参与活动项目内容、活动评价（在满意度中有所体现）等，采用 5 分制，5 分相当于总分百分制的 100 分。参照一般的基于各行业各领域的惯常判断，一般测试达到 80% 以上的分数，才会在官网或是相关媒体公布，说明是一种正常的良好状态。也就是说，如果一个高校的志愿服务相关指标达到了 4 分及以上，说明该高校在该项指标上达到了一定水平，反之则说明该高校在该项指标上低于一定水平，则“不足为外人道也”。

二是根据《中国青年报》的报道，高校志愿服务在青年志愿者事业中具有先导性、示范性、创新性和基础性作用，是推动国家发展、社会进步、大学生成长成才的重要力量。② 因此，高校志愿服务应该有一个较高的标准和要求，不能满足于仅仅达到平均或以下水平。如果一个高校的志愿服务相关指标低于 4 分，说明该高校在该项指标上存在较大的问题和不足，需要加强改进和提升。

三是根据相关高校的做法，如华中农业大学的相关文件规定，志愿服务成效评估指标体系是依据平衡计分卡、“3D”、“3E” 和 “APC” 等相关理论指导，遵循科学合理、可操作性、普遍使用、精简全面等基本原则而设置的，并通过专家打分法编制评分细则，按照一定程序加以运用。其中，“3D” 即 “定义、度量、发展”，“3E” 即 “效率、效果、效益”，“APC” 即

① 中共青年志愿者网.《高校志愿服务指标体系（试行）》全文发布[EB/OL]. http://zgzyz.cyol.com/content/2022-09/23/content_19045832.htm, 2022-09-23/2023-07-10.

② 张晓红，马若雁. 高校志愿服务指标体系的确立[N]. 中国青年报，2022-11-1（6）.

"目标、过程、结果"。① 这一方法强调了志愿服务成效评估的动态性和全面性，要求不仅要关注志愿服务的目标和结果，还要关注志愿服务的过程和质量。如果一个高校的志愿服务相关指标低于4分，说明该高校在该项指标上没有形成有效的目标管理、过程控制和结果评价机制，没有实现志愿服务成效评估的动态性和全面性。

根据数理公式，可以估算出大学生志愿服务常态化状态 S 的值。因为调查对象（大学生）的总数 $N=1\ 000$，参与过志愿服务的大学生数 $M=800$，则有

$$S = \frac{800}{1\ 000} \times \frac{\sum_{i=1}^{800}\left(\frac{\sum_{j=1}^{5} p_{ij}}{5} \times Q_i\right)}{800}$$

根据调查内容数据，可以得到表2-5。

表2-5　大学生志愿服务测评数据

大学生编号	动机评分	内容评分	时长评分	效果评分	满意度评分	综合评分
1	5	4	4	4	4	4.2
2	4	3	3	3	3	3.2
…	…	…	…	…	…	…
800	2.5	2.5	2.5	2.5	2.5	2.5
平均分	3.75	3.25	3.25	3.25	3.25	3.25

经过计算，得到 $S=3.2$。如果设定阈值 $T=4$，则可以判断还没达到大学生志愿服务常态化状态。这说明大学生参与志愿服务的数量和质量都不够高，还有很多问题和改进空间。为此，要从多方面努力，包括加大大学生志愿服务参与人群；提高动机，培养奉献精神，增强责任感；丰富内容，注重创新性，提升价值性；增加时长，合理安排时间，提高参与度；提高效果，优化质量控制，增加反馈机制；提高满意度，完善组织管理，增加激励措施；等等。

---

① 华中农业大学网站，关于印发《志愿服务工作考核办法》的通知[EB/OL]. https://tw.hzau.edu.cn/info/1008/1497.htm, 2017-06-17/2023-07-11.

三、问题的组织管理原因调查与印证

上述关于大学生志愿服务内容、数量与质量等现状的调查，主要是基于大学生志愿服务行为的主观因素展开的。此次调查中，对上述问卷的另外三个与大学生志愿服务组织管理相关的问卷内容的分析，可以与现状问题相印证。三个调研问卷题目及调查结果如表 2-6 所示。

表 2-6　基于志愿服务制度因素的调查结果

题目	1 分	2 分	3 分	4 分	5 分	平均分
您认为我国目前对志愿服务组织的登记注册制度是否合理？	117	243	279	123	38	2.51
您认为我国目前对志愿服务活动的评价激励制度是否健全？	83	237	324	119	37	2.79
您认为我国目前对志愿者的培训保障制度是否完善？	41	203	357	161	38	3.01

这三个题目的权重不同，是笔者在深入调查的基础上，针对志愿服务制度的重要性和影响力的判断而设定的。笔者认为，志愿服务活动的评价激励制度是影响志愿者参与度和满意度的关键因素，因此给它分配了最高的权重，为 0.4。志愿服务组织的登记注册制度和志愿者的培训保障制度则是影响志愿服务规模和质量的基础因素，因此给它们分配了相同的权重，为 0.3。这样的权重分配旨在反映笔者对志愿服务制度的综合评价，虽然这样的赋值有一定的主观性，但如果微调权重赋值，结果不会发生太大变化。

先将每个题目的得分乘以该题目的权重，得到该题目的加权得分。例如，第一个题目的加权得分为 $2.51\times0.3=0.753$。接着将三个题目的加权得分相加，得到总的加权得分。总的加权得分为 $0.753+2.79\times0.4+3.01\times0.3=2.772$。最后，将总的加权得分除以三个题目的权重之和，得到综合分。综合分为 $2.772\div(0.3+0.4+0.3)=2.772$。这个分数无疑是较低的，说明志愿服务组织制度还有很大的完善空间。

上述选取的三个有代表性的、关联到组织管理方面的问卷的题目及调查结果，与前述基于大学生志愿服务行为和志愿服务内容的数据，反映的问题基本一致，这一方面印证了前述志愿服务处于非常态化这一结果的数据分析有一定的客观性，另一方面，也显示了前述志愿服务处于非常态化的制度原因。

四、参照其他资料的测算结果信度分析

为了验证本研究测算结果的信度，即该结果是否真实可信，是否能够反映大学生志愿服务常态化水平的实际情况，笔者参照了国家统计局、教育部、中国青年志愿者协会等第三方机构发布的数据，以及国内外相关学者的研究成果，从多个角度进行了对比分析。

（一） 与全国权威的官方数据对比

这里以蓝皮书为例。蓝皮书一般是由政府部门发布的，具有一定权威性和指导性的资料。《社会蓝皮书：2022 年中国社会形势分析与预测》显示，在人口结构不变的假设下，我国 18～69 岁居民中，活跃志愿者总体规模约为 3.07 亿人，这个数据约占 2021 年全国总人口的 22%。而据第七次人口普查所示，15～59 岁人口总数约占全国总人口的 63.5%，因为缺乏直接的数据，参照这 15～59 岁以及 59 岁以上人口数据，综合估算，将 18～69 岁这一年龄段人口设定为全国总人口的 70%，则意味着在这一个年龄段，活跃的志愿服务参与者比例达到了 31%。同时该分析预测报告还显示，在这个年龄段中，越年轻志愿服务活跃程度越高，仅“00 后”就达 54.74%。考虑到这个年龄段为大学生主体，由此推测，大学生志愿服务参与数量比较高，这与前述 1 000 份问卷中仅有 200 份显示没有参加过志愿服务，有高度的契合性。然而，这个报告讲的“活跃志愿者”的“活跃”标准是什么，则不好量化。如果是偶尔为之，或是说包括例行课程学分要求的志愿服务项目，则这一类志愿服务与“常态化”并不搭边。如果从参与率来说，大部分高校每年会有迎新、组织运动会等活动，一般学生大概率会参与，但这些服务活动对社会影响不大，却极大地拉高了志愿服务活跃度数据，不能称之为是常态化的志愿服务。

（二） 与他人研究数据对比

共青团郑州大学委员会官网发布的一篇调研报告数据显示，该校公共卫生学院调研组调查显示，青年学生参加志愿服务很大程度上是因为学校或单位的要求、志愿活动带来的积分和荣誉以及为了获得工作经验和社会阅历等，这就意味着青年学生志愿服务的动机多出于对自身有利的目的。同时，该调研组提供的青年志愿者参与志愿服务频次，也总体处于一个低水平状态，平均每月一次或更多的仅为 6.22%；平均每年一次或更少的多达 48.8%，没有参加过志愿服务的达 11.48%（图 2-1）。

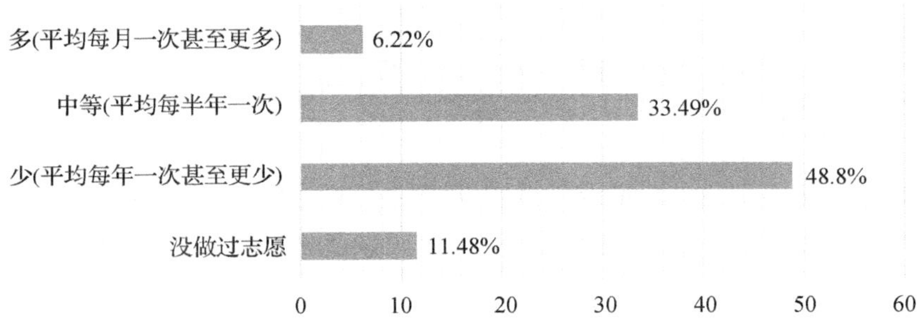

图 2-1　郑州大学公共卫生学院调研组所获青年参与志愿服务频次

从图 2-1 可以看出，该调研组经调研得出的数据和结论，与本研究总体上虽有差异，但基本吻合，结论也基本相一致。而该调研数据与其他一些研究文献所示结论，也有高度的吻合性①。

（三）　与理论预期对比

本研究测算结果也与理论预期相符合。马克思主义认为，社会存在决定社会意识。我国尚处在经济转型期，尚未到达社会主义高级阶段，除经济水平和社会文明程度有待提升外，个人素质还有很大的提升空间。大学生志愿服务常态化水平受到多方面因素的影响，如社会环境、政策导向、学校支持、个人动机等。这些因素在不同地区、不同类型、不同层次的高校中存在差异，导致大学生志愿服务常态化水平也呈现出多样性。因此，本研究测算结果与全国数据、同类高校数据、其他研究结果之间的差异属正常现象。同时，本研究测算结果反映了该校大学生志愿服务常态化水平的不足之处，为进一步提升该校大学生志愿服务常态化水平提供了依据和方向。

综上所述，本研究测算结果具有较高的信度，能够客观反映该校大学生志愿服务常态化水平的实际情况，并与第三方数据和他人研究成果相吻合。本研究测算结果可以为发现问题提供线索，并可为提高我国大学生志愿服务常态化水平提供参考依据和建议。

---

① 常熟理工学院大学生志愿服务调研团队．新时代背景下大学生志愿服务的问题及对策［J］．中国共青团，2023（4）：19－21．

第二节　访谈情况

通过问卷调查方式虽然可以获得较真实的第一手资料，但是问卷调查也可能会产生偏差。第一是问卷题目存在不可避免的意义暗示性和引导性，调查对象所回答内容可能并非完全是其真实想法；第二，由于直接面对的是文字，而不是人，因而调查对象可能不会像朋友聊天一样毫不设防地袒露自己的心迹，而有可能是在“走过场”，从而使调查结果失真。为了做到信息尽可能真实，笔者通过非正式访谈的方式，对大学生和社会两个层面的主体进行调查，以便得到大学生志愿服务更真实、更富有感性的状态信息。

一、面向大学生的访谈

带着关于大学生志愿服务相关问题，笔者与多位不同专业、年级、性别的在校大学生进行了线上与线下聊天，了解他们的志愿服务经历和对志愿服务的看法。据了解，这些学生都有过不同类型、时长、频次的志愿服务经历，主要是在周末或寒暑假，每次2~3小时，总共约10次左右。他们参加过的志愿服务项目包括社区服务、敬老院探访、环保宣传、支教助学、疫情防控等。例如，小韩是一位计算机科学专业的大二男生，他参加过社区服务项目，去了学校附近的一个社区，为当地居民提供一些日常生活方面的帮助，比如打扫卫生、分发物资、陪伴老人等。他说参加这个项目是因为他要完成社会实践课的要求，顺便学习一些知识和技能，也为了结交一些志同道合的朋友。他觉得这个项目没有特别的优点或缺点，就是一些很普通的事情。他对志愿服务这个概念及其活动意义有一定的认同，认为可以帮助他人，也可以提升自己。但他同时也表示，如果没有社会实践课的要求，他可能不会主动参加志愿服务，因为他觉得没有太大的必要或动力，也没有太多的时间和精力，除非有一些特别有意思或有价值的项目。甚至还有学生反映，他们在校园志愿服务活动中，三五人一组，主要是分区捡拾校园垃圾，因为有环卫工人，其实校园里看不到多少垃圾，一般是换了志愿服务的衣服去拍照，照片是最重要的参与活动的证据，而事实上没有实质性的志愿服务内容。

另外一位受访者是小黄，一位英语专业的大三女生，她参加过一个乡村小镇儿童托管的探访项目，去了某农村小镇的一个幼儿园，为那里的孩子们教授英语和音乐。她说参加这个项目是因为她喜欢孩子，也想体验一下不同的文化和生活。她觉得这个项目很有意义，也很有挑战性，她在那里遇到了很多困难，比如条件艰苦、教学资源缺乏等；但是她也收获了很多，比如孩子们的信任和感激、当地人的友好和热情、自己的成长和进步等。她说她会继续参加这样的项目，她觉得这是一种对社会和自己都有益的方式。但小黄同时也表示，这样的乡村小镇儿童托管机构，一般不太会有持续的志愿者服务队介入，一方面是因为大学生学习压力大，面临着将来的就业竞争，另一方面是因为乡村交通不便，远离市区，因而无法得到大学生志愿服务的长期关注。

从这两个例子可知，大学生参加志愿服务的动机和态度有所不同。有些学生是出于外部的压力或利益，而不是出于内心的兴趣或是内在价值的追求，因而对志愿服务本身的精神内核缺乏深刻认知，对于参与志愿服务缺乏持续的动力。当然也有些学生是出于内心的兴趣或自我实现的价值需要，他们对志愿服务有更深的了解，也有更强的行为动力，他们在志愿服务中遇到了挑战和收获，也感受到了快乐和成就，但往往又受制于现实的条件。从这些访谈中可以得出一个初步的结论：大学生志愿服务总体上并没有达到常态化状态。他们需要更多的引导和激励，更多的交流和反馈。

从志愿服务的地点看，当问及大学生志愿服务常去的地方是哪里时，结果发现，他们常去的志愿服务地是离本校最近的某一个社区。以 S 学院为例，从行政管理专业及人力资源与社会保障专业的毕业论文来看，近三年每年都有以该校最近的社区“项里社区”为例的社区治理主题论文，其选题多源于学生在该社区的志愿服务经历或在该社区的实习经历，这从侧面印证了大学生志愿服务活动有近距离偏好。这同时也说明学校组织志愿服务时，存在着“就近”“方便”的考虑，而非出自“教育效果最大化”“社会服务效果最大化”的原则。

二、面向社区的访谈

笔者利用调研与带学生实习的机会，带着相关问题，与城乡社区群众交流，旨在了解他们对大学生志愿服务的认识和评价，并通过这一渠道，侧面了解社会对大学生志愿服务的评价。经访谈得知，有些受访者住在学校附近的社区，接触或接受过大学生志愿服务，他们反映大学生志愿服务主要是在周末或寒暑假，他们接受过的志愿服务项目包括社区服务、敬老院探访、环保宣传、支教助学、疫情防控等。

例如，李阿姨是一位70岁的退休老人，她住在一个敬老院，经常接受大学生志愿者的探访和陪伴。她说她很喜欢这些年轻人，觉得他们很热情、有礼貌、有爱心。她说他们给她带来了很多快乐和温暖，也教会了她一些新的知识和技能，比如智能手机应用、播放音乐、操作电脑等。她说很感激他们的帮助和关心，也希望他们能常来看看她。

王先生是一位40岁的商人，他经常看到大学生志愿者在社区里做一些服务工作，比如打扫卫生、分发物资、发放宣传单等。他说他对这些年轻人没有什么特别的感觉，觉得他们做的事情虽然有用，但不是很重要。他说他们来得也不是很频繁或稳定，只是在一些特殊的时日来到社区，比如学雷锋日、消费者权益日、禁毒日等。他说他不太依赖或期待他们的服务，对于如何提升志愿服务社区管理能力，王先生并未提出建议或意见。

笔者前往S市城区龙河镇陈楼村调研时，对一名68岁的陈姓农民进行了访谈，这位陈大爷家里非常不幸，他有两个儿子，一个残疾且单身，生活不能自理，另一个外出打工，儿媳妇嫌弃家里穷跟人跑了，丢下两个小孩由老人带。当问及有没有大学生志愿者帮助他们时，陈大爷说从来没听说过有志愿服务项目。

从这几个例子中可以看出，社区居民对大学生志愿服务的认识和评价各有不同。有些居民很欢迎和支持大学生志愿服务，认为它给他们带来了很多好处和帮助，也增进了人与人之间的信任和友谊。而有些居民则比较冷淡和漠视大学生志愿服务，认为它并不能成为可依赖的一项长久的服务，只是一种偶尔或应景现象。一个典型的例子是，S市有一个叫阳光志愿者服务的组织，其成员中不乏大学生，他们在S市宿城区现代城等小区做过少年儿童托管的项目，主要针对的是工作繁忙、没有时间接送小孩的年轻父母群体。笔者对这些受服务对象进行访谈时，他们说，这些志愿服务并没有形成长效的可以依赖的服务机制。当志愿服务项目完成后，他们的困难并不能得到有效解决，其中有的小孩母亲不得不在家做全职，因为没能形成可依赖的志愿服务，哪怕是有偿服务。经过访谈可以得出一个初步结论：大学生志愿服务并没有达到持续性及社会可预期的常态化状态，要求志愿服务更持续和规范，真正把志愿服务作为一种有效和可持续的社会资源。

而从志愿服务的地点看，在常规化的志愿服务项目中，离高校较远的社区，则几乎没有群众反映曾经出现过当地大学生志愿服务者的身影，除非发生重大自然灾害，如抗洪抢险时，才会有志愿者的身影。而从所选志愿服务内容或项目看，有的项目“扎堆”，有的无人问津，存在着高度的同质化和不对称现象。“扶老太太的需求太大，以至于老太太都不够用”，很形象地类比了大学生志愿服务在地域和项目内容上的不均衡状态。

第三节　调查与访谈结果分析

志愿服务是一种社会实践，也是一种社会责任，它既能培养大学生的社会主义核心价值观，又能提高大学生的综合素质，还能促进社会和谐发展和文明进步。然而，这种积极意义是否充分发挥出来，则需要通过社会调查来了解和评估。根据上述调查和访谈，可以从“成绩”和“问题”两个方面进行分析。

一、大学生志愿服务成效分析

通过问卷调查和访谈的方式，可以看到大学生志愿服务在一定程度上取得了一些成绩，主要表现在以下几个方面：

首先，大学生志愿服务的参与率较高，达到80%。这说明作为组织者的高校或共青团等机构对此比较重视，同时也体现了大学生对志愿服务有一定的认识和兴趣，也有一定的社会责任感和奉献精神。大学生志愿服务已经成为高校教育的一个重要组成部分，也是大学生社会实践的一个重要途径。

其次，大学生志愿服务的内容较为多样化，涵盖了教育、环保、关爱、公益等多个领域。这说明高校及大学生对社会问题有一定的关注和敏感度，也实现了一定的专业知识和技能的社会实践场景，以及服务社会的应用场景。大学生志愿服务已经成为社会发展的一个重要支撑，也是大学生个人发展的一个重要途径。

再次，大学生志愿服务的效果较为显著，对自己、他人和社会都产生了正向影响，即构建了一定的正向心理契约，这说明大学生在志愿服务中不仅在一定程度帮助了他人，也在一定程度上提升了自己。大学生志愿服务已经成为促进社会和谐的一个重要因素，也成为大学生成长成才的一个重要途径。

最后，大学生志愿服务的满意度也达到了一定高度，达到了3.2分（满分5分）。这说明大学生对参与志愿服务的内容、过程、结果等都在一定程度上感到满意，也在一定程度上有继续参与的意愿。大学生志愿服务已经成为一部分大学生的一种良好的生活方式和社会责任，也成为他们自我教育的一个重要手段。

二、现实存在非常态化的双重明证

无论是通过问卷调查还是访谈，笔者均发现大学生志愿服务在取得一定成绩之余，尚存在一些不足，偏离了常态化的要求。通过问卷调查和访谈，对照志愿服务常态化的特征和要求，不难发现大学生志愿服务存在以下几个方面的非常态化问题：

第一，志愿服务参与情况没有达到理想状态。尽管如前所述，大多数大学生都认为志愿服务有意义，80%的参与率也是一个较高的数值，但这是在设置了相关必修课或选修课（如教育部规定社会实践为必修学分）的前提下得到的数据。尽管如此，也没有达到100%全覆盖。

第二，大学生志愿服务的动机不纯粹，有一定的功利性和应付性。根据前述调查数据，有35%的大学生参与志愿服务的主要动机是增加社会经验，提高个人能力，拓展人脉；有30%的大学生参与志愿服务的主要动机是应付学校要求，获得学分或证书；只有25%的大学生参与志愿服务的主要动机是为社会做贡献，帮助他人，实现自我价值。这说明大学生对志愿服务缺乏深刻的理解和认同，也缺乏持续的动力和热情。另外，一些大学生对志愿服务活动缺乏正确的态度，把志愿服务当作一种锻炼自己或者获取学分的手段，而不是一种奉献社会和实现自我价值的途径。他们中一部分人对志愿服务活动本身缺乏兴趣和积极性，加之受到时间、地点、内容等因素的限制，不愿意主动参与和投入。

第三，大学生志愿服务的内容缺乏创新，有一定的单一性和重复性。根据前述调查数据，有35%的大学生参与过教育类的志愿服务项目；有25%的大学生参与过环保类的志愿服务项目；只有15%的大学生参与过关爱类的志愿服务项目；只有5%参与过其他类别（如农、林、医、法等）的志愿服务项目。这说明大学生对社会多元需求和个性化需求的关注和敏感度不够，也没有充分利用志愿服务主体的专业知识和技能，这也意味着通过志愿服务设立专业知识应用场景的情况不普遍，大学生难以通过社会实践实现专业能力的提升。

第四，大学生志愿服务的时长不足，说明认知程度没有触及志愿服务中的志愿精神层面。根据前述调查数据，在已参与的大学生志愿服务主体中，每周参与志愿服务的平均时长 3.25 小时，其中有 35% 的大学生每周参与志愿服务的时长为 2.4 小时以下；有 10% 的大学生每周参与志愿服务的时长为 1.2 小时以下。这说明大学生参与志愿服务缺乏足够的时间和精力，也没有形成一种常态化的行为和习惯。

第五，大学生志愿服务的质量不高，有一定的效果但尚未形成稳定的社会预期。根据调查数据，大学生对参与志愿服务的效果测评为 3.25 分（满分 5 分），其中有 35% 的大学生对参与志愿服务的效果测评为 3 分以下；有 10% 的大学生对参与志愿服务的效果测评为 2 分左右。这说明大学生在志愿服务中遇到了一些困难和问题，比如条件艰苦、资源缺乏、管理不善等。从面向社会的访谈结果可知，对一些社会短板问题关注不够，如农村老人缺乏关爱，年轻夫妇为谋生疏于照看孩子却无社会力量予以帮助等，而这些都是需要志愿服务重点发挥作用的领域。

第六，大学生志愿服务的组织管理不善，激励和支持不足。访谈内容显示，大学生在参与志愿服务时，往往缺乏有效的引导和激励，比如没有明确的目标、计划、规范等；也缺乏充分的支持和保障，比如没有专业的培训、指导、评价等。这说明大学生在志愿服务中没有形成有效的目标管理、过程控制和结果评价机制，也没有形成充分的认可和奖励机制。

总之，大学生志愿服务虽然取得了一些成绩，但是还存在着不少问题和不足。从大学生志愿服务“常态化”的要求审视，大学生志愿服务总体还处于“非常态化”状态。为了使大学生志愿服务达到常态化目标，需要从多方面努力，包括加强动机引导、丰富内容创新、增加时长保证、提高质量控制、提高满意度激励等。只有这样，才能真正实现大学生志愿服务的教育意义和社会意义的高度统一，最终达到常态化目标的实现。

三、调查访谈结果的双重理论解读

如前所述，本研究以马克思主义人本理论为哲学基础和总的方法论，以心理契约理论为研究主体行为逻辑的具体方法，分析大学生志愿服务常态化问题，形成马克思主义为“体”、心理契约理论为“用”的“体用关系”分析框架。为此，针对调研访谈中出现的问题，试图以马克思主义人本理论与心理契约理论双重视角进行分析，而心理契约理论作为工具理性，从属于马克思主义人本理论。

（一）没有形成稳定的心理契约纽带

从调查问卷中对于“存在问题”的回应来看，说明社会对于大学生志愿服务的期望并没有达到一定的高度。而通过社区访谈，更是发现志愿服务没有形成长期的、制度化的治理，没有形成社会预期，从而也难以实质性通过志愿服务解决一些急迫的社会问题。

大学生志愿服务作为一种自愿、无偿、有益于社会的公益活动，它体现了大学生的社会责任感和奉献精神。然而，大学生志愿服务没有形成常态化的机制，即大学生志愿服务的开展、参与和评价没有固定的规范和标准。这导致社会对大学生志愿服务的预期不足，即社会认为大学生志愿服务活动可能仅仅是“活动”而已，没有深远的意义和价值，从而影响大学生志愿服务的动力、效果和影响力。因此，建立常态化的机制对于提高社会对大学生志愿服务的预期是非常必要的。这需要大学、社会组织和政府等各方面加强对大学生志愿服务的引导、监督和评估，制定更多的规则、指标，确保大学生志愿服务的质量、安全和效益，从而增强社会对大学生志愿服务的信任、尊重和支持。

大学生志愿服务常态化与志愿服务主体的自我预期以及社会对志愿服务的预期，是相互影响的。只有在常态化的志愿服务下，志愿服务主体才能形成自我成长自我实现的预期，社会才能形成对志愿服务多元需求的持久稳定的心理预期。反过来，长久稳定的社会心理预期和志愿服务主体个人的心理预期，对于大学生志愿服务常态化发展有着促进作用。这是因为，心理预期是心理契约的指向，在稳定的心理预期与常态化的志愿服务活动中，才能形成主客体双方稳定的心理契约，而这种心理契约又是维系大学生志愿服务常态化的纽带。

（二）偏离马克思主义人与社会互动发展的育人目标

在马克思主义看来，人类社会发展的终极目标是人的自由全面发展，而人的本质在于人的社会性，人是一切社会关系的总和。[①] 志愿服务常态化，意味着志愿服务在大学生个人成长与社会进步双向目标中，实现了良性互动。在马克思主义看来，克服必然性的束缚，由必然王国走向自由王国，才是人类奋斗的终极方向，志愿服务与之相适应才符合常态化的要求和特征。马克思主义认为，人是社会的产物，也是社会的创造者。人与社会之间存在着一种互动关系，即人通过社会实践改造自然和社会，同时也改造自己。人的本质是其社会性，人的发展是其社会性的发展。马克思主义人的自由全面

① 马克思主义，恩格斯．马克思主义恩格斯选集（第1卷）[M]．北京：人民出版社，1995：56.

发展，即在物质和精神上都达到更高水平的发展，这不仅要求人具有高度的主体性和创造性，也要求人具有高度的社会性和实践性。人的自由全面发展在社会实践中实现，即以实践为中介，在与自然、社会的互动中实现，而有文明以来，人与自然的互动（如资源开发、环境保护）也表现为社会性。因此，大学生志愿服务作为一种社会实践活动，本质上是一种人与社会互动的关系。

大学生志愿服务既是大学生对社会的回馈和贡献，也是大学生提升和完善自己的途径。在马克思主义看来，未来的发展方向是自由人联合体，是摆脱人对人的依赖、人对物的依赖，实现人的自由全面的发展。“一个人的发展是一切人发展的条件”，这就意味着人与社会要双向互动同步发展。从这个角度看，它与志愿服务精神高度一致。大学生志愿服务是以社会为目的的公益活动，意在推动社会的文明和进步，同时通过实践实现自我锻炼和成长。大学生志愿服务不仅能够培养大学生的社会责任感和奉献精神，也能够培养大学生的专业知识和技能、创新能力和团队合作能力、情感态度和价值观等。因此，大学生志愿服务既是一种育人方式，也是一种育人目标，同时也是一种社会目标。因而，大学生志愿服务应该符合马克思主义人与社会互动发展的育人理念。

然而，通过前述的调查发现，当前大学生志愿服务没有达到马克思主义人与社会互动发展的育人要求，即大学生志愿服务没有形成常态化、制度化、规范化、专业化、创新化、持续化等。现有的志愿服务模式，并没有很好地体现出促进大学生自由全面发展的方向，不能有效地培养大学生的主体性和创造性、社会性和实践性、多样性和个性等方面的素质，从而影响大学生志愿服务的育人效果和育人价值。例如，前述调查显示，不少大学生志愿服务活动只是为了完成任务或获取奖励，并没有将“真正的志愿者精神”融入服务对象和活动内容中，从而也就无法体验到服务过程中的快乐和挑战；不少高校在组织大学生志愿服务活动时，偏好于重复一些既定的模式和流程，而不是根据不同的情境和需求进行创新和改进，形成路径依赖；大部分大学生志愿服务活动只是停留在表面层次，并没有深入到理论层面或价值层面，没有形成对志愿服务活动本身问题或问题背后的原因的深刻理解和反思；有些大学生志愿服务活动只是偶尔进行，并没有长期坚持，没有对志愿服务活动或服务对象持久关注和支持。因此，建立常态化的机制对于提高大学生志愿服务的育人功能是非常必要的。

第三章

大学生志愿服务非常态化内涵特征剖析

本章着眼于从哲学特别是马克思主义人本哲学高度，结合心理契约理论，剖析志愿服务非常态化的深刻社会根源。

第一节　非常态化内涵特征与“实然”之态

所谓“应然”与“实然”问题，又被称为“休谟问题”，其本质是事实与价值的关系问题。[①] 毫无疑问，现实的存在不等于应该的存在，现实的存在不等于价值的存在，而价值的存在应该引导“未来”可能性的事实。从这个角度看，人类总是以一种理想状态的假设，去引导活动的走向。在社会批判中，人们对现实情况的不满，其实也是与其心中理想蓝图对照的结果。大学生志愿服务作为已经发生、正在发生和将要发生的事实，同样存在着实然状态与应然状态对比的可能性。可以通过对比的方式，通过价值引领，使大学生志愿服务向更健康、更有利于实现教育目的和人才培养目标的方向发展。

马克思主义关于通过实践改造人类社会的目标，实际上就是关于自由人联合体的社会价值目标，是人的自由全面发展的终极目标。而所谓目标，只是可能性，还没有转化为现实性，因而它是一种“应然”状态。马克思主义理论为大学生志愿服务的目标提供了总方向。马克思主义是实践的哲学，也是批判的哲学，是在批判现实和实践中朝着人的自由全面发展的“应然”目标迈进。然而，面向理想“彼岸”的启航，须从现实的“此岸”出发。社

---

① 问道. 政治学的故事[M]. 北京：光明日报出版社，2012：97－99.

会存在决定社会意识，大学生作为一个群体，其群体心理契约的缔结是与一定的社会“客观实在性”分不开的。一定社会的现实条件会影响大学生志愿服务的动机乃至行为，志愿服务的内容也受制于一定的社会现实条件。然而马克思主义又是革命性和批判性的，在马克思主义实践理论的指导下，可以通过制度设计或机制创新，改变大学生的心理契约形态，使大学生“与未来有约”。从而形塑理想化的“应然”志愿服务体系，使大学生志愿服务向常态化方向发展。

一、非常态化问题的“实然”之态分析

通过问卷调查与访谈，发现大学生志愿服务存在着非常态化的现实困惑。分析现实中大学生志愿服务非常态化的“实然”之态，可以理性把握大学生志愿服务非常态化问题，并且通过改变条件，描绘其“应然”之态的蓝图。在辩证唯物主义看来，“实然”之态与“应然”之态是对立统一关系，两者在一定条件下可以互相转化。

志愿服务非常态化，有时指在“非常规”时期的志愿活动，如在重大活动、重大灾害中启动的志愿活动。在这种非常规时期，志愿服务的需求量和紧迫性增加，志愿服务组织和管理复杂化，因而容易引人注目。相对于志愿服务常态化而言，它是“非常态化”的。志愿服务常态化意指志愿服务的规范化、日常化、制度化、组织化等，以确保志愿服务的社会公益性目标不偏离，使志愿服务实现可持续运作和发展，并形成社会对志愿服务需求的稳定预期。

伴随着改革开放的深入推进和社会主义市场经济的飞速发展，志愿服务的物质、文化等基础日渐巩固，志愿服务的领域逐步拓展，志愿者队伍不断壮大，志愿服务的影响力和号召力与日俱增，呈现出蓬勃发展的态势。特别是经过 2008 年北京奥运会和汶川地震等重大事件的洗礼，大学生志愿者的热情与激情被进一步点燃，他们积极踊跃投身到各类志愿行动中。但大学生志愿服务不应该是重大事件发生时才有的独特现象，而应该体现在人们日常生活中，成为一种思想自觉和行动自觉，成为一种生活常态。

大学生志愿服务是指大学生自愿参与社会公益事业，为他人和社会提供无偿服务的活动。大学生志愿服务有利于培养大学生的社会责任感、人文关怀、团队合作和专业技能，是高校思想政治教育的重要载体和实践平台。大学生志愿服务在高校的影响力越来越强，接受和参与的大学生越来越多，也

日益成为大学生践行社会主义核心价值观的重要途径。但大学生志愿服务还存在诸多问题与不足，如组织过度行政化、内容过度形式化、目的功利化等等，影响了“志愿服务价值的彰显”，阻碍了大学生志愿服务常态化发展。

从现实来看，大学生志愿服务的非常态化是一种“实然”之态，这一方面是受市场经济的影响，功利主义思想抬头；另一方面在志愿服务管理体制中，政府与社会的关系仍然没有理顺，志愿服务组织还存在以“管理”为本的行政化倾向。

二、“实然”状态下的非常态化内涵特征

结合社会现实，从“实然”状态分析大学生志愿服务非常态化的特征，有助于探讨理想与现实的差距，探寻由大学生志愿服务非常态化的“实然”状态到大学生志愿服务常态化的“应然”状态的转化逻辑。

（一）动机的功利化，公益性不足

当前大学生志愿服务的动机存在一定的功利化倾向，即大学生参与志愿服务不是出于真正的奉献精神和公益目的，而是为了追求个人利益和目标。大学生志愿动机的功利化指的是大学生在志愿服务的过程中忽视服务对象的客观需求，片面追求精神表彰或物质利益等利己性需求，割裂了志愿服务的工具理性与价值理性，造成公益性不足。志愿服务看起来轰轰烈烈、热热闹闹，实际上是浮于表面、流于形式，无法满足服务对象的实际需求，无法有效解决民众实际困难和社会具体问题，甚至还会进一步加剧问题的复杂性。这种功利化志愿服务从根本上脱离了帮助人、服务人的初衷，导致社会对大学生志愿服务认可度和支持度不断降低。

引起大学生志愿服务动机功利化的原因是多方面的，既有高校教育管理方面的原因，也有社会环境方面的原因，还有大学生自身方面的原因。

高校教育管理方面：一些高校将志愿服务作为毕业要求或评优条件之一，使得大学生将志愿服务视为一种任务或负担，而不是一种选择或乐趣。另外，部分高校对志愿服务缺乏有效的指导、管理和评估，使得大学生在参与志愿服务时没有明确的目标、标准和反馈。这些都导致了大学生对志愿服务缺乏内在动机和认同感。

社会环境方面：社会上存在的拜金主义、功利主义、享乐主义等不良风气，影响了大学生对社会公益事业的认识和态度。另外，社会对志愿者缺乏足够的尊重和支持，甚至有时还存在歧视和误解，影响了大学生参与志愿服

务的信心和热情。这些都导致了大学生志愿服务缺乏外在动机和激励。

大学生自身方面：一些大学生受到个人主义、消费主义等思想观念的影响，过分追求个人利益和享受，忽视了社会责任和公民意识。另外，部分大学生受到知识分子传统优越感及现实的浮躁心理的影响，认为参与志愿服务是低人一等或者浪费时间。这些都导致了大学生对志愿服务缺乏正确的价值取向和判断能力。

（二）组织的行政化，自主性不强

自愿性是志愿服务的基本特征，但在志愿服务组织的运作中，行政命令和组织动员往往代替了志愿者的自觉自愿，成为推动志愿服务活动开展的关键动力。[①] 中国青年志愿者组织是在中国共青团的主导和推动下逐步发展壮大起来的，采取的运行机制是“自上而下发起，自上而下推广”的模式。这种行政推动模式虽有利于启动志愿服务，弘扬志愿精神，但也容易导致志愿服务行政化、运动化和形式化，从而使志愿者产生被动参与心理和反感抵触情绪，损害他们参与志愿服务的积极性和主动性。共青团是中国共产党的助手和后备军，是中国共产党领导下的先进青年的群众组织，具有鲜明的政治性、先进性、群众性，具备组织发动青年的独特优势。共青团的政治属性决定了中国青年志愿者组织的活动带有明显的行政色彩和政治意义。中国青年志愿者组织具有动员速度快、行政效率高、实效性强等优点，这些优点在志愿服务发展初期或者是应对突发事件、面临重大赛会等活动时得到了充分的展现。同时中国青年志愿者组织也具有行政色彩浓厚、社会化程度不足、自主性低等缺点，这些缺点所带来的消极影响在日常化的志愿服务中也逐步显现出来。

长期以来，作为中国青年志愿者组织重要构成的高校青年志愿者组织，是在高校团委的领导和指导下组织开展活动的，导致其缺少独立性、缺乏自主性。活动的经费主要依靠学校团委的立项资助或者是应急性拨款来解决；活动的内容主要是围绕地方政府工作需求或者是学校党政中心工作来展开；活动的时间主要集中在重要节日来临、重大赛会举办和应急事件发生等时间节点；动员的方式主要是依托团学组织来获取信息，通过“校—院—班级”三级团组织指派任务的方式来推进；动员的对象主要局限在低年级学生。志愿服务中充满了行政的因素，对教育性（实则是形式主义的教育，而非改变

---

① 张杰. 我国志愿服务组织的行政化倾向及校正路径[J]. 理论月刊，2014（9）：154－156.

人格和灵魂的教育）过度关注，对志愿服务的特征、内质、真正的意义与作用却没能掌握，这就导致志愿服务精神无法深入大学生志愿者心中，志愿服务也不能充分显现出志愿服务精神。① 大学生志愿服务有很强的任务性和临时性，大学生志愿服务变成了一项任务，是必须完成的事情，要不要参加志愿服务、参加什么内容的志愿服务，以及何时参加志愿服务都不是自身所能决定的，大学生的自主性和选择性常常被忽视，一定程度上脱离了志愿服务的“自愿”原则，不是“我来志愿参加”，而是“要我来参加”，呈现出“被动员”“被志愿”的特征。

不可否认，行政化的组织方式针对重大活动中的志愿服务，在发起时有相当大的动员力，在管理上也体现了相当的效率。据有关报道，志愿活动在乡村振兴、奥运、重大危机的应急救援等方面，效果卓著。② 但是，在常态化的志愿服务中，行政组织方式无法触及人的自我实现需要和公民责任意识等。所以在教育特别是思想政治教育层面，通过行政化组织的志愿服务并没有达到理想的育人效果。

（三）服务的短期化，持续性不够

大学生志愿服务常态化的表现，不在于志愿服务“热闹”的一面，而在于志愿服务“寂寞”的一面。但是在现实中，组织参加大型活动和在急难险重任务中发挥作用，是青年志愿者行动的最初生长点。③ 目前大学生志愿服务主要是满足于参与校内外大型活动，因为这类关注度高的活动往往能得到充分的经费保障和有力的政策支持。比如在“3·5”学雷锋日、“12·1”预防艾滋病日、“12·5”国际志愿者日等特定节点开展关爱特殊群体的节日性志愿服务。这些志愿服务帮助了他人、奉献了社会，有效弥补了政府和市场力量的不足，赢得了一定的社会反响。但是，这样的集中性、阶段性志愿服务具有短期化、形式化特点，容易导致志愿者产生功利心理和短视行为，引发“一窝蜂”来扎堆、“一阵风”搞突击等不良现象，志愿服务难以深入持久。据调查，“大学生志愿者都有一次以上的志愿活动经历，但是参与志

① 戴彩虹．新时期大学生志愿服务研究[M]．北京：中国大地出版社，2019：55.

② 中国志愿者联合会．中国志愿者联合会简介[EB/OL]．https://www.cvf.org.cn/cvf/contents/12082/21349.shtml，2021-03-02[2023-06-02].

③ 中国青少年研究中心．中国青年志愿者行动研究报告[J]．中国青年研究，2001（2）：44-50.

愿服务活动多是一时的、猎奇性的、体验式的”①，“参与度较高，但每学期平均参与时长较低、持续性参与不够或中途流失的问题普遍存在”②，不能真正满足服务对象的日常化需求。志愿服务不能有趋利之心，不可是应景之作，不该是跟风之举，需要真诚的、长期的、持续的服务才能取得较好的效果。据一项针对青年志愿者的调查发现，52.0%的人只有在单位组织时才参加志愿活动，18.2%的人只有在特殊事件或节日时参加，11.3%的人一年只参加1次志愿活动，9.4%的人每月或两月参加1次，6.7%的一周或两周1次。③

大学生志愿服务短期化的原因还在于：第一，大学生志愿服务的时间安排受到课程、考试、实习等因素的影响，往往只能利用寒暑假和节假日进行，难以形成常态化的服务机制。第二，大学生志愿服务的内容选择受到个人兴趣、专业特长、社会需求等因素的制约，往往只能从事一些简单、易行、热门的服务项目，难以涉及深层次的社会问题和挑战。第三，受前述功利化影响，大学生志愿服务的目标设定受到成绩、就业、奖励等因素的影响，往往只关注个人收益和短期效果，难以树立长远的社会责任感和使命感。第四，大学生志愿服务的持续性不够，还在于大学生参与志愿服务的动力不足，缺乏稳定的支持和物资保障，难以满足多样化和专业化的服务需求。第五，大学生志愿服务的评价体系不健全，缺乏科学的标准和方法，难以反映真实的服务质量和效果。大学生志愿服务的短期化和持续性不够，对大学生自身和社会发展都有不利影响。从教育视角看，大学生志愿服务短期化现实，对于大学生通过志愿服务的方式实现社会实践育人效果不利，它与志愿服务功利化互为原因，使志愿服务的教育手段失灵，易于使学生陷入功利化的导向。

（四）内容的同质化，创新性不足

大学生志愿服务的内容同质化，是指大学生参与志愿服务的项目和活动缺乏多样性和特色性，难以满足社会和个人的多元化需求。这种现象在大学

---

① 薛志谦. 闲暇生活视角下大学生志愿服务的常态化机制研究[J]. 盐城工学院学报，2017（1）：88.

② 张冰，朱小磊. 大学生持续性志愿服务行为影响因素[J]. 当代青年研究，2018（5）：62－68.

③ 张勤，武志芳. 中国志愿者发展问题研究的新视角[J]. 国家行政学院学报，2011（6）：54.

生志愿服务中较为普遍。在团中央的主导和推动下，大学生志愿服务经过长时间的发展和积淀，已经形成了一些耳熟能详、声名远播的品牌项目，如“中国青年志愿者扶贫接力计划”“中国大中学生志愿者暑期文化科技卫生‘三下乡’”“大学生志愿服务西部计划”等。这些项目给大学生志愿者搭建了服务他人、奉献社会、提升自我的平台，也为他们提供了洞察国情、社情、民情的机会。

随着时代的发展、社会的进步，我国已步入新时代的历史方位，社会主要矛盾发生了深刻的变化，已经转化为人民日益增长的美好生活需要和不平衡不充分的发展之间的矛盾。但是大学生志愿服务理念和行动的转变没有跟上时代的脚步，没有精准把握大众的发展需求，很大程度上还存在因循守旧、按部就班的思想，缺乏创新的动力，缺少创新的思维。高校组织的大学生志愿服务，因为服务平台规模的限制，未能全面而深入地参与到社会服务的各个层面，主要体现在以下几个方面：

第一，大学生志愿服务的项目种类相对单一①。大学生志愿服务的内容选择受到外部环境的制约，往往只能从事一些常规、传统、热门的服务项目，如支教助学、关爱老人、环境保护等，难以涉及一些新兴、前沿、专业的服务领域，如科技创新、文化传承、国际交流等。全国几百所高校所开展的数十万个志愿服务项目主要停留在助老助残、环境保护、支教助学、社区建设等传统领域，虽然项目名称可能形形色色、千差万别，但是项目内容往往千篇一律、大同小异，同质化倾向比较明显。以高校暑期志愿服务项目为例，各个高校暑期几乎无一例外地开展暑期大学生支教项目，有的高校一个暑假就能派上上百支支教志愿服务小分队，农村地区固然需要教育资源的充实与补充，但是部分农村贫困地区同一时期内就要接待来自全国不同地区的好几支志愿服务队，而且这些志愿服务队伍的活动形式、活动内容千篇一律，这种“爱心”不仅造成了资源的极大浪费，也给当地老百姓的生活造成了困扰。②

第二，大学生志愿服务的内容设计受到内部能力的限制，往往只能采用一些简单、模式化、重复的服务方式，如讲课、送物资、清理垃圾等，难以

---

① 徐原. 新时代构建高校志愿服务体系的路径探索[J]. 人民论坛·学术前沿，2022 (2)：110.

② 赵少华，王华琳. 新时期高校志愿服务发展的机遇、挑战与对策[J]. 中国青年研究，2017 (12)：38 -40.

运用一些复杂、创新、多元的服务手段，如调研、策划、培训等。

第三，大学生志愿服务的内容评价受到单一标准的影响，往往只关注一些量化、形式化、表面化的服务指标，如服务时长、服务人数、服务效果等，难以实现一些质性化、深度化、内涵化的服务价值，如服务意义、服务质量、服务影响等。

第四，大学生志愿服务的创新性不足。这是指大学生参与志愿服务的思维和行动缺乏创造性和突破性，难以适应社会和个人的发展变化，主要表现在以下几个方面：一是志愿服务的创新意识不强，缺乏主动探索和尝试新事物的动力与勇气，往往满足于跟随潮流和模仿经验，不敢提出自己的见解和建议。二是志愿服务的创新能力不高，缺乏运用科学方法和技术手段解决实际问题的知识和技能，往往依赖于惯例和经验，不会利用网络和数据等资源进行分析和决策。三是志愿服务的创新条件不足，缺乏必要的支持和保障机制，如政策引导、资金投入、平台建设等，往往面临着各种困难和阻碍，不易获得认可和奖励。

（五）队伍的松散化，稳定性不强

队伍的松散化主要是指高校大学生志愿者流动性较强，“许多活动都是通过招募临时志愿者才得以开展，部分大学生参加志愿活动纯属跟风，缺乏对志愿活动意义和内涵的正确认识”①，造成大学生志愿者队伍不够稳定，导致志愿者组织的可持续发展不足。大学生志愿者流动性过强突出表现在以下三个方面：一是动机不纯导致志愿服务信念不持久。“在现阶段，对于像中国这样的发展中国家而言，功利主义和实用主义伴随着现代化、全球化的进程在社会中蔓延”②，部分大学生受到其侵蚀和影响，无法感受到志愿服务帮助他人、服务社会所产生的巨大社会价值和自我实现价值，一旦达成个人目标往往就不再会参加志愿服务。二是能力不足导致志愿服务行动不持久。一方面耐挫能力比较弱。大学生兴趣爱好广泛，富有热情、充满激情，但是意志力不坚定，热情与激情容易消退。他们大多属于独生子女，自小在父母的精心呵护下一路成长，对家长的依赖性很强，一旦遇到家庭因为担心志愿服务会影响到学习而不赞成的情况往往就会中断志愿服务。另一方面是服务能

---

① 章琼. 建立大学生志愿服务常态化机制的思考[J]. 终身教育研究，2015，26（4）：92.

② 李玮，林伯海. 利己与利他关系视角下的大学生志愿精神培育[J]. 西南交通大学学报（社会科学版），2018，19（2）：53－58.

力不够强。由于专业化程度不够使得大学生志愿服务无法满足个性化和多样化的服务需求，比如“医疗护理、法律援助等与民生密切相关且需要一定专业技能的服务项目”[①]。这会造成有效供给不足，供需矛盾比较尖锐，由此导致的社会的不理解、不支持会挫伤大学生志愿服务的积极性，他们在心灰意冷的情况下常常会选择放弃志愿服务。三是人员流动频繁导致志愿服务组织不稳固。大学生志愿服务的参与主体大多为低年级学生，主要是大一年级和大二年级的学生，他们暂时不会面对毕业将“何去何从”的焦虑，能挤出的空余时间相对比较充分，有精力、有时间、有兴趣参加志愿服务，而到了大三和大四年级，由于学习任务重、就业压力大等客观因素影响，志愿服务的频次和活跃度会明显降低，并逐步退出志愿服务组织。志愿者自然流失、人员更替频繁、流动性过大，对志愿服务项目常态开展和志愿服务可持续发展都极为不利。[②]

（六）机制的零散化，系统性不强

在我国，工会、共青团、妇联、民政、红十字会、残联等政府部门和群团组织都在开展志愿服务活动，但由于缺乏统筹协调机制，常常会出现“九龙治水”的各自为政局面，导致活动交叉重叠、资源重复浪费，难以发挥资源整合的优势，无法实现资源价值的最大化。“在协同发展、制度保障、科学管理等方面仍然存在一些问题和不足，影响和制约着新时代大学生志愿服务事业的健康发展”[③]。在高校，学校管理者认为志愿服务属于共青团的工作职责范畴，是边缘性工作，没有将其纳入学校整体的人才培养体系，相关部门协同参与的机制没有运转起来。共青团由于受到各种因素的制约和影响，处于“单兵作战”的境况，对志愿服务的发展缺少顶层设计，缺乏科学合理的发展规划，对志愿服务组织存在重使用、轻建设的情况。从招募机制来看，对于志愿者的招募没有设定具体标准，不管志愿服务动机如何只要报名就可以注册，这给志愿者队伍的稳定性埋下了隐患。从动员宣传机制来看，主要方法是通过发文件自上而下地层层发动，没有充分发挥新媒体的作用。

---

① 徐原．新时代构建高校志愿服务体系的路径探索[J]．人民论坛·学术前沿，2022（2）：110.

② 赵少华，王华琳．新时期高校志愿服务发展的机遇、挑战与对策[J]．中国青年研究，2017（12）：38－40.

③ 严惠敏，许益锋，陈鸿佳．改革开放以来大学生志愿服务的特点与新时代发展趋向[J]．思想理论教育，2018（4）：102－107.

从组织领导机制来看，基本上都是依靠各级团组织进行组织领导，社会化程度比较低。从教育培训机制来看，培训师资专业水平不高，培训缺乏吸引力和针对性；培训课程设计主要为了短期应急，没有长远系统的规划。从评价激励机制来看，评价的依据主要是志愿服务时长，对于志愿服务质量的关注度不够；评价主要是由组织来认定，缺少自我的评价、志愿服务伙伴的评价以及志愿服务对象的评价。由此可见，目前大学生志愿服务的管理机制还比较粗放，还没有建立起科学化、系统化、规范化的运行机制。还需要“从加强制度建设、强化过程管理、完善考核激励机制等多方面努力”，“调动各种资源共同为大学生志愿服务创造有利条件”。①

通过对志愿服务非常态化这一“实然”状态的分析，可以为志愿服务非常态化问题的解决创造条件。

第二节 非常态化的马克思主义人本理论审视

在探索大学生志愿服务的非常态化现象时，不仅要分析其表象，更要深入分析其理论基础。马克思主义人本理论为我们提供了一个独特的视角，有利于从人的本质出发，审视志愿服务的非常态化问题。

一、从非常态化的“实然”到马克思语境中的“应然”目标

事物发展的“实然”之态，用马克思主义哲学分析，则是由一定的社会条件所决定的，即社会存在决定社会意识。大学生志愿服务的“实然”之态，须从其所处的现实条件（如教育生态、政治生态、社会认知等）中寻找其“为什么是这样”的逻辑。以马克思主义社会发展理论分析，志愿服务的“应然”状态应该是与人的自由全面发展和社会文明进步相适应的状态。而真正要使大学生志愿服务向常态化的“应然”状态发展，则需要分析大学生志愿服务现实中非常态化问题的特征，以及这些特征形成的条件。为此，要以马克思主义人本价值目标为引领，并从人的心理预期规律出发，通过改变造成志愿服务非常态化的现实条件，向志愿服务常态化方向努力，将大学生志愿服务的“应然”状态变成未来的“实然”状态。

① 张红霞. 论大学生志愿服务参与社区治理的实现[J]. 社会科学家，2019（2）：152－155.

马克思主义人本理论认为，人是社会历史发展的主体和动力，人的自由全面发展是社会发展的最高目标。人本理论强调人的主体性、创造性、社会性和实践性，以及人与自然、人与社会、人与自己的和谐统一。基于人本理论，大学生志愿服务的“应然”状态的基本特征可概括如下。

（一） 主体自觉化，体现人的主体性和创造性

主体自觉化，体现人的主体性和创造性是大学生志愿服务常态化的基础，是志愿服务想要达到的“应然”状态的要求。它符合马克思主义人本理论的核心观点，即人是社会历史发展的主体和动力，人的自由全面发展是社会发展的最高目标。大学生作为新时代的青年一代，应该根据自己的专业特长、爱好兴趣、时间安排等条件，自由选择适合自己的志愿服务项目和方式，而不是被动应付或者被强制安排。同时，大学生还应该根据社会需求和个人成长，不断创新和完善志愿服务内容和形式，而不是停留在传统和单一的模式上。只有主体自觉化，体现人的主体性和创造性，才能保证志愿服务活动的内在动力和外在效果。

马克思主义认为，人是社会历史发展的主体，是社会历史发展的决定因素。人不仅是社会历史发展的产物，也是社会历史发展的创造者。人通过自己的劳动、思想、文化等活动，不断改造自然、改造社会、改造自己，推动社会历史向前发展。马克思认为，人类就是这样一种存在物：他必须证明自己是存在物，他只有通过实践才能证明自己是存在物。人作为社会历史发展的主体，具有自我选择、自我决定、自我实现的能力和意愿。这就要求人要有主体意识，即对自己作为社会历史发展的主体地位和作用的认识与把握；要有主体责任感，即对自己作为社会历史发展的主体所承担的责任和义务的认识与担当；要有主体行动力，即对自己作为社会历史发展的主体，履行主体责任所采取的行动和措施的认识与执行能力。

（二） 组织社会化，体现人的社会性和实践性

组织社会化，体现人的社会性和实践性是志愿服务常态化的条件。它符合马克思主义人本理论的重要内容，即人作为社会历史发展的动力，具有与他人合作、与社会互动、与实践相结合的能力和意愿。高校作为大学生志愿服务的直接管理者，加强与社会各方面的联系与沟通，切实承担起协调关系、推动发展的角色，尤为必要。可以采用社会化动员方式构建志愿者队伍，不断扩大志愿者主体范围，实现志愿者参与主体的多元化；还可以通过

社会化服务手段实施志愿服务项目，坚持问题导向和需求导向，聚焦社会重大问题、围绕群众迫切需求来开展活动；尝试通过社会化运作机制整合志愿服务资源，发动社会各界赞助支持志愿服务。只有组织社会化，体现人的社会性和实践性，才能保证志愿服务活动的覆盖面和影响力。

（三）时间经常化，体现人的发展性和完善性

时间经常化，体现人的发展性和完善性是志愿服务常态化的目标。这是因为，偶然为之的情况并不能反映一个“真实的自己”，“人做一件好事并不难，难的是一辈子做好事”。时间的经常性对于人格的形塑，也体现了个体通过克服“外在必然性”的束缚，达到内心的“自由状态”。它符合马克思主义人本理论的基本要求，即人作为社会历史发展的目标，具有不断进步、不断完善、不断超越的能力和意愿。志愿服务作为一种无偿奉献的行为，它不以物质利益或者其他回报为目的，而是以满足社会需求或者个人兴趣为动机。大学生作为志愿者，应该树立正确的世界观、人生观、价值观，自觉践行社会主义核心价值观，积极投身于国家和社会的建设之中。志愿服务不是一时兴起或者应景表演，而是一种长期坚持或者周期性开展的活动。因此，大学生应该从内心认同和接受志愿服务，主动参与到志愿服务活动中去，而不是被动应付或者随意变更。只有时间经常化，体现人的发展性和完善性，才能保证志愿服务活动的连贯性和有效性。

（四）内容的丰富化，体现人的多样性和个性

内容的丰富化，体现人的多样性和个性是志愿服务常态化的特征。它符合马克思主义人本理论的精神实质，即人作为社会历史发展的多样化和个性化的表现，具有追求美好生活、满足个性需求、展示个人能力的意愿。在新时代背景下，志愿服务已经不再满足于简单的、单一的服务形式，而是要更加突出对受益者的精神满足和个性尊重。大学生志愿服务项目的策划设计和组织实施要与国家发展的重点、社会关注的热点、群众生活的难点以及大学生自身的特点紧密结合起来，积极发挥其专业优势，推进产、学、研、用结合，建设一批大学生热衷参与、能体现大学生优势的志愿服务项目。同时，要主动借鉴发达国家的先进经验逐步致力于社会关系的改善和社会结构的调整。只有内容的丰富化，体现人的多样性和个性，才能保证志愿服务活动的吸引力和影响力。

大学生志愿服务是一种社会实践活动，它既是大学生履行社会责任和公民义务的表现，也是大学生实现自我价值和全面发展的途径。大学生应该根据国家发展的重点，关注国家战略和国际形势，如脱贫攻坚、乡村振兴、一带一路、新时代文明实践等，积极参与到国家建设和社会进步中去，为实现中华民族伟大复兴的中国梦贡献力量；根据社会关注的热点，关注社会问题和群众需求，如教育支持、医疗援助、环境保护、文化传播、体育健康等，积极参与到社会服务和社会改善中去，为构建和谐社会贡献力量；大学生应该根据群众生活的难点，关注弱势群体和特殊群体，如老年人、残疾人、留守儿童、困难家庭等，积极参与到社会救助和社会关爱中去，为促进社会公平正义贡献力量；还应该根据自身的特点，从自己的专业优势和个人兴趣出发关注社会问题，如科技支农、法律援助、心理咨询、文化创意等，积极参与到个人发展和社会创新中去，为展示自己的个性特色贡献力量。

同时，大学生志愿服务要体现人的多样性和个性，要求大学生主动借鉴发达国家的先进经验逐步致力于社会关系的改善和社会结构的调整。大学生应该借鉴发达国家在志愿服务方面的先进理念和成功做法，如志愿服务法治化、志愿服务市场化、志愿服务专业化等，提高志愿服务的规范性、同效性；大学生应该借鉴发达国家在志愿服务方面的创新模式和有效方法，如志愿服务网络化、志愿服务品牌化、志愿服务国际化等，提高志愿服务的覆盖性、影响性、参与性；大学生应该借鉴发达国家在志愿服务方面的社会效益和个人效益，如志愿服务促进社会和谐、志愿服务提升个人素质、志愿服务增加就业机会等，提高志愿服务的价值性、意义性、吸引性。

（五）队伍的专业化，体现人的完整性和协调性

队伍的专业化，体现人的完整性和协调性，这是志愿服务常态化的保证。队伍的专业化对人格完整性和协调性的意义至少体现在以下三个方面：一是有助于大学生志愿服务者价值体系的建立。专业化志愿服务有助于营造积极向上的组织文化，树立正确的志愿服务理念，从而建立成员共有的价值体系。二是个人能力提升。青年志愿者通过参与专业化的志愿服务，可以充分发挥自身的知识与潜能，同时锻炼团队协作的能力。三是社会融入与发展。人格特质、主观的自我规范、服务态度等个人因素，与志愿服务持续参与意愿显著正相关，专业化服务通过这些因素促进青年大学生的社会融入与发展。因而，通过志愿服务专业化促进大学生志愿者人格的完整性和协调性，符合马克思主义人本理论的基本原则，即人具有追求自身素质提高、与他人协作共赢、与社会和谐统一的能力和意愿。大学生作为志愿者，应该接

受系统的培训和指导，提高自己的志愿服务技能和素养，遵守志愿服务规范和纪律，尊重受益者的需求和意愿，做到有序、高效、规范地开展志愿服务活动。同时，大学生还应该坚持长期参与或者周期性开展志愿服务活动，形成稳定可靠的志愿者队伍，并与其他志愿者、志愿组织、志愿服务对象建立良好的合作和沟通关系，形成志愿服务的共同体。只有队伍的专业化，体现人的完整性和协调性，才能保证志愿服务活动的质量和效果。

总之，只有以马克思主义人本价值的要求分析志愿服务常态化的特征，才能克服非常态化的志愿服务“实然”问题，从而使志愿服务向常态化的“应然”方向迈进。

二、偏离目标的非常态化问题与马克思人本理论审视

如前所述，当前我国大学生志愿服务呈非常态化态势，大学生志愿服务非常态化偏离了马克思主义的人本目标，具体表现为动机的功利化，公益性不足；组织的行政化，自主性不强；服务的短期化，持续性不够；内容的同质化，创新性不足；队伍的松散化，稳定性不强；机制的零散化，系统性不强；等等。而从志愿服务的内涵来看，大学生志愿服务是指大学生利用课余时间，自愿参与社会公益事业，为社会提供无偿服务的一种社会实践活动。大学生志愿服务是一种自觉、有意义、有价值、有质量、持续性的社会实践活动，它既能促进大学生的个人发展，又能促进社会进步。大学生志愿服务常态化是指大学生志愿服务成为一种普遍存在、广泛参与、深入实施、管理规范并得到有效评价的社会现象，而非常态化则指大学生志愿服务偏离了其本质要求和价值目标，出现了诸多不正常、不合理、不健康现象。

（一）基于马克思主义人的本质理论的视角

马克思主义人本理论是一种从人的本质、人的自由、人的全面发展等方面对人进行全面理解的理论，它认为人是社会历史的产物和主体，人在社会中通过自己的实践活动来实现自己的价值，同时也推动社会变革和进步。马克思主义人本理论与其他形式的人本主义的区别在于，它不仅关注人作为个体的存在和发展，而且关注人作为社会性存在，与社会发展互为条件、互为目标。它不仅强调人的自由选择和表达，而且强调人的社会责任和奉献，它不仅追求人的个性化和多样化，而且追求人的全面发展和协调发展，而不同于马克思描述的异化劳动状态。马克思主义人本理论反对的是将人异化为工具，使人的劳动成为异化劳动，从而使人片面发展。

根据马克思主义人本理论，大学生志愿服务非常态化现象违背了人本目标和要求，表现在以下几个方面：

第一，大学生志愿服务非常态化违背了人作为社会主体的社会性和实践性。马克思主义认为，人是一种社会性的存在，人在社会中与他人建立平等和互助的关系，通过共同的实践活动来满足自己和他人的需要，同时也在改造自然和社会的基础上，改造自身。然而，大学生志愿服务非常态化现象使得大学生志愿服务变成了一种功利性、行政化、短期化、同质化、松散化、零散化的活动，削弱了大学生社会性和实践性的主体地位。这些活动不仅不能有效地解决社会问题，也不能有效地促进大学生与社会、组织、他人之间的交流和合作。联合国教科文组织曾提出教育的四个支柱：学会认知、学会做事、学会与他人相处、学会生存。由此观之，非常态化的志愿服务无论是在认知方面，还是在做事方面、与他人相处方面，乃至增强未来的生存技能方面，均不能达到理想的教育目标。

第二，大学生志愿服务非常态化违背了人作为自由主体的自由性和创造性。马克思主义认为，人是一种自由性的存在，人能够根据自己的理性意志和道德良知来选择和决定自己的行为方式与生活方式，通过自己的创造活动来展现自己的个性和风格。然而，大学生志愿服务非常态化现象使得大学生志愿服务变成了一种被动服从、被他律规范、被利益驱动、被形式束缚、被外在评价的活动，剥夺了大学生作为自由主体的自由性和创造性。这些活动不仅不能有效地表达大学生的意愿和选择，也不能有效地展示大学生的能力和个性特质。

第三，大学生志愿服务非常态化，违背了人作为具有主观能动性的主体发展的全面性、协调性目标。马克思主义认为，人发展的全面性是社会化大生产的客观要求，也是未来理想社会对人的要求，人能在追求自身完善的同时，也能够为社会的和谐和进步做出贡献。然而，大学生志愿服务非常态化现象使得大学生志愿服务变成了一种短视目标活动，这些活动不仅不能有效地促进大学生在道德、智力、情感等方面的成长和提升，也不能有效地促进社会的公益和福祉。

（二）基于马克思主义人与社会互动关系的视角

马克思主义认为，人的本质是社会历史的产物，是人与自然、人与社会、人与自我之间关系的总和。人的本质是多方面的、发展的、具有无限潜能的。但是，在现实社会中，由于各种原因，人的本质被异化，即人与自然、人与社会、人与自我之间的关系被破坏，人失去了自身价值和意义。这就导致一些大学生对志愿服务缺乏真正的理解和认同，把志愿服务看作是一种外在的强制或利益获取的工具，而非内在的需要或自我价值实现的途径。特别是我国当前处在社会转型期，社会价值观呈现多元化和多样化的特征，同时也存在价值混乱和冲突。受到功利主义、拜金主义、享乐主义等错误价值观的影响，部分大学生对志愿服务缺乏正确的认识和态度，把志愿服务当作一种手段或工具。这些价值观混乱不仅影响了大学生对志愿服务本质要求和目标的理解与把握，也影响了大学生对志愿服务内在动力和意义的形成与维持。

在马克思主义看来，人是一切社会关系的总和，人的本质是多方面的，人是随着社会发展而发展的①。但是，在现实社会中，人的本质异化，即意味着人的社会关系扭曲。由此观之，部分大学生对志愿服务缺乏真正的理解和认同，把志愿服务看作是一种外在的强制或利益，而不是一种内在的理想和目标，即意味着偏离了价值追求。

综上所述，大学生志愿服务非常态化是一个复杂而又严峻的问题，它反映了当前我国社会转型期所面临的一些矛盾和困境，也折射出当前我国大学生自身所面临的一些挑战和困惑，暴露了当前我国大学生志愿服务组织和管理方面的缺陷。因此，要解决这个问题，需要在马克思主义人本价值观的基础上，对照大学生志愿服务常态化的本质要求，分析和批判大学生志愿服务非常态化的“实然”之态，并采取有效措施推进志愿服务由“实然”之态向“应然”之态转变。

第三节 心理契约解释下的非常态化问题

在探讨大学生志愿服务非常态化问题时，心理契约理论提供了一个独特的视角，它涉及个体之间非正式的、相互期望的协议。这些契约在志愿服务的背景下，反映了参与者之间的期望和责任。然而，当志愿服务偏离其本质目标时，心理契约便会出现马克思主义人本理论视野下的“异化”状态，导致参与者的动机、行为和期望发生扭曲。为此，须深入分析缔结心理契约的

① 蔡慎. 哲学与人生[M]. 北京：北京理工大学出版社，2009：122－123.

主体关系，探讨志愿服务中的心理契约关系存在的问题，以及在工具主义、科层体制与项目体制背景下心理契约的异化现象。通过对项目体制下“抓手”意识的本质与缔约投机行为的审视，可以更好地理解非常态化问题的心理和社会根源，从而为促进志愿服务健康发展提供理论支持和实践指导。这一分析不仅有助于揭示非常态化的内在逻辑，也为寻找解决非常态化问题的策略提供了重要的思考路径。

一、缔结心理契约的主体关系分析

（一）学生与学校

大学生人格成长过程中，学生与学校的契约关系十分重要。在这种关系中，学生和学校之间存在着相互的责任与义务，以实现学生的全面成长和学校的发展为目标。首先，学校需要提供优质的教育资源和教学环境，以满足学生的学习需求，并为学生的人格成长提供保障。学生则需要认真学习、积极参与课堂和校园活动，以充分发挥自己的潜力，并为学校的发展做出贡献。其次，学校需要为学生提供良好的职业发展平台和指导，以帮助学生实现自我价值和人生目标。学生则需要积极参与实践活动，进行自我拓展和社会实践，以提升自己的职业素养和竞争力。最后，在学生和学校的契约关系中，双方需要建立相互信任和尊重的基础。学校应该重视学生的个性和特长，提供多元化的教育和培养方案，鼓励学生发挥自己的特长和创造力。学生则需要尊重学校的规章制度和教学安排，以保持良好的学风和校风。

如前所述，心理契约是指个体与组织之间的隐性或显性的相互期望和义务，它是一种基于信任和承诺的心理联系。大学生志愿服务是一种自愿、无偿、有益于社会的公益活动，它不仅是大学生实践社会责任和奉献精神的重要途径，也是大学生与学校建立和维持良好关系的重要机制。一般可以从两个方面理解心理契约关系，即交易型心理契约和关系型心理契约[①]，如果要细分，或是从不同的角度进行分类，则又可以从多个方面探讨大学生志愿服务中大学生志愿者与学校的多重心理契约关系，但其他心理契约类型一般可以理解为这两种心理契约的派生。

一是关系型心理契约。关系型心理契约是指基于情感依赖和归属感的心

① 郭慧馨，葛健．移动互联时代大数据对供应链整合营销的影响研究［M］．北京：中国财富出版社，2019：51．

理契约，它体现了个体与组织之间的情感联系和认同感。大学生志愿服务中，大学生志愿者与学校之间存在着关系心理契约，即双方都应该通过沟通、交流、协作等方式来增进彼此的了解、信任、尊重和支持，形成一种稳定和持久的情感纽带。例如，从学生来说，大学生志愿者应该把自己视为学校的一员，积极参与学校的各项活动，以学校主人翁的自我定位传播学校的文化和形象，反馈学校的问题并提出自己的建议；从学校来说，学校应把大学生志愿者视为学校的宝贵财富和自身发展的强有力支持，积极关注学生的成长和发展，倾听他们的声音和诉求，营造学生个人成长的有利氛围。关系型心理契约又可以派生出其他类型的契约关系（基于不同角度的分类），比如道德心理契约。道德心理契约是指基于道德价值观和伦理原则的心理契约，它体现了个体与组织之间的道德责任和义务，实为关系型心理契约的一种高境界。大学生志愿服务中，大学生志愿者与学校之间存在着道德心理契约，即学生和学校双方都应该遵守志愿服务的道德规范，尊重对方的尊严和权利，维护对方的声誉和利益，不做有损于对方或社会的事情。例如，大学生志愿者应该诚实、守信、敬业、负责，不随意违约或退缩；学校应该尊重、支持、保护、表彰大学生志愿者，不滥用或剥夺他们的权利或利益。在这种关系状态下，学生志愿者以学校为荣，坏了学校声誉，则会认为自己也脸上无光，学生的声誉不好，则直接也影响到学校。从而达到学生志愿者与学校的相互认同，这就是一种稳定的心理契约关系。

二是交换（易）型心理契约。交换型心理契约是指基于互惠互利和等价交换的心理契约，它体现了个体与组织之间的利益平衡和资源分配。大学生志愿服务中，大学生志愿者与学校之间无疑也存在着交换型心理契约关系，即双方都应该根据自己的付出和收获来调整自己的期望与行为，使之达到一个合理和公平的水平。例如，大学生志愿者应该根据自己的能力和时间来选择合适的志愿服务项目，自我把握，把志愿服务维持在一个“度”的范围内，如果在一时的过分热情支配下，即便能做出自我牺牲，这种“契约”关系仍然是不稳固的；反过来，学校应该根据大学生志愿者的贡献和需求来提供相应的支持和激励，不要过分苛求或吝啬。这种互动关系实则建立在一个潜在的“交易尺度”的前提上。在交易型心理契约下，学校与志愿服务主体均存在着自身发展的需要，因而又可以派生出发展心理契约。发展心理契约是基于成长进步和自我实现的心理契约，它体现了个体与组织之间的发展目标和成就感。大学生志愿服务中，大学生志愿者与学校之间存在着发展心理契约，即双方都应该通过提供和利用各种机会与资源来促进彼此的学习、创新、提升和完善，实现各自的潜能和价值。例如，大学生志愿者应该把志愿服务视为一种学习和锻炼的平台，不断拓展自己的知识、技能、视野和人脉，不断提高自己的素质、能力、责任和品格；学校应该把志愿服务视为一种教育和培养的途径，不断提供给大学生志愿者各种培训、指导、评价和认证，不断促进大学生志愿者的专业化、规范化、多元化和国际化，在搭建学生发展平台中推进学校自身发展。当然，发展心理契约也多少与关系型心理契约有关联，或者说是关系型心理契约的归宿，不宜机械地将关系型心理契约与发展心理契约两分法论之。

综上所述，大学生志愿服务中大学生志愿者与学校之间存在着两重心理契约关系，即交换型心理契约、关系型心理契约。两者相互交叉，同时又可以派生出道德心理契约与发展心理契约。关系型心理契约的维持离不开道德层面的“利他性”心理，甚至也可以同发展层面的“价值自我实现”等因素建立关系。而交易型心理契约同样离不开“自我实现”等发展的诉求。因而交换（易）型心理契约与关系型心理契约相互影响、相互制衡、相互促进，构成了大学生志愿服务的内在动力和外在保障。

（二）学生与社会

学生与社会之间的心理契约同样可以从交易型心理契约和关系型心理契约两种类型来分述之。

首先，学生与社会之间的交易型心理契约，是指学生与社会之间基于物质交换的心理契约关系，即学生愿意为社会做出自己的贡献，而社会则为学生提供相应的回报。学生参与志愿活动的初衷是为了回报社会、培养自己的社会责任感和奉献精神。在这个过程中，学生希望通过参与志愿者活动，得到社会认可、实践经验、个人成长等方面的回报。这些回报可以是具体的、有形的或者抽象的、无形的，但都是可以量化或评价的。这种类型又可理解为利益型心理契约。大学生志愿服务中，大学生志愿者与社会之间存在着利益心理诉求，即双方都根据自己的付出和收获来调整自己的期望和行为，使之达到一个合理和公正的水平。例如，大学生志愿者可根据自己的时间、精力、财力等资源来决定参与志愿服务的程度和频率，若超出了某个度，则很难保证可持续性；社会应该在正确舆论导向下，以及通过其代理（如政府组织或非政府组织等）根据大学生志愿者的贡献、需求、困难等情况来提供相应的支持、激励、保障等措施，而应该避免过分索取或进行道德绑架，提高不切实际的期望值。又如，学生可能期望通过志愿者活动获得证书、荣誉、推荐信等有形回报，或者获得知识、技能、人脉等无形回报。同时，学生也需要清楚自己所承担的义务和任务，并为此做好充分的准备。学生应该根据社会的需求和期望来选择合适的志愿服务项目，不应盲目跟风或随意变更项目内容。社会应该根据大学生志愿者的能力和条件来提出合理的志愿服务要求，不要过分苛刻并提出过分的要求，或是说，社会在诉求大学生志愿服务时，应将先进性与广泛性结合起来。

其次，学生与社会之间的关系型心理契约，是指学生与社会之间基于社会情感交换的心理契约关系，即学生与社会之间建立一种长期、稳定、互信、互助的合作伙伴关系。学生参与志愿者活动不仅是为了获得物质上的回报，更是为了实现自我价值和人格成长。在此关系构建过程中，一方面，学生需要理解和尊重活动中的各方利益，保持积极的态度和行为，以确保活动的顺利开展。同时，学生还需要充分考虑社会的需求和反馈意见，在志愿服务活动过程中不断反思和调整自己的行为和态度。另一方面，社会也需要相信和尊重大学生志愿者的能力和意愿，为大学生志愿服务提供相应的支持、激励、保障等措施，通过制度保障、公信力保障等，对大学生志愿服务中的付出给予积极的回应。在这种关系型心理契约框架下，会形成信任关系和合作关系，亦可理解为信任心理契约和合作心理契约。所谓信任心理契约是指基于信任感和信用度的心理契约，它体现了个体与组织之间的信任建立和信任维持。大学生志愿服务中，学生志愿者与社会（往往以政府为其代理）之间理应诉诸某种以信任为纽带的信任心理契约，即双方都应该通过言行一致、诚实守信、尊重承诺等方式来增进彼此的信任感和信用度，避免出现信任危机或已有的信任关系被破坏。例如，大学生志愿者应该按时按量按质完成志愿服务任务，不要迟到缺勤或敷衍；社会应该相信和尊重大学生志愿者的能力和意愿，为大学生志愿者搭建施展能力和实现自我价值的平台。所谓合作心理契约是指基于合作意识和合作能力的心理契约，它体现了个体与组织之间的合作目标和合作方式。不难理解，信任是合作的基础，信任和合作是关系维系的纽带。从这个意义来说，无论是信任心理契约，还是合作心理契约，都是关系型心理契约的重要形式。大学生志愿服务中，大学生志愿者与社会之间存在的这种合作心理契约，即意味着大学生和社会（通过其代理）双方通过沟通协调、互助互利、共同进退等方式来实现和优化志愿服务的合作目标与合作方式，避免出现合作障碍或合作冲突。

总之，学生与社会之间存在着交易型心理契约和关系型心理契约两种类型的心理契约关系，两种类型的心理契约关系相互影响、相互制衡、相互促进，构成了大学生志愿服务的内在动力和外在保障。交易型心理契约是大学生志愿服务的逻辑底色，关系型心理契约决定了大学生志愿服务的价值目标和精神体系。

（三）学校与社会

在大学生志愿活动中，要考察学校与社会两者的心理契约关系，有一定的抽象性，但是组织也可以看成是人格化的主体，因为它像个人一样，有着自己的目标。因此，我们也可以从交易型心理契约和关系型心理契约两方面来分析两者的心理契约关系，为大学生志愿服务常态化发展寻找社会大环境方面的逻辑因素。

首先，交易型心理契约在学校与社会之间，同样表现为基于物质交换的心理契约关系，即学校愿意为社会培养人才，而社会则为学校提供相应的支持，包括经费拨付和政策支持（通过政府）、更高的声誉（通过社会口碑等方式）等。学校是社会人才培养的重要场所，而社会则是学校教育目标的重要实现者和评价者。在这个过程中，学校希望通过培养学生的理论素养、实践能力、创新意识等，为社会的发展提供源源不断的人才。而社会则通过提供各种形式的实践教学资源、资金、技术、人才等方面的支持，帮助学校提高教学质量和科研水平，为学生提供更好的教育资源。这些支持可以是具体的、有形的或者抽象的、无形的，但都是可以量化或评价的。例如，社会可能通过提供志愿服务场所、设备、资金等有形支持，或者提供评价、认可、奖励等无形支持。从这个逻辑出发，又可以形成支持型心理契约，支持型心理契约是指基于支持需求和支持资源的心理契约，它体现了个体与组织之间的支持目标和支持方式。大学生志愿服务中，学校与社会之间存在着支持心理契约，即双方都应根据自己的需求和资源来提供与利用各种支持，保证志愿服务的顺利进行和有效实施。例如，学校应根据社会的需求与期望来制定和推广志愿服务的政策、规划、项目等，提供志愿服务的组织、培训、指导、评价等；社会应该根据学校的需求和条件来提供志愿服务的场所、设备、资金、人员等，提供志愿服务的合作、协调、反馈、认证等。

其次，关系型心理契约同样在学校与社会之间有明显的表现。因为学校和社会之间同样存在着情感互动与合作的关系。大学具有教学、科研和服务社会三大职能。除了“服务社会”这一职能外，教学（人才培养）和科研同时也是服务社会，这就意味着学校与社会之间应该建立一种长期、稳定、互信、互助的合作伙伴关系。学校参与志愿者活动不仅是为了获得物质上的支持，更是为了实现自我价值和社会责任。在这个过程中，一方面学校需要明确并履行自己在志愿服务中的责任，保证志愿服务的质量和效果。同时，学校还需要充分考虑社会的需求和反馈，谋划如何改变组织方式，为社会做出更大贡献，并在这个过程中不断反思和调整自己的教育目标和方法。另一方面，社会也要相信和尊重学校的能力和意愿，提供相应的合作、协调、反馈等措施，并关注和反映社会自身的问题，为学校搭建志愿服务实践育人的发展平台，使学校与社会在合作中相互提升，互动发展。学校与社会的互动关系在关系型心理契约下，又会派生出责任心理契约。责任心理契约是指基于责任感和责任度的心理契约，它体现了个体与组织之间的责任承担和责任履行。大学生志愿服务中，学校与社会之间存在着责任心理契约，即双方都应明确并履行自己在志愿服务中的责任，保证志愿服务的质量和效果。例如，学校应对志愿服务的目标、内容、方式、标准、效果等负有责任，还要对志愿服务的质量、安全、效益等负责，也和志愿服务的问题、困难、风险等脱不了干系；同时，社会应对志愿服务的需求、期望、要求等负责，对志愿服务的支持、激励、保障等也负有责任，以及还要负责对志愿服务进行评价、认可、奖励等。从关系型心理契约的逻辑出发，又可以形成信赖型心理契约，即个体与组织之间的信赖建立和信赖维持的心理契约。大学生志愿服务中，学校与社会之间存在着信赖心理契约，即双方都应通过言行一致、诚实守信、尊重承诺等方式来增进彼此的信赖感和信赖度，避免出现信赖危机或信赖破坏。由此，还可以形成尊敬心理契约，它是指基于尊敬感和尊敬度的心理契约，体现了个体与组织之间的尊敬表达和尊敬保护。

总之，学校与社会之间存在着交易型心理契约和关系型心理契约两种类型的心理契约关系。二者相互影响、相互制衡、相互促进，构成了大学生志愿服务的内在动力和外在保障。只有双方都能遵守并维护好这两种心理契约关系，才能实现大学生志愿服务的可持续发展，为社会进步做出更大贡献。

在大学生志愿服务主体中，还有一个重要的主体不能忽视，即政府。一方面，政府可以理解为各主体的协调者或仲裁者①；另一方面，政府作为社会的代理人角色，是其他组织无可替代的。因而，无论是学生与学校、学生

① （美）康芒斯．制度经济学[M]．北京：商务印书馆，1997：9－13．

与社会还是学校与社会之间的心理契约关系，都离不开政府角色的介入。

二、相关主体的心理契约关系存在的问题

如前所述，大学生志愿服务中，相关主体的心理契约关系，从激励方式上说，可以分为交易型心理契约和关系型心理契约；而根据行为的动力机制，又可分为内部驱动式心理契约与外在型心理契约。没有稳定的心理契约，大学生志愿服务不可能形成常态化运行机制。然而，当前的大学生自愿服务心理契约表现出典型的交易性与外在性特征，存在较大范围和程度的“非常态化”现象。

（一）短期交易型契约：志愿服务强功利弱公益

心理契约虽然是基于个体与组织之间的相互期望和义务而形成的一种隐性的、非正式的、主观的契约，但对个体和组织的行为和态度有重要影响。如前所述，心理契约从激励方式上可以分为交易型心理契约和关系型心理契约两种类型。一般来说，交易型心理契约基于个体和组织之间以物质利益为基础，以短期目标为导向，以明确的、有限的、可量化的义务为内容的契约。这就意味着交易型心理契约具有外在性，由外力推动是其典型特征。而与之对应的关系型心理契约，则偏重于精神和情感层面，是指个体和组织之间以社会情感为基础，以长期目标为导向，以模糊的、广泛的、不可量化的义务为内容的契约。

大学生志愿者和志愿服务组织之间一定程度上存在着短期交易型心理契约的倾向，即双方主要关注物质利益和短期目标的实现，而忽视了社会情感和长期目标的实现。

这种短期交易型心理契约倾向不利于培养大学生志愿者的奉献精神，不利于对组织和社会产生归属情怀，而会陷入功利化的怪圈。他们可能只关注自己能从志愿服务中得到什么，而不关心自己能为他人、社会和国家做些什么。他们可能在有外界监督时才参与志愿服务，而不是主动地、持续地、负责地投入其中。这是典型的“精致的利己主义者”特征。精致的利己主义者是指那些在表面上看起来有品位、有修养、有道德，但实际上内心只关心自己利益，不顾他人感受和社会需要，甚至不惜牺牲他人和社会利益来达到自己的目的的人。他们善于利用体制、规则、关系等手段来获取自己想要的东西，而不考虑社会责任和道德底线。这一概念最早由北京大学教授钱理群

提出。①

精致的利己主义者与普通的利己主义者的区别在于，前者更加隐蔽、更加危险。普通的利己主义者往往比较直接地表现出自私自利的态度和行为，而精致的利己主义者则会用各种手段来掩饰自己的真实动机和目的，甚至会伪装成利他主义者或正义人士，以此来获得他人的信任和支持，从而更好地实现自己的利益。精致的利己主义者在志愿服务活动中的表现可能有以下几种情况：

为了提高自己的形象或声望而参与一些看起来很有意义或很有影响力的志愿服务活动，但实际上并不真心关心服务对象或服务内容，只是为了展示自己或获取某种回报；为了达到某种目的，比如升学、就业、评奖等，而参与一些能够证明自己能力或素质的志愿服务活动，但实际上并不尊重或负责任地对待服务对象或服务内容，只是为了完成任务或达标；为了满足自己的某种需求或欲望，比如寻求刺激、满足好奇、发泄情绪等，而参与一些能够满足自己这些需求或欲望的志愿服务活动，但实际上并不关心或尊重服务对象或服务内容，只是为了自我享受或发泄。

这种功利化的志愿服务动机不仅影响了志愿服务的质量和效果，也损害了大学生志愿者自身的成长和发展。② 他们可能无法从志愿服务中获得真正的快乐和满足，也无法提高自己的意志品质和能力水平。他们可能失去了一次次锻炼自己、展现自己、实践自己的机会，也错过了一次次结交朋友、拓展视野、增进理解的机会。他们可能逐渐变得冷漠、自私、狭隘，也难以适应社会的多元化和竞争。因此，必须正视大学生志愿服务动机功利化的问题，找出其成因，采取有效措施，引导大学生树立正确的心理契约观，让志愿服务成为大学生提升自身素质、实现社会价值的重要途径。

（二）契约重外轻内：志愿服务主体性激励不足

既然心理契约是员工和组织之间相互的一种主观感知，反映了双方相互的责任期望，因而它是感性的，需要情感参与其中。而外在的物质激励，无疑作为交易型心理契约产生的诱因，其持续力有限，很难形成主体行为内部持续的驱动力量。关系型心理契约则不然。关系型心理契约在个体和组织之间维系的基础是包含价值与意义的工作性质，而不是工作的量化内容；它是

① 黎晓琳. 大学生“精致利己主义者”现象分析[J]. 改革与开放，2018（15）：90－92.

② 杨柳. 新时代大学生志愿服务研究[D]. 沈阳：辽宁大学，2020.

以长期目标为导向，以模糊的、广泛的、不可量化的义务为内容的契约，它是建立在认同感与归属感等复杂情感基础上的，因而它与内在的价值认同相联系，是一种行为的内在驱动力量和激励因素。

大学生志愿服务心理契约外在性不仅表现在其激励方式的物质化、短期化等，还表现在其组织方式的行政化，并在组织的行政化体制下，压抑着志愿服务自主性的发挥。如前所述，大学生志愿服务组织的行政化导致自主性不强。其可能的原因是大学生志愿者和志愿服务组织之间存在外在契约的倾向，即双方主要关注工作是否完成有关的量化指标，而忽视了工作价值与意义关联的工作性质的期许。大学生志愿者可能认为自己参与志愿服务是为了遵守组织或团队的规范、纪律，而不是为了享受自我选择、自主决策、自我控制等的内在激励。志愿服务组织可能也没有充分尊重大学生志愿者的自主性和选择性，只是通过行政命令或组织动员来推动志愿服务活动的开展，志愿服务只是表现为工具理性。从而导致双方缺乏真正的参与感、创新意识和发展机会，只是一种被动式的服从关系，而不是一种主动式的参与和归属关系。①

心理契约理论认为，外在契约和内在契约对员工的激励作用是不同的。外在契约更多地依赖于物质报酬和惩罚机制，而内在契约更多地依赖于工作本身的吸引力和意义。外在契约虽然可以保证员工完成基本的工作任务，但难以激发员工的主动性和创造性。内在契约则可以提高员工的工作满意度和参与度，增强员工的创造力和创新能力，促进员工的个人成长和职业发展。

对于大学生志愿者来说，他们参与志愿服务不仅是为了履行社会责任和公民义务，也是为了实现自我价值和个人成长。② 他们期望通过志愿服务获得有意义、有挑战、有成就感的工作体验，以及与组织和社会建立良好的关系。如果志愿服务组织不能满足他们这些内在契约上的期待，而只是强调外在契约上的要求，那么大学生志愿者就会感到失望、不满甚至产生背离情绪。这样不仅会影响他们对志愿服务活动的积极性和志愿活动的效果，也会影响他们对志愿服务组织和社会的认同感和归属感。

因此，在分析大学生志愿服务组织中存在的心理契约问题时，要注重从外在契约向内在契约转变，即从重视工作完成向重视工作性质转变。

---

① 党秀云. 论志愿服务的常态化与可持续发展[J]. 中国行政管理，2011（3），50－54.

② 李玮，林伯海. 利己与利他关系视角下的大学生志愿精神培育[J]. 西南交通大学学报（社会科学版），2018（2）：53－58，84.

（三）契约共同目标模糊：志愿服务组织与成员责任错位

如前所述，在大学生志愿服务组织中，一个常见的问题是服务的短期化，即大学生志愿者参与的服务项目往往是一次性的或临时性的，而没有形成持续性的或长期性的状态。这种短期化的服务可能会影响服务质量和效果，也会降低志愿者的积极性和满意度。造成这种现象的原因之一是大学生志愿者和志愿服务组织之间存在责任不明的倾向，即双方主要关注完成与一定技术知识和技巧相关的任务，而忽视了培训责任和关系责任。从企业管理的角度看，在雇佣关系中，员工与企业组织的交易责任涉及工作完成、报酬、福利等事项。培训责任关乎双方在专业技能、知识、能力培训和发展方面的共同目标。关系责任则包括建立和维护信任、合作、友谊等人际关系。这些都是雇佣双方的共同期望和承诺。志愿服务对于大学生来说，不仅是自我价值实现的途径、服务社会的手段，也是自我成长的过程。而现实中，大学生志愿者可能认为自己参与志愿服务是为了完成一次性或临时性的任务，而不是为了获得长期性或持续性的培训、发展机会。大学生志愿者可能没有明确将志愿服务与未来职业规划或发展目标相联系，也没有对自己在志愿服务中所能发挥的作用或所能获得的收益有清晰的认识。他们可能只是出于个人兴趣等原因参与志愿服务，而不是出于对志愿服务本身或所服务对象的真正热情和关心。志愿服务组织可能也没有充分尽到培训责任和关系责任，即帮助大学生志愿者提高专业技能、解决新问题、管理指导他人等能力，并建立稳定持久的信任、合作、友谊等关系。在大学生志愿服务活动组织过程中，多数并没有制定有效的招募、培训、管理、评估等制度和流程，也没有根据不同项目和不同志愿者的特点与需求进行个性化的指导和激励。多数只是跟着统一化、标准化的“课程”走，更有甚者只是将大学生志愿者视为一种廉价或免费的劳动力，而不是将他们视为一种宝贵或可塑的人力资源。这样就导致双方只是一种短暂式的“搭伙”完成任务的关系，而不是一种长久式的合作关系。在这种“搭伙”式的关系中双方对于共同目标的认同度很低，容易出现责任错位或推诿现象。

（四）契约内容不匹配：例行式合作关系使“主体”变“客体”

前文分析了大学生志愿服务非常态化的内涵特征，包括“项目的同质化，创新性不强”“队伍的松散化，稳定性不强”等。“项目的同质化，创新性不强”，是因为大学生志愿者和志愿服务组织之间存在内在契约的不匹配，即双方对于工作性质有关的允诺存在差异或不一致。大学生志愿者期望参与更多有意义、有目标、有趣、有挑战的志愿服务项目，以满足自己的内在动机和个性化需求。志愿服务组织可能没有充分了解和满足大学生志愿者的这些期望，而只是提供一些单一、重复、乏味、简单的志愿服务项目。这样就导致双方之间缺乏真正合作的灵魂，包括兴趣、激情、创造力和社会荣誉感等缺失，最终变为一种例行式而非创新式的合作关系。“队伍的松散化，稳定性不强”，这是因为大学生志愿者和志愿服务组织之间存在关系责任不足的问题，即双方没有提供足够的社会情感交换。大学生志愿服务的队伍松散，缺乏稳定性，对大学生自身发展和社会发展都有不利影响。具体表现为：缺乏对志愿服务的信念和持久性，容易受到外部因素的影响而中断或放弃志愿服务；志愿服务组织可能也没有建立有效的激励、保障、评价和反馈机制，以留住和发展优秀的志愿者。这就导致双方缺乏真正的互助、合作、友谊和归属感，只是一种松散的而非紧密式的合作关系。或者说，这背离了志愿服务的“志愿”和“公益”两大本质，志愿服务主体变成“客体”。

三、工具主义、科层体制与项目体制背景下心理契约异化

（一）工具主义哲学主导与心理契约背离超功利目的

1．工具主义哲学主导的社会对高等教育的影响

工具主义哲学观是历史发展到一定阶段的产物，它背后是科学主义，科学主义典型的特征是注重量化和实证、强调事实依据，在处理社会关系问题上重视契约精神，其往往与工业社会要求的效率相联系。[①] 然而，工具主义无法解决人的价值理性的诉求，甚至会导致“合法合规”状态下的“行为之恶”。例如，教育行政体系中的“一刀切”现象导致的课程标准化漠视人格成长的多样性等。

工具主义教育的本质是功利化，突出“有用”性，当这种功利观念变为目的性时，就会产生本末倒置的现象，对于“没有用”的活动，持漠视态度。[②] 例如，在学生社会实践教育环节中，某学校规定完成了多少次志愿者活动，就意味着完成了这一环节的学分，而超额完成的部分，被理解为是“无用”的，这样，就形成了很强的目的性。而这种“既定”的活动，也就

① （美）布鲁贝克．高等教育哲学[M]．杭州：浙江教育出版社，1987：33－36.

② 李玮，林伯海．利己与利他关系视角下的大学生志愿精神培育[J]．西南交通大学学报（社会科学版），2018（2）：53－58，84.

意味着只是充当了学生完成学分、学校完成教学任务的“工具”。其最终的结果是，志愿者活动应“需要”之需，体现出随机性、短期性、组织的临时性等倾向。这种导向，不妨从三个层面来分析：于社会来说，最终导致志愿者服务公益性不足，并极易强化活动的具体目标与“理想”目标“两张皮”的现象；从学校培养人才的目标来说，只是在培养学生的“工具型”人格，产生出“精致的利己主义者”，偏离了培养健全人格的价值目标；于个人成长来说，这种工具主义的导向，导致教育受众停留在“如何谋生”的低层次需要阶段，而无法企及马斯洛所阐述的高层次的个人需要——自我价值实现。

2. 工具主义哲学主导下的大学生志愿活动背离“利他”本质

如前所述，心理契约是指个体与组织之间的隐性或显性的相互期望和义务，它是一种基于信任和承诺的心理联系。大学生志愿活动是一种自愿、无偿、有益于社会的公益活动，它是大学生实践社会责任感和奉献精神的重要途径。从这个意义来说，志愿服务活动的本质是利他性。然而，在当前社会中，工具主义越来越盛行，它强调功利主义价值观，强调个人利益的最大化和成本效益的最优化，导致大学生志愿活动的心理契约内容发生异化，即与原本的目标和意义背离，出现了以下五种状况：

一是目标异化。目标异化是指大学生志愿活动的目标从服务社会变成了服务自己，从关注社会问题变成了关注个人问题，从追求社会价值变成了追求个人价值。① 如前所述，从大学生志愿主体、学校主体来看，志愿服务多停留在为了完成学分和完成教学环节内容的阶段，公益目标甚至变为其次了，这就是明显的目标异化。目标异化与社会支持和反馈又互为作用，形成恶性循环，导致以下问题：一是社会对大学生志愿活动的认可度不高，使得大学生志愿者缺少社会责任感和奉献精神；二是社会对大学生志愿活动的支持度不足，而使大学生志愿者缺乏志愿服务的机会和资源；三是社会对大学生志愿活动的反馈度不够，导致大学生志愿者缺乏志愿服务的激励因素；四是社会对大学生志愿活动的评价不公，导致大学生志愿者缺乏对志愿服务的认可和尊重。这种目标异化的后果有以下几点：一是降低了大学生志愿活动的有效性和实效性，导致志愿服务的对象、内容、方式、标准、效果等不符

① 佟林杰，孙博．志愿服务供给机制的异化现象及优化路径——基于元治理理论[J]．沈阳大学学报（社会科学版），2021，23（5）：553－554.

合社会的需求和期望；二是降低了大学生志愿活动的影响力和贡献度，导致志愿服务的质量、效益等不符合社会的标准和要求；三是降低了大学生志愿活动的持续性和发展性，导致志愿服务的规模、范围、层次、形式等不符合社会的变化和发展。

二是内容异化。内容是目标的载体，内容异化是指大学生志愿活动的内容偏离了社会公益目标。其典型的表现是在志愿服务内容的选择上，以个人目标或小组织目标为本，往往打着社会的旗号达到个人目的。例如，选择简单的项目，更有利于志愿者完成任务，也更有利于相关组织履行程序。这样，内容的选择往往从“应然”的适应社会条件的创设，变成了适应个人或小组织的条件。这种内容异化的原因在于：一是个人对自己的利益过于看重，导致大学生志愿者忽视或忘记了自己作为公民和社会成员的身份与角色；二是对社会的不信任，认为在功利主义大环境下，谁是“逆行者”谁就会“吃亏”；三是在行政体制层面，官僚主义、形式主义、面子工程等风气“感染”到社会，并对青年学生产生了不良影响。这种内容异化的后果在于，破坏了大学生志愿活动的真实性和可信性，导致志愿服务的对象、内容、方式、标准、效果等不符合社会的真正需要。同时，从教育意义来说，大打折扣，反而使学生产生了走过场、应付了事的心态。

三是方式异化。大学生志愿服务方式，包括组织方式、参与方式、运行方式等。方式是为目标服务的。方式的选择发生异化，意味着志愿服务方式选择的目的偏离了社会目标和育人目标。大学生志愿活动中出现的方式异化，体现在原本应遵循的志愿服务原则和规范被忽视。例如，通过必修课的方式组织大学生参与志愿服务，这就明显背离了志愿服务的本质，违背了主体自愿性原则。造成志愿服务方式异化的原因多样：首先，行政化的管理体制，是志愿服务方式异化的重要原因；其次，社会监督力度不足，使志愿者在服务过程中缺乏必要的指导；再次，对志愿活动的引导不够明确，志愿者因而难以确立清晰的服务方向；最后，协调和沟通的不足影响了志愿者之间的合作。由于这些原因，方式异化对志愿活动产生了一系列负面影响。例如，使大学生志愿者的诚信和信誉受损，这不仅影响了服务质量，也与他们的承诺和公众的期望背道而驰。此外，专业性和规范性的缺失降低了服务的有效性，使得活动的各个方面都未能达到既定的原则和标准。最终，协作和沟通的不足限制了志愿服务的整体效果，使得活动的目标和成果无法完全实现。

四是效果异化。随着大学生志愿服务活动参与人数的增加和活动形式的多样化，志愿服务的效果出现了一定程度的异化现象。所谓“效果的异化”，是指志愿服务的实际效果与预期目标之间出现偏差，原本旨在提升社会福祉和个人素质的活动，其成效被曲解或被赋予了其他非本质的功能。

首先，从社会层面来看，志愿服务的效果异化表现为服务活动的社会价值被弱化。志愿服务本应是无偿的社会贡献，但在某些情况下，它被视为一种社会资本的积累方式，其目的不再是单纯的公益，而是为了个人简历的充实或社会关系的构建。这种现象导致了志愿服务的本质被曲解，其社会效果被异化为个人利益的追求。其次，从个人层面来看，大学生参与志愿服务的动机多样，不乏以此作为实现个人目标的手段。这种以功利目的为出发点的参与方式，使得志愿服务的效果与宗旨产生了偏离，个人的发展和成长不再是通过服务过程中的体验和反思来实现，而是通过达成某些外在的指标来衡量。再次，从组织层面来看，部分组织在开展志愿服务时，过度强调形式和规模，忽视了服务质量和效果。这种现象在一定程度上削弱了志愿服务的实际效果，使得服务活动变成了一种形式主义的展示，而非真正意义上的社会贡献。此外，志愿服务的效果异化还体现在服务过程中的反思和学习机会的缺失。理论上，志愿服务应该是一个双赢的过程，不仅服务对象从中受益，志愿者自身也应通过服务活动获得成长和启发。然而，在实践中，由于缺乏有效的反馈和评估机制，志愿者往往无法从服务中获得深刻的体验和认识，导致服务的教育效果和个人成长效果大打折扣。

总之，大学生志愿服务的效果异化是一个多层面、多维度的社会现象。要解决这一问题，需要从社会、个人和组织三个层面入手，强化志愿服务的社会价值导向，明确个人参与的真实动机，提升组织的服务质量，以及建立有效的反馈和评估机制。只有这样，才能确保志愿服务活动能够真正达到其应有的社会和教育效果，实现其应有的社会价值。

五是意义异化。在当代高等教育走出象牙塔，以服务社会为使命的大背景下，大学生志愿服务活动被普遍推崇为塑造社会责任感、增强团队协作能力和提升个人综合素质的重要途径。然而，随着社会变迁和价值观的多元化，大学生志愿服务的意义正在经历一种深刻的异化过程。这种“意义异化”现象，指的是志愿服务在实践中逐渐偏离其原本的价值定位，转而成为实现其他目的的手段。

首先，大学生志愿服务的意义异化表现在其教育功能的弱化。在理想状态下，志愿服务应成为大学生实践社会主义核心价值观、培养公民身份和社会责任感的平台。但在现实操作中这一教育功能往往被边缘化，志愿服务变成了一种简单的劳动力输出，或是学生应付学校要求的一种形式。其次，意义异化还体现在志愿服务的社会功能转变。志愿服务原本旨在解决社会问题、满足社会需求，但在某些情况下它被赋予了展示政府形象、提升机构声誉等附加功能。这种转变使得志愿服务的社会意义被重新解读，其核心不再是服务需求方，而是服务于组织的利益。再次，意义异化也反映在志愿服务的个人发展功能上。志愿服务应是大学生自我价值实现、个性发展的舞台，然而，当志愿服务成为简历的点缀、就业的敲门砖时，其对个人成长的促进作用就被削弱了。这种情况下，志愿服务被工具化，成为达成其他目标的手段。最后，意义异化的现象还体现在志愿服务的精神内涵上。志愿服务本应传递奉献、友爱、互助、进步的精神价值，但在某些情况下，这些价值被功利主义所侵蚀，志愿服务的精神内涵被淡化，甚至被曲解。

大学生志愿服务的意义异化是一个复杂的社会现象，它涉及教育、社会、个人发展以及精神价值等多个层面。要应对这一现象，需要高校、社会和学生本人共同努力，重塑志愿服务的价值定位，确保其能够真正发挥出应有的教育和社会功能，促进个人全面发展，传承和弘扬志愿服务的精神内涵。只有这样，大学生志愿服务才能回归其本质，发挥出应有的积极作用。

综上所述，在工具主义和功利主义价值观引导下，大学生志愿活动的心理契约内容发生了五重异化，即目标异化、内容异化、方式异化、效果异化和意义异化。这五重异化不仅损害了大学生志愿活动的本质和目标，也给大学生志愿活动的参与者和受益者带来不良影响。因此，必须通过加强教育引导、完善制度规范、增加社会支持等措施来纠正这五重异化。

（二）科层体制整齐划一违背了志愿服务“我要干”的本质

1. 高校高度行政化的科层体制现象

高等教育行政化现象虽然广受诟病，教育去行政化的呼声也越来越高，然而，现实中教育行政化现象却愈演愈烈。表现在由教育主管部门发起的各种排名的指标设定、各种评比，高校内部行政权大于学术权也成为常态。所谓专家治校、教授治校无法落到实处。

科层体制则是教育行政化的主要表现。首先，从高校与教育主管部门之间的关系来说，当前我国高等教育体制像一架机器，全国高校围绕着教育部这个大轴心运转，而高校内部校、院、系（教研室）等，也是层层级级。

这种高度行政化的科层体制运作，具体到大学生志愿者活动中也有深刻表现。首先，大学生志愿者活动被纳入教育活动，2015 年，教育部关于印发《学生志愿服务管理暂行办法》（教思政〔2015〕1 号）文件下发，该文件第四章“认定记录”，要求对于志愿者的服务时间、服务内容、服务地点、服务次数等有详细记录，否则不予认定。围绕这个“指挥棒”，高校从校宣传部到教务处、学生工作处等（不同职能的相关科层、不同层级的科层），各司其职，从目标要求到活动策划再到组织实施等可谓有条不紊。虽然职责明确，政策落实的成效具体可见，但形式重于内容，有的还要求“有图有真相”，须拍照和递交文字材料，导致行政科层体制与工具主义的结合，最终是活动结果可能重于效果，偏离活动目标。

2. 志愿服务“我要干”的本质与行政体制下“要我干”的现实

志愿服务是一种基于自愿、无偿、利他的社会活动，它体现了人的道德情感和社会责任，也有利于个人的成长和发展。从这个角度看，“我要干”是志愿服务主体的心理契约本质。但在高校行政体制的层层管理下，变成了“要我干”的履约状态。志愿服务在高校中有着广泛的存在和重要的作用，它不仅可以培养大学生的社会公德和公民意识，还可以提高大学生的专业技能和综合素质，增强大学生的社会适应能力和创新能力，然而这都要在一定的主体自由状态下彰显出来。

高校志愿服务活动在实践中也存在着一些问题，其中之一就是高校高度行政化的科层管理体制对大学生志愿服务心理契约的负面影响。心理契约作为个人与组织之间基于相互期望和承诺而形成的隐性或显性的契约关系，它是大学生志愿者与组织（学校或社会）之间互动的重要基础。其中交易型心理契约是基于有限期限、具体内容和明确回报的契约关系，而关系型心理契约是基于无限期限、抽象内容和隐性回报的契约关系。志愿服务活动中，大学生与高校之间应该建立一种关系型心理契约，即大学生出于自愿、无偿、利他的动机参与志愿服务活动，高校则提供必要的支持、指导和认可，双方形成一种基于信任、尊重和共赢的合作关系。

然而，在高校高度行政化的科层管理体制下，这种关系型心理契约往往被破坏或替代。具体表现在以下几个方面：

高校过度强调志愿服务活动的数量和规模，而忽视了志愿服务活动的质量和效果。高校为了提升自身的社会形象和竞争力，往往将志愿服务活动作为一种政绩工程来推进，要求大学生参与各种各样的志愿服务项目，以达到一定的数量指标。这样做不仅使得志愿服务活动失去了自主性和灵活性，也使得大学生失去了参与志愿服务活动的内在动机和价值感，导致大学生对志愿服务活动产生抵触和厌倦情绪。

高校过度干预志愿服务活动的内容和形式，而忽视了志愿服务活动的多样性和创新性。高校为了保证志愿服务活动的统一性和规范性，往往将志愿服务活动纳入严格的管理体制中，要求大学生按照既定的计划、流程和标准来开展志愿服务活动，不允许或限制大学生对志愿服务活动进行自主选择、设计和改进。[①] 这样做不仅使得志愿服务活动失去了多样性和创新性，也使得大学生失去了参与志愿活动的主体性。

四、项目体制下的“抓手”意识本质与缔约投机行为

（一） 以项目为抓手的投机行为

大学生志愿活动往往以“项目”为抓手，进行项目式管理。这样做从管理角度来说：第一，容易抓住重点和痛点问题，回应社会关切。例如，疫情防控时期的大学生志愿者活动，众多大学生志愿者投身于此，急社会所急，缓解了公共危机应对中人手不够的压力。第二，便于管理，易于整理汇报材料。如前所述，科层体制下的管理模式层层递进、整齐划一，在“可见”层面上有利于提高管理的效率。要达到这种“可见”性，则需要依托具体的、有组织的活动项目。第三，项目选择上有热点效应，易于宣传，扩大影响，从而使项目带来项目。高等学校的职能之一是服务社会，而服务社会的标准和体现就是项目的获取和完成，包括横向项目和纵向项目。而“趋热”是项目能否获取的重要因素。

然而，在项目为王，服务社会也被“物化”的现实背景下，那些小小的善举可能会无足轻重，在重大或热点项目的光环下会黯然失色。因而，在整齐划一、应时应景的状态下，大学生志愿者活动呈短期化则无法避免，无法形成常态化的发展势头。并且易于形成表演型人格和知行不一的两面人格，偏离了“培养学生健全人格”这一根本的教育目标。

（二） 应时性“一锤子交易”与违约的投机行为

大学生作为社会的新鲜血液和未来的主力军，参与志愿服务活动是一种有益的社会实践，也是一种重要的社会责任。然而，大学生志愿服务活动在

---

① 张文智. 新时代大学生志愿服务问题研究[D]. 长春：东北师范大学，2019.

实践中由于志愿服务的应时性导致志愿活动变成“一锤子交易”，它违背了社会契约，造成违约的投机行为，而使志愿服务不能走向常态化。具体表现在以下四个方面：

大学生志愿服务的应时性导致志愿活动变成“一锤子交易”。所谓应时性，就是指大学生参与志愿服务活动是出于某种特定的动机或目的，而不是出于真正的自愿和利他意愿。如前所述，有些大学生为了完成学校规定的志愿服务学分，或者为了获得奖学金、荣誉、证书等奖励，或者为了提升自己的简历、形象、人脉等竞争力，而参与志愿服务活动。这样做使大学生将志愿服务活动视为一种交易型心理契约，即以自己的时间、精力、技能等作为代价，换取自己想要的回报。这样的交易型心理契约与志愿服务活动的本质和价值相悖，也与社会契约的精神相违背。

大学生志愿服务的应时性导致志愿活动违背了社会契约。所谓社会契约，就是指个人与社会之间基于相互利益和义务而形成的隐性或显性的契约关系，它是维持社会秩序和谐的重要基础。社会契约要求个人在享受社会提供的权力和利益的同时，也要履行社会赋予的责任和义务。志愿服务活动中，大学生与社会之间理应建立一种关系型心理契约，双方形成一种基于信任、尊重和共赢的合作关系。然而，在大学生志愿服务应时性的影响下，以及在功利主义大环境下，这种关系型心理契约难得一见。大学生不再出于真正的自愿和利他动机，而是出于功利和竞争的目的参与志愿服务活动。社会也不再出于信任和尊重，而是通过监督和评价手段来引领志愿服务活动。这样做使得大学生与社会之间的合作关系变成了一种冲突和对抗的关系，损害了社会契约的效力和意义。

大学生志愿服务的应时性可能导致志愿活动成为违约的投机行为。所谓违约的投机行为，就是指个人在参与志愿服务活动时，为了达到自己的目的或回避自己的责任，而故意或隐瞒地违反或不履行自己与他人或组织之间所订立的契约。例如，有些大学生为了完成学校规定的志愿服务学分，或者为了获得资源和奖励，而参与一些表面上看起来很有意义但实际上无效或有害的志愿服务项目，或者在参与志愿服务项目时敷衍了事、缺乏责任感、造假或欺骗等。这样做不仅损害了自己与他人或组织之间的信任和尊重，也损害了自己与社会的信誉和形象，更损害了志愿服务活动本身的价值和意义。

大学生志愿服务的应时性导致志愿活动不能走向常态化。如前所述，所谓常态化，就是指志愿服务活动能够成为大学生日常生活中不可或缺的一部分，能够持续地、有效地、创新地开展，并能够不断地适应社会变化和需求。常态化是志愿服务活动发展的目标和方向，也是体现志愿服务活动价值和意义的重要标准。然而，在大学生志愿服务应时性的影响下，志愿服务活动往往不能走向常态化。一方面，大学生参与志愿服务活动的动机和目的不稳定和不持久，导致大学生对志愿服务活动的参与度和持续度低下。另一方面，大学生参与志愿服务活动的内容和形式单调而创新不足，导致大学生对志愿服务活动的满意度和忠诚度低下。这样做使得志愿服务活动失去了自主性和灵活性，也失去了适应性和创造性，难以形成一种稳定和持久的发展模式。

综上，大学生志愿服务的应时性导致志愿活动变成“一锤子交易”，它可能造成违约的投机行为，而使志愿服务不能走向常态化。这种现象不仅不利于大学生自身的成长和发展，也损害了社会的秩序与和谐，更不利于彰显志愿服务活动本身的价值和意义。因此，大学生应该树立正确的志愿服务观念，从内心深处认同和尊重志愿服务活动的本质和价值，从自身实际出发选择和设计符合自己兴趣和能力的志愿服务项目，从长远角度看待和评价自己参与志愿服务活动的收获和贡献，从而使自己成为一名真正的、优秀的、常态化的志愿者。

总之，组织与大学生志愿者的心理契约关系是相互依存、相互影响的。组织应该关注大学生志愿者的需求和心理状况，为志愿者提供良好的服务平台和资源支持，建立良好的志愿服务文化和氛围，增强志愿者的信任和归属感，从而提高志愿服务的质量和效果。① 同时，大学生志愿者也应该积极参与志愿服务活动，为社会做出贡献，体现自己的社会责任感和公民意识。但是，在前述科层体制下，志愿服务常态化发展的前景不明朗；而在行政本位的大环境下，非官方组织要展开工作举步维艰，从而影响志愿服务效率。

---

① 戴彩虹．新时期大学生志愿服务研究[M]．北京：中国大地出版社，2019：248－263．

第四节　双重理论“体用关系”交叉视角的非常态化批判

马克思主义理论是批判的理论，其在构建社会发展的理想蓝图过程中，是基于对现实社会问题的批判。当前我国尚处于社会主义初级阶段，以马克思主义理论去批判现实，有方法论意义。对于志愿服务非常态化的现实情况，需要从马克思主义人本理论的“本体”出发，结合关系型心理契约理论，从而突破志愿服务非常态化的现实困局。

一、马克思主义人本理论的本体解释

马克思主义人本理论从人的本质和发展目标出发，揭示了人与社会互动发展的规律和方向，为大学生志愿服务提供了指导性的思想和价值取向。心理契约理论是一种微观的、管理的、实用的理论，它从人的心理和行为出发，揭示了人与社会互动关系的形成和维持的机制与条件，为大学生志愿服务提供了操作性的工具。可以说，马克思主义人本理论是“体”或者说是“本”，它从根本上分析了人和社会发展的必然趋势和大方向，以及在追求这个大方向上存在的问题；而心理契约理论是“用”，它对大学生志愿服务常态化发展具有借鉴意义和实用价值，可以从具体层面，特别是一般的“人性”逻辑层面对当前非常态化的现实问题提供解释力，对相应问题的解决也具有工具性的借鉴意义。因此，马克思主义人本理论与心理契约理论构成了一种“体用关系”，即以马克思主义人本理论为基础，以心理契约理论为工具，共同构建大学生志愿服务常态化的实现路径。

具体来说，马克思主义人本理论与心理契约理论的“体用关系”表现为以下几个方面：

第一，目标与手段的辩证统一。马克思主义人本价值目标是大学生志愿服务非常态化要改变的方向，心理契约是大学生志愿服务非常态化改变的具体措施。马克思主义人本理论不仅强调人的自由全面发展是社会进步的根本目标，而且还提出了通过个体与社会的互动发展来实现这一目标的具体路径。在大学生志愿服务非常态化的大背景下，这一理论为活动的最终目标提供了明确的指向——即通过志愿服务活动促进个体与社会的互动，进而实现人的全面发展和社会的整体进步。这一目标不仅符合人类社会发展的总体规

律，也诉求以常态化的志愿服务理想代替非常态化的现实情况，满足了大学生个体发展的内在需求和价值追求，体现了个体发展与社会进步的内在联系。

心理契约理论则从人的心理需求和行为规律出发，为志愿服务活动提供有效的组织和管理手段。它通过建立稳定、公平、互惠的心理契约关系，不仅激发志愿者、组织者、受益者之间的积极性和责任感，而且还促进了各方主体的互信与合作，从而保障志愿服务活动的顺利开展和持续发展。这种心理契约关系的建立，是基于对人类心理规律和行为规律的深刻理解，它强调了个体在志愿服务中的主体性和积极性，以及组织在活动中的协调和支持作用。由此，我们可以理解为，通过心理契约激发人的主体性和合作意愿，可以加快推动人类社会向自由人联合体发展的步伐。

第二，原则与方法的有机结合。马克思主义人本理论所倡导的以人为本的原则，强调在志愿服务中应当重视人的主体性和实践活动。这一原则不仅体现了马克思主义关于人与社会互动关系的内在逻辑，也能够审视非常态化的志愿服务对于马克思主义人本原则的背离，并在逻辑层面勾画符合育人目的和效果的志愿服务蓝图，即常态化的志愿服务。在志愿服务的设计和实施中，将人的发展放在首位，是符合马克思主义原则的。为确保每一项服务活动都能促进个体的成长和社会的进步，心理契约理论在此基础上提供了具体的操作方法。它通过分析和改善心理契约关系，解决志愿服务中的实际问题，从而有助于在马克思主义人本理论的价值目标指导下，提出具体的改进策略和建议。这种方法论不仅确保志愿服务活动在价值目标的大方向上不发生偏差，而且还增加了具体破解问题的方法，使志愿服务更加高效和有意义。此外，心理契约理论的应用还强调了志愿服务中各参与方的期望管理和角色认知。通过明确志愿者、组织者和受益者的期望和责任，可以建立一种互利共赢的合作关系，这不仅有助于提升志愿服务的质量和效果，而且还能够促进志愿者的个人成长和社会责任感的培养。

总之，马克思主义人本理论与心理契约理论在志愿服务中的有机结合，意味着通过原则和方法的具体结合，考察志愿服务非常态化的现实问题。其意义在于，不仅为志愿服务从非常态化向常态化发展提供了坚实的理论基础和明确的价值导向，而且还为其提供了实际操作的方法和策略，同时也为志愿者提供了实现个人价值和社会价值的理论解释。

第三，理论与实践的深度融合。在破解志愿服务非常态化问题上，马克思主义人本理论与心理契约理论分别从理论指导和实践操作的角度出发，在个体与社会的关系互动中，可以为志愿服务活动的持续性和稳定性问题提供更为深入和完善的解释。马克思主义人本理论强调个体发展与社会进步的统一，为志愿服务活动提供了理论基础，而心理契约理论则关注于实践中的心理预期管理和契约关系建立，为志愿服务的常态化提供了可行的操作方法和改进策略。这两种理论的结合有助于形成一个全面的框架，以解决志愿服务中的非常态化问题，促进其向常态化转变。

在志愿服务的实践中，这意味着每一项服务活动都应当致力于促进志愿者的个人成长，同时为社会带来积极的变革。马克思主义的基本原理和思想体系为志愿服务活动提供了坚实的哲学基础，确保活动的设计和实施都能够符合育人的深层意义。心理契约理论从实践角度为志愿服务活动提供了重要的参考和指导。通过分析国内外志愿服务的经验和教训，这一理论可帮助我们识别和理解志愿服务中可能出现的问题与挑战，从而为志愿服务的改进提供借鉴和启示。心理契约理论强调了志愿服务活动中各参与方之间的心理预期和承诺，认为建立和维护一种健康的心理契约关系对于活动的成功至关重要。这种关系的建立基于参与者对共同目标的认同，有助于确保志愿服务活动能够有效进行，并且能够在实践中不断完善和发展。

二、心理契约理论的工具性意义与局限性解读

心理契约理论毕竟是西方管理学的理论，它过分强调人的经济理性，在一定程度上漠视了员工和组织之间的利益冲突，将雇佣关系美化为平等的合作关系，掩盖了资本主义制度下的剥削和压迫。

心理契约理论过分强调了个人主观感知和期望对交换关系的影响，忽视了客观社会结构和制度对交换关系的制约。马克思主义认为，人们的意识和行为是由社会存在决定的，社会存在包括生产方式、生产关系、社会阶级、政治法律等客观因素。这些客观因素决定了人们在社会中所处的地位、充当的角色，也决定了与他人之间的交往方式。员工和组织之间的交换关系不仅受到双方主观感知和期望的影响，也受到客观社会结构和制度的影响。例如，在市场经济条件下，员工和组织之间的交换关系受到市场供求、竞争压力、法律规范等因素的制约，这些因素可能导致员工和组织之间的心理契约失衡。心理契约理论过分依赖于西方文化和价值观，忽视了不同文化和价值观对交换关系的影响。马克思主义认为，文化是人类社会发展的产物。文化

具有多样性和相对性，不同的文化有不同的价值观、信仰、道德、习俗等。员工和组织之间的交换关系也受到文化的影响，不同的文化有不同的交换模式、规范和期望。心理契约理论主要基于西方文化和价值观，强调个人主义、自由主义、实用主义等理念，可能与其他文化和价值观存在冲突。例如，在东方文化中，强调集体主义、谦逊主义、互助情怀等，员工和组织之间的交换关系可能更多地基于互惠、忠诚、尊重等原则。

然而，不管如何，心理契约理论的基本逻辑底色，还是基于人性的共同点，它需要在大的方向上，用马克思主义的本体论和方法论进行纠正与引导，因为马克思主义本身就是一个开放的、与时俱进的理论，它有很大的包容性。以马克思主义理论为本体，以西方管理学理论为应用工具，具有很强的解释力。

总之，在解释和破解志愿服务非常态化现实问题上，马克思主义人本理论与心理契约理论之间存在着一种“体用关系”，这种“体用关系”不仅有助于深化对大学生志愿服务非常态化问题的认识和分析，也有助于提高对大学生志愿服务常态化目标的追求，有利于志愿服务常态化目标的实现。

第四章

国内外个案与经验的理论解读

在全球化的背景下，大学生志愿服务活动的常态化发展已成为一个国际性议题。本章将通过对国内外不同案例的理论解读，探讨志愿服务活动如何在多元文化和制度环境中实现常态化。我们将从S学院的经验出发，分析其志愿服务活动的制度设计和实践效果，进而对比欧美国家的信用记录模式和时间银行模式，以及亚洲发达经济体的法儒交融模式，探索它们在心理契约强化机制方面的创新和成效，并用马克思主义人本视角进行审视。通过对这些个案的深入剖析，旨在为志愿服务活动的常态化提供可借鉴的经验和理论支持，同时也为志愿服务活动的国际化提供新的视角和思考路径。

第一节　基于S学院经验与教训的双重理论解释

S学院作为本研究的具体观测点，其志愿服务活动的经验与教训为我们提供了一个理论与实践相结合的观察视窗。本研究基于S学院的案例，运用作为本体论和方法论的马克思主义人本理论与作为分析工具的心理契约理论双重理论框架进行解读，旨在揭示其志愿服务活动在制度设计、典型案例展示以及育人效果方面的深层次逻辑。通过对S学院心理契约框架下的志愿服务活动进行细致考察，探讨如何通过制度创新和文化引导，优化志愿服务活动的设计和实施，以实现其教育和社会目标。本节不仅将为后续章节的国际比较提供理论基础，也将为志愿服务活动的常态化发展提供实证参考。

一、S 学院基本情况与制度解读

（一）S 学院志愿服务基本情况

S 学院是一所以工为主、文理工结合的应用型本科高校，学校高度重视学生的志愿服务活动，积极培养学生的社会责任感和奉献精神。S 学院的学生志愿活动涵盖了多个领域，如西部计划、苏北计划、义务支教、普法宣传等，展现了新时代大学生的风采和力量。

社会实践是 S 学院学生志愿活动的重要组成部分，每年暑假和寒假，学校都会组织各类社会实践团队，深入基层、走进社区、服务群众，开展丰富多彩的志愿服务活动。例如，2022 年暑假，S 学院共有 40 个社会实践团队，500 余名师生参与了社会实践活动。他们走访留守儿童、孤寡老人、贫困家庭等弱势群体，为他们送去关爱和温暖；他们参与文明城市建设、科普知识宣传、环境保护等公益项目，为社会发展贡献力量；他们探索乡村振兴、“非遗”传承、文化旅游等热点话题，为地方经济发展提供建议。通过社会实践活动，S 学院的学生不仅锻炼了自身能力，也展示了良好形象。

西部计划和苏北计划是 S 学院学生志愿活动的另一重要内容，每年都有一批优秀的毕业生报名参加这两项计划，到西部或苏北地区的基层单位任教或工作，为国家和地方的发展做出贡献。例如，2022 年共有 28 名毕业生参加了西部计划，他们分别到新疆、青海、甘肃等地的中小学任教，用自己的知识和爱心帮助当地的孩子们成长；同年也有 15 名毕业生参加了苏北计划，他们到苏北地区的乡镇或村级单位工作，用自己的智慧和汗水支持当地的建设。通过西部计划和苏北计划，S 学院的毕业生不仅实现了自身的价值，也体现了责任和担当。

红十字会和红马甲志愿服务队是 S 学院学生志愿活动的两个标志性组织，他们在平时和突发事件中都发挥了重要作用。例如，2022 年 11 月份，S 学院所在地遭遇了罕见的大雪天气，导致交通中断、供电中断等。在这种情况下，S 学院红十字会和红马甲志愿服务队组织了 100 多名志愿者，冒着严寒，为市民提供热水、热茶、毛毯等，为交警、环卫工人等一线工作人员送去温暖和鼓励；他们还参与了抢险救援、疏导交通、清扫积雪等工作，为保障市民的生命安全和城市的正常运行做出了贡献。S 学院红十字会和红马甲志愿服务队的志愿服务活动，受到社会各界的高度赞誉和广泛关注。

除了上述几个领域，S 学院的学生志愿活动还涉及文化传播、艺术展示、体育竞技等方面，丰富了校园文化生活，提升了学校形象。例如，S 学院团委每年都会举办“学雷锋志愿服务活动月”，在这个月里，各个院系、社团、班级都会开展各种形式的志愿服务活动，如文明读书、爱心捐赠、志愿讲解、文艺演出等，营造了一种浓厚的志愿服务氛围。S 学院的学生志愿活动，不仅让更多的人感受到了“人道、博爱、奉献”的红十字精神，也让更多的人认识到了“自强不息、厚德载物”的 S 学院精神。

总之，S 学院的学生志愿活动是一项有意义的工作，它不仅能够帮助他人，也能够提升大学生自我。S 学院的学生志愿活动，展现了新时代大学生的责任感和奉献精神，也体现了 S 学院的办学理念和社会价值。

（二）常态化目标下制度建设的双重理论解读

S 学院的学生志愿服务办法是一份规范和指导学生参与志愿服务活动的文件，它包含了 15 条具体的内容和原则。从马克思主义人本理论与心理契约理论的角度来看，这份文件有以下几个特点：

第一，体现了对人的尊重和关注，强调了志愿服务应该遵循自愿、公益、奉献、友爱、互助、进步的志愿精神，也明确了志愿服务应该符合社会主义核心价值观和社会主义荣辱观。这说明 S 学院对学生志愿服务有一个以人为本的价值取向，也为评价和培养优秀志愿者提供了一个价值标准。马克思主义人本理论认为，人是社会历史发展的主体和目的，人的自由全面发展是社会发展的最高价值。志愿服务作为一种社会实践活动，既能促进个人的成长和发展，也能为社会的进步和公益做出贡献。因此，志愿服务应该符合人的本质和价值，也应该体现人的责任和义务。但是，这份文件也存在一些不足之处，比如没有明确规定如何评价和奖励志愿者的表现与贡献，没有充分考虑不同志愿者之间的差异性，也没有建立有效的反馈和沟通机制等。例如，在第十四条中规定了学校应建立学生志愿服务记录档案，并记载学生志愿者的个人基本信息、志愿服务信息、培训信息、表彰奖励信息等内容，但没有具体说明如何根据这些信息对学生志愿者进行评价和奖励。在第十五条中规定了在大学阶段实行学生志愿者星级认证制度，并根据参加志愿服务时间累计认定其为一至五星志愿者，但没有考虑到不同类型和质量的志愿服务活动对个人和社会产生的影响可能不同。

第二，S 学院志愿服务制度在一定程度上反映了对大学生为主体的“人”的信任和支持，并为志愿者提供了多种多样的志愿服务内容和形式，也为不同类型和层次的志愿服务需求提供了可能。这说明 S 学院对学生志愿服务有一个灵活多变的组织方式，也为以不同方式开展的志愿服务活动有一个统一管理提供了前提。心理契约理论认为，心理契约是个体与组织之间基于相互期望和承诺而形成的隐性或显性协议。志愿服务作为一种心理契约关系，既需要明确双方的权利和义务，也需要尊重双方的自主意愿和创新空间。因此，志愿服务在一定的规范性框架下，也体现了一定的选择性和创造性空间。该文件虽然提供了志愿服务活动的基本框架，但仍有改进的空间。例如，对学生需求和意向的调查分析尚未充分，校内外资源和平台的利用需要进一步拓展，以丰富志愿服务的内容和形式。同时，不同志愿服务活动之间的协调和衔接也需加强。具体来说，第八条虽然规定了学生志愿服务的组织方式，但尚未详细阐述如何根据学生的兴趣、专长和能力进行服务内容和形式的匹配。第十一条要求签订服务协议书，以明确服务内容、时间及相关权利和义务，但对于如何确保协议中充分反映双方期望和承诺，以及协议执行过程中的沟通和调整机制，在文件中未提供具体指导意见。

第三，该学院制度文件中展现了对人的关怀和保护，强调了要做好风险防控、安全教育、管理保障等工作，也要求为志愿者在参与活动时购买相关保险、提供物质保障等。这说明 S 学院对学生志愿服务有一个完善的风险管理和应急处理机制，也为保证志愿服务活动的安全性和可持续性提供了制度支撑。马克思主义人本理论认为，人是自主而自由的，但也受到生物性和物理性的局限。志愿服务作为一种具有挑战性和不确定性的活动，既能激发个人的潜能和积极性，也可能带来一些风险和危机。志愿服务要体现志愿精神，实现人的更大发展，本来就存在一定的挑战性和不确定性，例如，为保护丹顶鹤而牺牲的烈士徐秀娟，即为志愿活动而发生意外的典型例子。因而，大学生志愿服务的安全性和保障性措施很有必要。但是，这份文件的不足之处在于，没有明确规定如何识别和评估志愿服务活动的风险等级，相关志愿服务活动的安全规范和预案内容不清晰，如何处理和解决志愿服务活动中可能发生的意外和纠纷等，也无明确规定。例如，在第十三条中规定了各级学生组织开展志愿服务，应切实做好风险防控，加强学生安全教育、管理和保护，必要时要为学生购买或者要求服务对象购买相关保险、提供物质保障等，但没有具体说明如何根据不同类型和场景的志愿服务活动选择合适的保险产品和物质支持。在第十四条中规定了学校应安排团委等部门员工担任志愿服务负责人，具体负责学生志愿服务的组织、记录、保障工作，但没有具体说明如何对这些员工进行培训和指导，以及如何在发生突发事件时进行应急响应。

综上所述，S 学院的学生志愿服务办法是一份具有人本主义关怀取向和心理契约意识的文件，它既体现了对人的尊重、信任、关怀，也体现了对人的支持、保护、规范。它既符合马克思主义人本理论的内在要求，也总体上符合心理契约理论的管理原则。它既有利于建立和维持一种稳定的心理契约关系，也有利于促进个人和社会的发展与进步。

然而，在制度经济学看来，制度不仅包括明面上的成文规则，还包括潜规则（如文化习俗等），而且即使是明面上的成文规则，也不能穷尽所有的细节，也无法避免在不同场合、不同境况下的失灵性。例如，制度明文规定大学生志愿服务的公益性、自愿性，但无法规定志愿服务主体的心里想法，也无法破解唯分数论、量化排名推优等大的系统性管理制度对于志愿服务制度的冲击导致的目标偏离。从这个角度看，志愿服务要常态化发展，最难点问题不是文字方面的制度构建，而是成文制度的真正执行，使制度的精神能够得到贯彻。从这个角度看，S 学院大学生志愿服务仍然存在着较大的可提升空间，主要表现在：

第一，建立更完善的志愿者评价和激励机制。根据学生志愿服务记录档案中的信息，对学生志愿者的服务质量、服务效果、服务态度等进行综合评价，给予相应的奖励或者批评。奖励方式可以包括表彰、荣誉证书、优先推荐、加分等。批评方式可以包括警告、扣分、取消资格等。同时，要充分考虑不同志愿者之间的差异性，根据他们的个性、兴趣、能力等因素，提供个性化的激励措施，激发他们的内在动机和自主性。

第二，建立志愿服务需求和供给的匹配机制。通过调查问卷、访谈、座谈等方式，了解学生对志愿服务活动的需求和意向，分析他们的特点和偏好，为他们提供合适的志愿服务内容与形式。同时，通过网络平台、社会组织、校友资源等渠道，拓展志愿服务内容和形式的种类与数量，为学生提供更多样化和丰富性的志愿服务选择。同时，要加强以不同方式开展的志愿服务活动之间的协调和衔接，避免重复或冲突，形成有效的互补和协同作用。

第三，建立志愿服务风险管理和应急处理机制。根据不同类型和场景的志愿服务活动，制定相应的风险评估标准和方法，对可能发生的风险进行预测和预防，制定相应的安全规范和预案，明确各方的责任和职责。同时，要加强对教职员工和学生志愿者的安全教育与培训，提高他们的安全意识和能力，教会他们如何在发生突发事件时进行应急响应和处理。应该根据不同类型和场景的志愿服务活动，选择合适的保险产品和物质支持，为学生志愿者提供必要的保障。

二、S 学院志愿服务活动的典型案例

（一） 正面案例：志愿服务关爱特殊儿童

活动背景：S 学院是一所地方应用型本科院校，位于一个地级城市，附近有一所特殊教育学校，专门为智力障碍、孤独症等特殊儿童提供教育和康复服务。这些儿童需要更多的关爱和陪伴，但由于家庭和社会的各种原因，他们往往缺乏足够的社会交往和生活技能。S 学院的一些热心学生在了解到这些儿童的情况后，决定发起一项志愿服务活动，为他们提供爱心陪伴和帮助。

活动目标：通过志愿者与特殊儿童的互动，增进相互之间的信任和友谊，提高其自信心和自尊心；培养特殊儿童的社会适应能力和生活技能，为他们创造一个温暖和快乐的成长环境。

活动内容：志愿者与特殊儿童进行一对一或一对多的陪伴活动，如课堂辅导、心理辅导、生活辅导、文体活动等。课堂辅导：志愿者根据特殊儿童的学习情况和需求，协助老师进行课堂教学，帮助他们完成作业、复习课程、解答问题等。心理辅导：志愿者通过倾听、交流、游戏等方式，与特殊儿童建立良好的沟通和信任关系，帮助他们释放压力、调节情绪、增强自我认知等。生活辅导：志愿者根据特殊儿童的生活习惯和能力，教授他们一些基本的生活技能，如穿衣、洗漱、打扫卫生、做饭等，并鼓励他们参与家庭和社区的日常事务。文体活动：志愿者组织开展一些适合特殊儿童参与的文体活动，如唱歌、跳舞、画画、做手工、运动游戏等，丰富他们的业余生活，培养他们的兴趣和爱好。

活动效果：经过半年多的持续开展，该志愿服务活动取得了显著的效果。表现在：特殊儿童的学习成绩有所提高，对学习有了更多的兴趣和积极性；特殊儿童的心理状态有所改善，建立了更多的自信心和自尊心，对周围人表现出更多的信任和友好态度；特殊儿童的生活能力有所增强，部分特殊儿童从生活不能够自理到生活基本自理；特殊儿童的文体活动有所丰富，能参与更多的集体和个人娱乐项目，展示自己的才艺和个性。之前有些儿童自暴自弃，后来变得更阳光，更积极向上。

从志愿服务的自我教育效果来说，志愿者的服务意识和能力有所提高，能更好地理解和尊重特殊儿童的差异和需求，能更有效地与他们沟通和协

作，能更积极地为他们提供帮助和支持。在志愿服务中，对弱势群体的困境状态感同身受，增强了同理心和同情心。

学校和社会对S学院的关注度和支持度有所增加，能更多地了解和关心特殊儿童的成长与发展，能更多地提供志愿服务活动的资源和条件，并做到能根据贡献和成果恰如其分地肯定和表彰志愿者。

总之，对该项活动的总体评价是积极和正面的，该志愿服务活动受到特殊教育学校、S学院、社会媒体等各方面的高度评价和赞扬，被认为是一项具有创新性、实效性、可持续性的志愿服务活动，是一种长效机制，激发了学生的公益精神，为特殊儿童带来了温暖和希望。

（二）负面案例：S学院“爱心捐赠”志愿服务活动

活动背景：S学院所在城市有一所希望小学，该小学缺乏教学设施、图书资料、文体用品等，学生的生活条件也很艰苦。S学院的一些热心学生在了解到这些情况后，决定发起一项志愿服务活动，为他们进行爱心捐赠。

活动目标：通过物质捐赠，改善希望小学学生的学习条件和生活质量；通过精神捐赠，如通过定期的信件、视频、电话等方式与学生建立持久的联系，提高他们的学习兴趣，为他们创造一个舒适和快乐的成长环境。

活动内容：志愿者对希望小学进行一次性或周期性的捐赠活动，包括物资捐赠，志愿者通过募集、购买、整理等方式，为学生提供教学设施、图书资料、文体用品等，并亲自送到他们手中；现金捐赠，志愿者通过筹款、捐款等方式，为学生提供现金支持，并亲自交到他们手中；心灵捐赠，志愿者通过信件、视频、电话等方式，与学生进行交流沟通，分享自己的经历和感受，并给予他们鼓励与关怀。

活动效果：经过一段时间的开展，该志愿服务活动并没有取得预期的效果。表现在：一是物资捐赠没有考虑到学生的实际需求和接受能力，导致部分物资无法使用或被浪费。二是现金捐赠没有建立有效的监督机制和反馈机制，导致部分资金被挪用或滥用。三是心灵捐赠没有建立长期的互动关系和心理契约，导致部分学生感到被冷落或利用。志愿者的服务意识和能力没有得到提高，只是为了完成任务，没有真正关心和帮助学生。学校和社会的关注度和支持度没有增加，反而引起了一些质疑和不满，认为这是一种虚假的公益或炫耀的行为，没有实际意义和价值。

活动评价：该志愿服务活动受到希望小学、S学院、社会舆论等各方面的较差评价，并出现了批评的声音。该志愿服务活动甚至被认为是一项缺乏创新性、实效性、可持续性的志愿服务活动，是一种走过场的现象，没有激发学生的公益精神，也没有为学生带来温暖和希望。

（三）正负参半：S 学院阳光志愿服务组织与团市委的关系

阳光志愿团队是 S 学院的一个学生社团，成立于 2018 年，由一群热爱公益、有创意的大学生组成。他们以“让世界更美好”为宗旨，开展了一系列志愿服务活动，如为贫困地区的孩子们捐赠书籍、为流浪动物提供食物和医疗、为环境保护发声并开展行动等。他们的活动受到了社会各界的关注和赞扬，也得到很多企业和机构的支持与合作。该团队也不断壮大，从最初的十几个人发展到近百人，成为校园里最有影响力的志愿者组织之一。

然而，就在“风光无限”的时候，团队却遇到了一个意想不到的问题。那就是团市委对他们的管理和干预。团市委认为，阳光志愿团队作为一个学生社团，必须按照学校和团市委的规定进行登记备案，并接受他们的指导和监督。团市委还要求阳光志愿团队定期向他们汇报活动计划、经费使用、活动效果等情况，并参加他们组织的各种会议和培训。团市委表示，这些都是出于对阳光志愿团队的关心和支持，也是为了保证他们的安全和合法性。

阳光志愿团队对团市委的要求感到很不理解和不满，认为团队作为一个自发自主、自由自愿的志愿者组织，不需要也不想受到任何外界的干涉和束缚。他们甚至觉得，团市委对他们的管理和干预是对他们的不信任和不尊重，是对团队成员创意和热情的打压和扼杀。在团队成员看来，团市委并不真正关心他们的公益事业，而是有着其他的目的和考虑，影响了他们开展志愿服务活动的效率和质量。

由于双方在理念和方式上存在着巨大分歧与冲突，导致阳光志愿团队与团市委之间的关系越来越紧张。阳光志愿团队有些成员因为受不了团市委的干涉而选择退出或者消极应付；有些成员因为与团市委发生争执而被批评或者处分；有些成员因为担心引起麻烦而不敢提出新的想法或者参与新的项目。阳光志愿团队原本充满活力和创造力的氛围，变得沉闷和压抑。他们的活动也从“我要干”变成了“要我干”或者“盯着我干”，失去了原有的乐趣和意义。该团队也从一个有影响力和有价值的公益组织，变成了一个被动和无力的学生社团。

阳光志愿团队的困境，引发社会上的关注和讨论。有人认为，团市委对阳光志愿团队的管理和干预是必要的，是为了保护他们的利益和安全，也是为了规范他们的行为和使他们在政府统一管理下行使社会责任。有人认为，团市委对阳光志愿团队的管理和干预不当，是对他们的自由和创新的侵犯，也是对民间社会公益组织的公益和贡献的否定，甚至认为“官方”对民间公益组织缺乏政治包容性。当然理性的看法是，阳光志愿团队与团市委之间应该建立一种合作和沟通的机制，相互理解和尊重，共同推动志愿服务事业向前发展。

三、S 学院心理契约框架下志愿服务活动育人效果分析

心理契约是个体就“自己对组织的贡献”以及组织对“个体贡献回报”的总体期待。心理契约反映了员工和组织对于相互责任期望的内在心理联系，虽然不是有形契约，不像商业合同一样经过公开谈判白纸黑字将条款写在纸上，却发挥着类似的契约作用。心理契约的主体是员工在企业中的心理状态，而衡量员工在企业中心理状态的三个基本概念是工作满意度、工作参与和组织承诺。这三个基本概念中，员工的工作满意度是企业心理契约管理的基础。[①] 心理契约管理旨在通过人力资源管理提升员工的工作满意度、对组织的强烈归属感以及对工作的投入度等。以企业为例，就心理契约缔结过程来说，如果从员工主体一方的心理契约来考察，包括 Expectation，即期望，员工对组织和自己所期望的结果和回报；Action，即行动，员工为了达到期望而采取的行动和行为；Result，即结果，员工行动和行为所带来的结果和反馈。如图 4-1 所示。

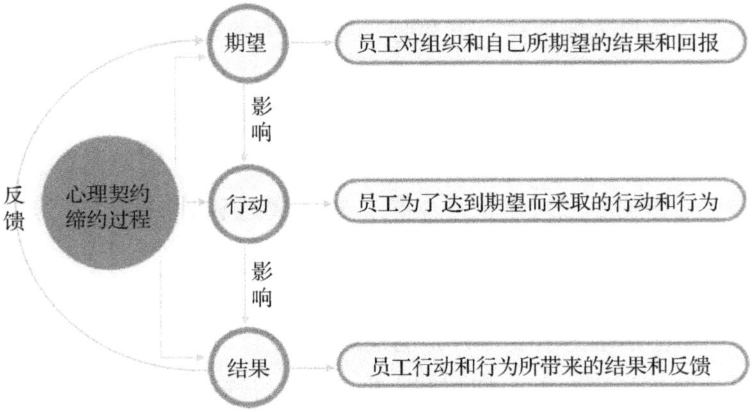

图 4-1　心理契约缔约过程流程图

① 陈岩．制造型企业转变到服务型企业过程中的心理契约重建——以海尔企业为例[J]．经营管理者，2014（28）：2．

在S学院大学生志愿服务中，存在着志愿服务主体与学校、政府等的心理契约关系。当志愿服务主体（类比为企业员工）的期望与结果一致时，志愿服务主体会感到满意并报之以忠诚，继续保持或增加自己的行为；当志愿服务主体的期望与结果不一致时，志愿服务主体会感到失望甚至产生背叛的情绪，从而减少或停止自己的行为。

根据上述心理契约分析框架，可以从学生参与志愿活动时的不同期望评价S学院学生志愿活动的育人效果。这些期望可能来源于学生自身的兴趣、价值观、目标等因素，也可能受到外部环境、社会舆论、学校政策等因素的影响。

首先是学生在志愿服务中的行动，即学生为了达到自己的期望而在志愿服务中采取的行动如选择合适的志愿项目、制定合理的志愿计划、积极参与志愿服务、与志愿对象和志愿团队建立良好的关系、反思和总结志愿经验等。这些行动可能受到学生自身能力、态度、责任感等因素的影响，也可能受到外部环境、社会需求、学校支持程度甚至政府态度等因素的影响。

其次是学生从志愿活动中获得的结果，即学生通过参与志愿活动所获得的结果和反馈包括提升自己的能力、增加社会经验、获得认可和荣誉、实现自我价值、帮助他人等。这些结果和反馈可能来源于学生自身的感受、评价、成就感等因素，也可能来源于外部环境、社会评价、学校奖励情况及政府态度等因素。

最后是学生对志愿活动的满意度，即学生对志愿活动的期望与结果之间的匹配程度，也就是学生是否觉得自己在志愿活动中得到了自己想要的回报，是否觉得自己在志愿活动中做出了自己应该做的贡献，是否觉得自己在志愿活动中收获了自己应该有的成长。这是衡量学生志愿活动育人效果的关键指标，也是影响学生对组织（学校）的归属感和对工作（学习）的投入度的重要因素。

通过对S学院学生志愿活动育人效果的分析，可以看出，心理契约是影响学生参与志愿活动的重要因素，也是衡量志愿活动育人效果的依据。当学生与组织（学校）之间的心理契约强度高时，学生会有更高的工作满意度、更强的组织归属感和更高的工作投入度，从而实现自我价值和社会价值；当学生与组织（学校）之间的心理契约强度低时，学生会有更低的工作满意度、更弱的组织归属感和更低的工作投入度，从而导致自我价值和社会价值的缺失。

为此，在志愿服务活动的规划与实施中，对学生志愿者的期望、行动、成果及满意度进行综合管理是至关重要的。首先，应明确传达志愿活动的目标与价值，确保志愿者能够根据个人的兴趣和能力选择适合的项目，并在此过程中获得必要的支持与指导。其次，可鼓励学生制订实际可行的志愿计划，并进行必要的监督以确保其有效执行，同时在服务过程中学校或组织可以与受助者及志愿团队建立稳定的互动关系。再次，学生应定期评估自身在志愿活动中的成就，并在必要时调整策略以解决遇到的挑战。最后，增强学生对志愿活动的满意度管理，让学生对比自己在志愿活动中的期望和结果，并给予学生反馈，使其认识到自己在志愿活动中所做出的贡献和所获得的回报是相匹配的。当出现负面反馈时，应该及时通过协调和组织手段等，对反馈的问题（如主体认知偏差问题等）进行矫正，只有这样，才能增强学生志愿服务心理契约的稳定性，从而使志愿服务实现常态化发展。

第二节　欧美志愿者活动常态化的心理契约强化机制

在志愿服务活动的常态化进程中，欧美国家的心理契约强化机制提供了独特的视角和实践模式。本节将深入探讨美国的信用记录模式和欧洲的时间银行模式，分析它们如何通过建立信任和互惠的心理契约，促进志愿者活动的持续和发展。这些模式通过对志愿者提供形式多样的激励，不仅增强了个人的参与动力，也加强了社会对志愿服务的支持。通过比较这些模式的优势和局限，可以探索如何在不同文化和社会背景下，有效地强化心理契约，以支持志愿服务活动的常态化。

一、美国经验：信用记录模式

（一）基本情况：广泛参与、社会认可度高体现常态化

美国是一个志愿者国度，志愿者无时不在、无处不在。在这种大背景下，美国大学生志愿服务体系发育良好，这既与其悠久的志愿活动历史有关，也与其公民社会组织成熟有高度的相关性。甚至有人将美国的历史概括为志愿者的历史，认为美国的建立与志愿精神有高度的关联，并干脆认为美

国是一个由志愿者建立的国家。① 美国的志愿服务活动具有以下几个特征：

第一，志愿服务参与率高，时间价值大。据统计，2019 年，美国有约 1.77 亿名成年人参与了志愿服务活动，总计约 83 亿小时，相当于价值约 1 950 亿美元的社会贡献。美国人平均每年做义工的时间大约为 100 个小时，这相当于美国 1.5 亿成年人，每三四天就会做 1 小时的义工服务。② 整体来看，美国大学生志愿服务的特点之一是广泛参与，志愿组织众多。公众主动参与公共生活和公共服务的志愿精神是美国的重要历史和文化传统。③

第二，志愿服务内容丰富，领域广泛。美国的志愿服务活动几乎涵盖了社会生活的方方面面：不仅包括对弱势群体的服务，如养老与助残等，也包括日常的社会治理，如社区治理、环境保护等；不仅包括重大项目和重大活动，也包括日常的社会工作；不仅有长期性项目，也有短期性项目；既有团体组织的服务，也有个人发起的行动。涉及教育、医疗、社区、环保、灾害救援、文化艺术等多个领域。美国人根据自己的专业特长、爱好兴趣、时间安排等条件，自由选择适合自己的志愿服务项目和方式。④

第三，志愿服务管理规范，制度完善。美国先后通过了《志愿服务法》《公共服务法》《联邦志愿者保护法》等多部法律及众多志愿服务计划，极大地促进了志愿服务事业的发展。⑤ 美国还建立了完善的志愿者招募、培训、注册、管理、激励、保障等方面的制度，明确了志愿者和组织者的权利与义务，规范了志愿服务活动的流程和标准，提高了志愿服务活动的透明度和可信度。高校设置社区服务类课程学分，规定学生在校期间必须参加一定时间的社区志愿服务。不少高校提供各种各样的志愿服务项目，还设立专门机构和专职工作人员负责管理及指导志愿服务活动开展，为社区服务提供学分，甚至把志愿服务活动作为大学生获取毕业资格的条件之一。

第四，志愿服务文化浓厚，氛围良好。美国社会非常看重人的奉献和服务精神，认为志愿服务是一种社会责任和公民义务，也是一种社会价值和个

---

① 潘静. 当代美国志愿精神的实践活动分析及其现实启示[J]. 学校党建与思想教育，2011(9)：91－94.

② 去美国上学后，我才知道了志愿者服务的意义[EB/OL]. [2023－06－25] https://zhuanlan.zhihu.com/p/93619563.

③ 康秀云. 美国培育积极公民的志愿服务路径研究[J]. 外国教育研究，2012 (7)：114－118.

④ 张燕玲，张晓红. 国外志愿服务发展趋势[J]. 北京城市学院学报，2012 (6)：25－36.

⑤ 李磊，席恒. 英美志愿服务立法的经验及启示[J]. 郑州大学学报（哲学社会科学版），2017 (2)：50－54.

人成长的体现。美国政府、企业、媒体和社会团体等都积极支持和推广志愿服务活动，定期举办各类表彰和宣传活动，鼓励和激励更多的人参与到志愿服务中去。美国志愿服务的文化浓厚性和良好的社会氛围，不仅与志愿服务悠久的历史有关，还与其民间性、自治性高度相关。美国志愿服务得到广泛认同，社会各界对志愿服务事业能够大力支持，积极响应。绝大多数美国家庭都有向志愿者捐款的记录和习惯，各类社会组织及教会组织也非常乐意为志愿者服务捐款，支持志愿者行动，各种各样的福利基金比比皆是。其中具有代表性的是由比尔·盖茨发起的盖茨基金会，其志愿服务和公益活动遍布全球。

（二） 核心制度因素：信用记录制度稳定了心理契约

志愿服务是一种基于自愿、无偿、利他的社会活动，它体现了人类的道德情感和社会责任，也有利于个人的成长和发展。志愿服务在美国高校中有着广泛的存在和重要的作用，它不仅可以培养大学生的社会公德和公民意识，还可以提高大学生的专业技能与综合素质，增强大学生的社会适应能力和创新能力。

然而，与中国高校中志愿服务活动的应时性、交易性和非常态化相比，美国高校中的志愿服务活动呈现出一种自主性、关系性和常态化的特点。这其中，美国的信用记录制度是一个重要的因素，它从三个方面影响了美国大学生志愿服务活动的常态化：

信用记录制度提高了大学生参与志愿服务活动的内在动机。信用记录制度是美国社会中一种普遍而重要的制度，它记录了个人在各种信贷活动中的表现，包括信用卡、贷款、租房、保险等，并根据这些信息计算出一个信用分数，反映了个人的信用价值。信用记录和分数对个人在美国社会中的生活与发展有着重大影响，它决定了个人能否获得更好的信贷条件、更多的福利、更高的声誉等。因此，美国大学生对自己的信用记录和分数非常重视，并努力通过各种方式来提高它们。而参与志愿服务活动正是一种有效的方式之一，因为志愿服务活动可以为个人带来正面的信用记录，恰如按时还款、无负债、无违约等所带来的信用。这样，美国大学生参与志愿服务活动就不仅是出于外在的目的或回报，而是出于内在的动机和价值感，即为了提高自己的信用价值和社会地位。

信用记录制度促进了大学生与社会之间建立关系型心理契约。如前所述，关系型心理契约更能表现大学生出于自愿、无偿、利他的动机参与志愿服务活动，从而使志愿服务更接近“志愿”的本质。

信用记录制度增强了大学生参与志愿服务活动的多样性和创新性。多样性和创新性是志愿服务活动发展的重要特征，它体现了志愿服务活动能够适应社会变化和需求，也能够满足个人兴趣与能力，进而能提高志愿服务品质和效果。而信用记录制度正是一种激励因素，它使得大学生的志愿服务活动不仅能够遵循社会或组织的要求和规范，也能够根据自己或他人的需要和期望，进行自主选择、设计和改进。信用记录制度使大学生参与志愿服务活动能够获得多样的机会和空间，从而增加自己在志愿服务活动中的主动性和创造性。同时，信用记录制度也使得社会对大学生的志愿服务活动不仅能够提供统一的计划和标准，也能够提供灵活的支持措施和分类指导标准，从而增加对大学生在志愿服务活动中的多样性和创新性的认可与鼓励。

综上所述，美国的信用记录制度是推动美国大学生志愿服务常态化的核心制度，它从提高大学生参与志愿服务活动的内在动机、促进大学生与社会之间建立关系型心理契约、增强大学生参与志愿服务活动的多样性和创新性三个方面推动了美国大学生志愿服务活动的常态化。这对于中国高校志愿服务活动的发展有着重要的启示，即中国高校应该借鉴美国的信用记录制度，建立一种符合中国国情的信用记录制度，将大学生参与志愿服务活动与个人信用记录和分数相挂钩，从而激发大学生参与志愿服务活动的积极性、责任感和创造力，促进中国高校志愿服务活动的常态化。

二、欧洲经验：时间银行模式

（一）基本情况：志愿服务常态化的典范

相对于其他地区的志愿服务，欧洲的志愿服务自成一体：一是欧洲志愿者工作开展的历史较长，项目化、社会化程度很高；二是欧洲志愿者工作资金来源充足且丰富，资金管理严格而合理；三是志愿服务项目丰富，国际交流与合作频繁；四是政府对志愿服务支持力度大等。欧洲各国的志愿服务也具有各自的特点。

1．英国大学生志愿服务常态化概况

英国的志愿行动可以追溯到早期的民间慈善活动与自助团体。[①] 1869 年工业革命后，伦敦发起“慈善组织协会”运动，不久后产生了“推动社区

① 沈杰．志愿行动：中国社会的探索与践行[M]．北京：人民出版社，2009：375.

改造运动”，开始把参加此次运动的人称之为志愿服务者，发展为日后的志愿服务。

英国志愿服务组织大力提倡16岁至24岁的青少年（主要为大学生群体）积极投入志愿者行列，为社区内有需要的孩童提供课业辅导、专业咨询、假期或课后陪伴等服务活动。[①] 除青少年群体外，“工薪阶层”也积极投入社区志愿服务，贡献个人经验与专业服务，协助社区解决困难问题。企业也主动参与志愿服务，提供资金和专业服务，强化企业与社区之间的良性互动。在大学生志愿服务过程中尤其关注弱势群体，提升对少数族裔或弱势群体的志愿服务意识，改进志愿服务的品质，给少数族裔或弱势群体提供相关资源。志愿服务组织为有志于从事志愿服务的公众提供了服务平台，有利于公众参与志愿服务活动，协助开展社会公共事务，形成良好的志愿服务文化，进而激发大学生志愿服务意识，弘扬志愿服务精神。

环保、自然灾难、战争等涉及全球性的事件，促进了国家与国家之间的交流合作，一些非营利性志愿组织在其中扮演了重要角色，尤其是“基金会”组织。英国慈善基金会正是积极推行与实践全球慈善事业的领导者之一，主要协助捐赠者（主要是大企业）以最佳赋税减免及最低行政成本来设计国内外的捐赠方案，协助提升与鼓励一些发展中国家的慈善与捐赠活动。英国慈善基金会本身的运作充分结合了多样化功能，包括全国性的社区基金会、联合劝募、慈善银行、金融服务、管理与募款咨询中心等。这些都为大学生志愿服务提供了外围的保障，大学生群体也积极参与这些非营利性组织的志愿活动。

社区是大学生志愿者参与志愿服务的重要平台，志愿服务者直接为社区需要帮助的人服务，比如无家可归者、年老体衰者、犯罪的青少年以及精神和生理不健全者等，他们工作的场所主要有学校、医院、监狱等。[②] 在这些服务活动中，大学生将自己的专业知识运用其中，这对大学生的个人提升具有很大价值。大学生通过志愿服务活动，协助开展公共事务，借此推动并弘扬志愿服务文化，提升自我组织、自我教育、自我激励的主动性和积极性。[③]

---

① 张勤. 志愿者培育与可持续发展研究[M]. 北京：中国社会科学出版社，2016：175－178.

② 何海翔. 国外社区义工模式对我国思想政治理论课社会实践的启示[J]. 职业技术教育，2010，31（5）：88－90.

③ 陈秋明. 大学生志愿服务理论与实践[M]. 北京：商务印书馆，2018：62.

为推动志愿服务的常态化发展，英国将每年的 10 月 25 日定为“志愿服务日”。[①]

2. 德国大学生志愿服务常态化概况

德国历史悠久，自中古时期的商业公会运动开始，志愿主义和互助主义就已经深入人心。商业公会在生活中和紧急情况下为会员提供帮助，这些功能后来被政府机构吸收。1954 年，西德推出了“为别人服务一年”的志愿者行动。1968 年的大规模抗议行动中，人民自发组织各种社团和协会为慈善公益走上街头，表达了通过社会力量来处理社会问题，而不是等待国家去干预的强烈诉求。联合国支持“志愿者年”时，西德利用机会鼓励人们参与社区服务，并提高参与者的比例。东德大水灾发生时，人们自发救灾，这也激起了社会大众参与志愿服务的兴趣。德国政府为了吸引更多大学生参加志愿服务活动，每年都开展多项宣传活动。同时，德国法律鼓励 16 岁至 27 岁的青年参与志愿服务，退休老人也可以担任志愿者，帮助其他不健康的老人，以应对日趋严重的人口老龄化形势。“行动先锋”是德国最早推动志愿服务的非营利性组织，服务范围涉及青年、运动、环保及消防等议题。此外它通过集结市民个人力量，协助需要帮助的个人与家庭等改善个人生活环境，达成社会正义，并帮助德国境内的外国居民适应当地的生活。[②] 为促进青少年参与志愿服务，德国法律鼓励“学生青年暂时离开校园，投身志愿服务行列”[③]。德国政府为了鼓励更多人参与志愿服务，还推出了一系列激励措施。例如，政府为参与志愿服务的人提供保险和交通补贴，还设立了多个奖项来表彰志愿者的贡献。此外，德国各大城市也设立了许多志愿服务中心，为有志愿服务意愿的人提供各种培训和支持。这些中心不仅可以帮助人们找到适合自己的志愿服务项目，还可以提供志愿服务证书，帮助人们在求职市场上脱颖而出。总之，德国的志愿服务文化已经深入人心，成为德国社会的一部分。

3. 法国大学生志愿服务常态化概况

志愿服务精神是现代法国社会思想观念的一部分。法国法律规定，年满 18 周岁的法国男性，符合条件者必须履行国民志愿役。[④] 法国一直在致力于

---

① 徐帅．中国特色志愿服务体制研究[D]．北京：北京交通大学，2017.

② 陆亚男．大学生公益活动研究[D]．哈尔滨：东北林业大学，2013.

③ 张湘涛．中外志愿服务比较研究[M]．长沙：湖南人民出版社，2015：153.

④ 田军．志愿服务理论与实践[M]．上海：立信会计出版社，2007：30.

推动志愿服务事业的发展，除了强调招募和培训志愿者的新方法外，还在其他方面进行了许多探索和尝试。

首先，法国政府鼓励对志愿组织与志愿者服务进行科学研究。政府拨款支持对与国家利益有关的志愿服务加以研究，以便更好地发挥志愿服务的作用。同时，社会大众以及工商企业也鼓励表扬、感谢志愿者与志愿组织的贡献。政府机关、社团或企业颁发奖状、证书及纪念品给杰出的志愿者，以此来激励更多人参与志愿服务。其次，法国政府设立了志愿者学院制度，在完成标准时数的志愿服务后，给志愿者颁发“学分证书”以资鼓励。针对不同领域的志愿服务颁发不同的证书，这样可以更好地激励志愿者参与不同领域的志愿服务，同时也可以为志愿者提供更多的学习和成长机会。除此之外，法国政府还在推动招募青年大学生志愿者参与海外的志愿服务。政府拨款支持青年大学生到欧洲联盟及其他地方从事志愿服务，并学习海外的优点，回国后可为自己的社区服务。这样不仅可以促进国际交流，还可以为青年大学生提供更多实践机会，帮助他们更好地成长。

另外，法国政府还利用电视、网络等渠道推动招募计划。这些新媒体可以更好地传递信息，扩大招募范围，吸引更多人参与志愿服务。同时，政府还加强对志愿者的培训工作，提高志愿者的专业素养和服务能力。

总之，法国政府在推动志愿服务事业的发展方面做了很多探索和尝试。通过科学研究、表彰、颁发证书、招募、培训等方式，不断激励和鼓励更多人参与志愿服务，推动志愿服务事业不断发展壮大。

4. 西班牙大学生志愿服务常态化概况

西班牙的青年政策核心是“提升作为积极公民的能力”，包括道德能力、表达能力、交际能力、认识能力。为青年提供获得公民能力的一系列学习机会和经历，包括非正式教育、志愿服务、集体生活（非政府青年组织和其他集体参与形式）、跨文化学习等。西班牙志愿服务在思想观念上认识到现代国家不应将满足公共利益视为国家专属职责，而是国家及社会两者之间应共同分担的责任。国家需要人民共同分担责任，而人民在解决攸关其自身问题时亦要扮演更加积极的角色。国家与社会是相互补充、相互促进的关系，志愿服务组织也是社会的重要组成部分。西班牙将大学生志愿服务与公民教育融在一起，通过志愿服务活动促进大学生的公民教育。

（二） 核心制度因素：时间银行使自己与未来有约

志愿服务在欧洲高校中有着广泛的存在和重要的作用，它不仅可以培养大学生的社会公德与公民意识，还可以提高大学生的专业技能和综合素质，增强大学生的社会适应能力和创新能力。

然而，与有些国家或地区志愿服务活动的应时性、交易性和非常态化相比，欧洲高校中志愿服务活动呈现出一种自主性、关系性和常态化的特点。这其中，欧洲的时间银行模式是一个重要的制度因素，它从三个方面驱动了欧洲大学生志愿服务活动的常态化：

时间银行模式提高了大学生参与志愿服务活动的内在动机。时间银行模式是一种以时间为货币单位，以互助互惠为原则，以信用为基础的社会交换制度。时间银行最早的倡导者是美国人埃德加·卡恩，他希望“人们互助互惠、分享价值”的模式能为社会变革带来积极作用。时间银行模式在欧洲得到广泛推广和应用，尤其是在养老、教育、医疗等领域。时间银行模式使得大学生参与志愿服务活动时，不仅是出于外在的目的或回报，而且是出于内在的动机和价值感，即为了提高自己和他人的幸福感与满足感。时间银行模式使得大学生参与志愿服务活动时，不仅能够获得正面的时间记录，比如按时完成任务、无违约等，还能够获得正面的时间回馈，比如未来需要时可以兑换他人的服务或支持。这样，时间银行模式就激发了大学生参与志愿服务活动的积极性、责任感和自豪感。

时间银行模式促进了大学生与社会之间建立关系型心理契约。心理契约作为个人与组织之间基于相互期望和承诺而形成的隐性或显性的契约关系，它是个人与组织之间互动的重要基础。如前所述，心理契约可以分为交易型心理契约和关系型心理契约，前者是基于有限期限、具体内容和明确回报的契约关系，而时间银行模式可促使大学生与社会之间建立关系型心理契约。志愿服务活动中，大学生与社会之间应该建立一种关系型心理契约，即大学生出于自愿、无偿、利他的动机参与志愿服务活动，为社会提供有益的贡献和帮助，社会则提供必要的支持、指导和认可，双方形成一种基于信任、尊重和共赢的合作关系。而时间银行模式正是一种有力的促进因素，因为它使得大学生与社会之间的互动不仅是一种道德上的义务和责任，也是一种经济上的利益和回报。时间银行模式使得大学生参与志愿服务活动时，不仅能够获得社会的感激和赞扬，也能够获得时间记录和回馈，从而增加自己在社会中的竞争力和优势。同时，时间银行模式不仅使社会对大学生参与志愿服务活动能够提供必要的资源和条件，也能够提供时间反馈和评价，从而增加对大学生的信任和尊重。这样，时间银行模式就在大学生与社会之间建立了一种双向的、长期的、稳定的关系型心理契约。

时间银行模式增强了大学生参与志愿服务活动的多样性和创新性。多样性和创新性是志愿服务活动发展的重要特征，它体现了志愿服务活动能够适应社会变化和需求，能够满足个人兴趣和能力，能够提高志愿服务的品质和效果。而时间银行模式正是一种激励因素，因为它使得大学生参与志愿服务活动时能够根据自己或他人的需要和期望，进行自主选择、设计和改进，能够通过时间货币交易等模式，提供灵活的志愿服务互换机制，从而增加对大学生志愿服务活动多样性和创新性的认可与鼓励。

综上所述，欧洲的时间银行模式驱动了大学生志愿服务活动，使大学生与未来有约，感觉到会有回报，从而形成了稳定的心理契约。这对于其他国家或地区志愿服务活动的发展有着重要启示。

第三节　亚洲发达经济体志愿者活动常态化的法儒交融模式

亚洲发达经济体在志愿服务活动常态化方面的法儒交融模式，展现了东西方文化融合的创新路径。分析这一模式的核心制度因素，有助于理解其在促进志愿服务活动常态化中所发挥的作用，以及如何通过文化和制度的双重作用，增强志愿服务的社会影响力和可持续性。

一、基本情况：完善的志愿服务体系

（一）日本大学生志愿服务全员互动形成合力

日本有组织的志愿服务活动始于 1945 年对第二次世界大战后返国人员和孤儿的援助。进入 21 世纪，日本的志愿主义精神大幅提升，日本的志愿服务活动，从传统的卫生医疗、老人保健、教育训练、宗教服务、社区发展、生态保护到国际援助与地球村方案，种类繁多。① 日本的志愿服务事业发展受到多方面因素的推动，其中政府的支持、管理和志愿服务教育是非常重要的因素。在政府的积极推动下，日本的志愿服务事业已经成为国家社会

① 陈秋明. 大学生志愿服务理论与实践[M]. 北京：商务印书馆，2018：62－63.

发展的重要组成部分。

首先，1995 年阪神大地震催生了《特定非营利活动促进法》的出台，这对于推动和促进公民共同参与各类非营利性组织及民间的志愿服务活动发挥了重要作用。此后，日本议会还通过立法鼓励和规范志愿服务组织和公民群体活动。这些法律的出台不仅为志愿服务组织提供了更好的法律保障，也为广大公民参与志愿服务提供了更好的环境和机会。

其次，日本政府把志愿服务的理念和志愿服务精神渗透到中小学教育之中，并且还在社会教育领域广泛倡导志愿服务精神，积极开展志愿服务教育，宣传参与志愿服务的重要意义。在升学时，将学生参与志愿服务活动情况作为入学选拔的依据之一，促进了青少年群体参与志愿活动的积极性。同时，日本高校已经开始将志愿服务教育融入课堂教学，并为学生参与志愿服务活动设置咨询窗口、组织讲座和提供其他形式的支持，对学生开展志愿服务活动给予鼓励、提供便利。① 大部分高校要求学生在社区、医院或其他机构从事志愿服务，并提交自我评估和组织评估报告，作为自身履历的重要组成部分。通过志愿服务教育来培养学生主动参与志愿服务活动的积极性，培养学生具有与志愿服务相关的独立思考和解决问题的能力，传授志愿服务需要的专业技能，这些都为日本的志愿服务事业培养了一批优秀人才。当前，日本高校一般以课程或课题的形式为大学生提供志愿服务教育，推动学生与社会接触，培养他们的社会责任感。

此外，日本民间的社会活动资金大部分来自政府，虽然私人慈善机构的作用非常有限，但私有企业可以通过合作捐赠、合作基金和鼓励雇员参与志愿服务活动来支持志愿服务组织。这为日本的志愿服务事业提供了稳定和可靠的资金来源。

总之，日本大学生志愿服务的法律保障到位，各级政府大力支持，且已被纳入国家的教育和行政体系之中，使大学生志愿组织日益完善和普及。② 同时，日本大学生志愿组织与广大市民、非营利性组织、非政府组织等相辅相成、共同协作，把解决社会问题、促进社会发展作为宗旨，有效地培养了大学生群体关心他人、服务社会的精神。

---

① 张湘涛．中外志愿服务比较研究[M]．长沙：湖南人民出版社，2015：164－168．

② 刘丽丽．中日大学生教育志愿行动激励机制比较研究[M]．哈尔滨：哈尔滨工业大学出版社，2021：129－145．

（二）韩国大学生志愿服务注重文化传承

志愿服务在韩国有着悠久的历史，起源于“三韩时代”，当时的人们以部落为单位，形成了一种互助合作的社会组织，称为“村落会”。在新罗时代（公元7—10世纪），随着佛教的传播，人们开始了一些慈善和福利活动，如建造寺院、桥梁、道路等。这些活动都体现了韩国人的互助精神和奉献意识，并在新罗时代得到了发展。在近代，随着基督教的传入，韩国的志愿服务活动也受到了西方的影响。1903年，美国传教士霍尔在首尔创办了第一个基督教青年会（YMCA），并开展了一些社会福利和教育活动。此后，基督教组织在韩国逐渐增多，并成为志愿服务活动的主要推动者。现代志愿服务在1903年正式开始。20世纪70年代，韩国经济开始快速发展，但同时也出现了一些社会问题，如贫富差距、环境污染、人口老龄化等。为了应对这些挑战，韩国政府和社会各界开始重视志愿服务活动，并成立了各种社会志愿团体，如韩国社会福利协会、韩国青年志愿者协会、韩国大学生志愿者联合会等。同时，韩国也开始注重对志愿者的培训和教育，以提高他们的专业水平和服务质量。现在，志愿服务已经成为居民参与地方治理及地区开发等事务的手段之一。

当前，志愿服务已经成为韩国社会的一种普遍现象，并且在不断发展壮大。根据2019年韩国统计厅的数据，韩国有超过1 000万人参与过志愿服务活动，占总人口的19.5%；年龄分布上，20~29岁最多（28.8%），其次是50~59岁（24.7%）；受教育程度上，大学以上最多（27.8%），其次是高中（19.9%）；职业上，学生最多（29.9%），其次是家庭主妇（25.8%）。志愿服务活动涵盖了社会福利、环境保护、地区社会公益活动、维护交通秩序及老人、残疾人服务等各个方面。志愿服务的迅速发展，也使得市民积极参与公共事务，推动社会的发展。在各类大型赛事中都能看到志愿服务组织的身影，比如亚运会、奥运会等都有大量志愿者参与服务活动。

韩国的志愿服务精神是韩国传统文化的体现，表现在许多方面，比如互助金协会、农民之间的互助协会等。在社区，也体现在婚庆、丧葬中街坊邻居、朋友之间的相互帮助等。这些活动都表现了韩国人的团结、友爱、奉献精神和责任感。

韩国的志愿服务教育也很发达。许多高校建立了志愿服务研究中心，就志愿服务的有关问题展开研究和探索，并设置志愿服务计量、志愿者管理、志愿服务经济等课程。大学是志愿活动的培养地和资源中心，开展志愿活动有利于扩充大学生技能，进行人性教育。国立、公立大学将参与志愿服务活动列为教育科目，学生参与志愿服务的时间长短和内容评价与大学录取挂钩。[①] 在参加志愿服务的群体中，大学生比例达到39%左右。韩国志愿者服务小时数还与就业挂钩，促进了学生参加志愿服务的积极性。[②]

总之，韩国的志愿服务文化已经深深地融入人们的日常生活，并且不断地发展壮大。志愿者们通过自己的行动，为社会做出了贡献，并且也得到了自我提升和成长的机会。

（三）新加坡大学生志愿服务注重精神激励

新加坡的志愿服务活动始于1972年，时任总理的李光耀担任志愿组织人民协会的会长。新加坡的政府官员也担任志愿服务组织的理事，并对服务工作提供直接指导。在新加坡，7月是志愿服务月，4月是分享与关怀月。[③] 新加坡对志愿者（也称为“义工”）的奖励是多层次的。例如，人民协会的社会服务奖根据志愿者的年度服务时间和表现，分为“公共服务证书”“公共服务勋章”“公共服务星章”，并由总统或总理在国庆日颁发。这些奖励都是精神上的，新加坡公民非常重视这种荣誉，有助于形成一个相对稳定的志愿者队伍。

许多民间社会组织是由政府发起，并由基层组织和社区团体管理的。那些具有自主性并由个人团体组成的组织，通常会在特定事务上得到国家财政和技术方面的支持。民间社会组织必须注册为慈善组织或协会，并受到《社团法》和《慈善法》的特别法律监管。前者禁止志愿组织参与政治活动，并限制其活动范围。后者则为其提供特殊的税收优惠和其他政策。

近年来，志愿服务已经成为新加坡社会发展的重要组成部分。政府也出台了各种政策来鼓励志愿服务，如为组织志愿活动的非营利组织提供补贴，建立国家志愿中心为志愿者提供培训和支持，通过公共教育活动推广志愿精神。[④] 志愿服务不仅对服务对象有益，也给志愿者自身带来积极效果。它提供了个人成长、技能发展和社交互动的机会。通过志愿服务，个人可以获得目标感、满足感和社会责任感。因此，志愿服务不仅是服务社会的手段，也

---

① 张湘涛. 中外志愿服务比较研究[M]. 长沙：湖南人民出版社，2015：169.

② 拱岩颜. 在韩国志愿者服务小时数与就业挂钩[N]. 长江日报，2012－8－9.

③ 田军. 志愿服务理论与实践[M] 上海：立信会计出版社，2007：28.

④ 张红霞. 文化多样化背景下大学生志愿服务育人功能研究[M]. 北京：中国社会科学出版社，2020：143－145.

是丰富志愿者自己生活的方式。

总之，新加坡的志愿服务活动有着悠久的历史，并得到政府和民间社会组织的支持。多层次的奖励制度激励许多公民参与志愿服务活动，为新加坡志愿者队伍的稳定做出了贡献。随着政府和民间社会组织对志愿精神的不断推广，相信越来越多的人会参与到志愿服务活动中，为新加坡社会的发展做出贡献。

二、核心制度因素：法儒相济的心理契约制度环境

如前所述，志愿活动是一种基于自愿、无偿、利他的社会参与行为，它体现了人类的道德情感和社会责任，也有利于个人的成长和发展。因而，它一方面需要刚性的制度或契约保障，另一方面需要柔性的价值观驱动。亚洲发达经济体包括大学生主体在内的志愿服务，则很好地兼具这两种属性。西方的法治和契约精神与儒家文化刚柔并济，在亚洲发达经济体中有着广泛的影响和表现。这两方面的优点，不仅可以规范志愿服务的大环境和制度，培养大学生的社会公德和公民意识，还可以提高大学生的专业技能和综合素质，增强大学生的社会适应能力和创新能力。

与一些国家或地区志愿活动的应时性、交易性和非常态化相比，亚洲发达经济体中志愿活动呈现出一种自主性、关系性和常态化的特点。这其中，法律和儒家文化刚柔并济模式是一个重要的因素，它从三个方面稳定了大学生与社会之间的心理契约，从而推动了亚洲发达经济体大学生志愿活动的常态化。

一是法律制度为大学生参与志愿活动提供了保障和激励。法律制度作为社会秩序和公平正义的基本保障，规范了人与人之间的关系，包括个人与组织或个人与社会（人的集合体）之间的权利和义务，保护了个人与组织的合法利益，促进了个人与组织之间的合作与协调。在亚洲发达经济体中，法律制度对于志愿活动有着明确的定义、分类、规范和支持，为大学生参与志愿活动提供了保障和激励。例如，在日本，《社会福祉法》《社会福祉服务法》《社会福祉事业团体法》等法律规定了志愿者的地位、职责、权利、保障等，并设立了国家级、地方级、社区级等多层次的志愿者组织。在韩国，《志愿服务促进法》《青少年活动促进法》等法律规定了志愿者的定义、分类、登记、教育、评价等，并设立了国家志愿服务委员会等机构。在中国香港特别行政区，《青年服务条例》《青年服务计划条例》等法律规定了青年服务团

体的注册、资助、监督等内容，并设立了青年事务委员会等机构。这些法律制度使得大学生参与志愿活动时，不仅能够得到合法合理的保护和支持，也能够得到合理有效的指导和评价。

二是儒家文化为大学生参与志愿活动提供了价值和信念。儒家文化是亚洲发达经济体共同的文化传统，它强调了人的道德修养、社会责任和人际关系，为大学生参与志愿活动提供了价值和信念。儒家文化中有着“仁爱”“忠信”“礼义”“恕道”等核心理念，它们要求大学生以仁爱之心对待他人，以忠信之行履行承诺，以礼义之法规范行为，以恕道之德换位思考。这些理念使得大学生参与志愿活动，不仅是出于个人的兴趣或利益，而且是出于社会的需要或义务，不仅是为了完成一项任务或工作，也是为了实现一种理想或目标。儒家文化中，还有着“修身”“齐家”“治国”“平天下”的层次递进的思想体系，它们要求大学生以修身为本、以齐家为基、以治国为广、以平天下为远。[①] 这些思想使得大学生参与志愿活动时，不仅能够提高自己的道德素养和专业能力，也能够促进家庭的和谐和社会的进步，能够为国家的发展和世界的和平做贡献。

三是刚柔并济模式为大学生参与志愿活动提供了平衡和调节因素。刚柔并济模式是亚洲发达经济体在法律制度和儒家文化之间形成的一种独特的互动方式，它既兼顾了法律制度的刚性约束和规范作用，又兼顾了儒家文化的柔性引导和激励作用，为大学生参与志愿活动提供了平衡和调节因素。刚柔并济模式中，法律制度和儒家文化并不是相互排斥或冲突的，而是相互补充或协调的。法律制度通过明确的规则和制度为志愿活动提供了外在的保障和激励，儒家文化通过隐含的价值和信念为志愿活动提供了内在的动机和目标。法律制度通过强制性的约束和惩罚来维护志愿活动的公平正义和效率效果，儒家文化通过自觉性的责任和奉献来促进志愿活动的合作协作与创新发展。法律制度通过客观性的评价和反馈来监督志愿活动的质量标准与执行情况，儒家文化通过主观性的认同和尊重来鼓励志愿活动的多样性与个性化。

综上所述，推动亚洲发达经济体大学生志愿活动常态化的因素是法律和儒家文化刚柔并济模式下的心理契约。这对于其他国家或地区志愿活动的发展有着重要启示，即其他国家或地区应该借鉴亚洲发达经济体的刚柔并济模

---

① 万斌，高嵘．当代中国志愿精神的三维把握［J］．山东师范大学学报（人文社会科学版），2012（6），121－124．

式，将大学生参与志愿活动与权利义务、利益回报、信任尊重、合作创新相结合，从而稳定大学生与社会之间的心理契约，促进志愿活动常态化。

第四节　基于双重理论的国内外经验审视

在前面三节中，分别介绍了国内外志愿服务活动的典型案例和经验，以及心理契约理论在解释和指导这些活动时的应用。心理契约理论是一种基于交换关系的理论，它认为组织和个人之间存在着一种隐性或显性的相互期望和义务，这种期望和义务构成了双方的心理契约，影响着双方的行为和态度。心理契约理论试图通过激励机制、信任建设、沟通交流等方式，强化双方的心理契约，提高组织效能和个人满意度。然而，从马克思主义人本理论的视域来看，心理契约理论既有可取之处，也有不足之处，需要进行批判性的反思和借鉴性的运用。笔者认为，志愿服务活动应该是一种体现人类本质力量、促进社会正义与进步、实现个人与社会和谐发展的活动，而不是一种基于交换关系、追求个人利益与满足、强化社会不平等与差异的活动。因此，应该从马克思主义人本理论出发，构建一种基于人类本质力量、社会正义与进步、个人与社会和谐发展的志愿服务育人理论，并合理运用心理契约理论，为我国社会转型期的志愿服务活动提供更科学、更合理、更有效的指导。

一、对 S 学院经验的审视

S 学院是我国高校志愿服务活动制度比较完善的高校，在当前我国高校越来越同质化的现实面前，其模式可以代表很多高校的状况。该校在志愿服务活动中取得了一些积极成果，也暴露了一些消极问题。可以从心理契约理论和马克思主义人本理论两个角度来分析其成功与失败的原因，并提出相应的改进措施。例如，从心理契约理论来看，S 学院在志愿服务活动中建立了一套完善的激励机制，包括学分认定、证书颁发、优秀评选等，有效地调动了志愿者的积极性和主动性。同时，S 学院也注重信任建设，通过定期组织志愿者培训、交流、反馈等活动，增强了志愿者和组织之间的情感联系。这些做法都有利于强化志愿者和组织之间的心理契约，提高志愿服务活动的效果和效率。

从马克思主义人本理论来看，S 学院在志愿服务活动中忽视了志愿者作为社会历史发展主体和动力的能力与需求。S 学院过分强调了志愿服务活动对个人利益和满足的作用，而忽视了志愿服务活动对社会正义和进步的作用。该学院将志愿服务活动视为一种基于交换关系的活动，将志愿者和组织之间的关系视为一种基于期望和义务的契约，从而削弱了志愿服务活动的社会意义和价值，破坏了志愿者和组织之间的真诚信任与合作精神，限制了志愿者和组织的自由发展与全面发展。从教育方面来看，这种机制易于使志愿服务导向于培养精致的利己主义者；从社会文明发展的诉求来看，则明显缺失了志愿服务的精神培育因素。

因此，在继续运用心理契约理论的同时，S 学院应该从马克思主义人本理论出发，重新审视和调整志愿服务活动的目标和价值取向，使之更加符合人的本质、社会正义与进步、个人与社会和谐发展的要求。具体来说，S 学院应该在激励机制方面，不仅要考虑志愿者的个人利益和满足，也要考虑志愿者的社会责任和贡献。S 学院应该在学分认定、证书颁发、优秀评选等方式中，加入对志愿者在解决社会问题、推动社会变革、促进社会公益等方面的表现和影响的评价，使志愿者能够感受到自己对社会的价值和意义，增强其对社会的认同感和归属感。在信任建设方面，不仅要注重志愿者和组织之间的情感联系，还须注重志愿者和组织之间的协作性、互动进步性关系。学院应该在定期组织志愿者培训、交流、反馈等活动中，加大对志愿者在分析社会问题、创新社会变革、实践社会公益等方面的培养和支持力度，使志愿者能够提高自己的能力和水平，增强其对组织的信任度。

二、对欧美国家经验的审视

欧美发达国家是志愿服务活动的发源地，他们在志愿服务活动中形成了一些成熟而有效的心理契约强化机制，可以为我国提供有益的启示和借鉴。可以从心理契约理论和马克思主义人本理论两个角度来分析其优劣。西方发达国家自工业革命以来，率先步入契约社会，比较重视契约精神。契约精神不仅包括实体契约的认同与遵守，也包括无形的心理契约。从心理契约理论来看，国外在志愿服务活动中运用了一些创新而有效的心理契约强化机制，如信用记录模式、时间银行模式等。这些机制通过将志愿服务活动与个人信用、社会资本等有价值的资源相联系，增加了志愿者参与志愿服务活动的动力。同时，通过建立一个公平、透明、可信的系统，保障了志愿者参与志愿服务活动的权利和义务。这些做法都有利于强化志愿者和组织之间的心理契约，提高志愿服务活动的持续性和普及性。

从马克思主义人本理论来看，欧美国家在志愿服务活动中存在的问题也不容忽视。他们在运用心理契约强化机制的同时，也可能导致志愿服务活动的商业化、功利化和形式化。国外将志愿服务活动与个人信用、社会资本等有价值的资源相联系，虽然可以增加志愿者的动力，但也可能使志愿者忽视志愿服务活动的社会意义和价值。这也同时意味着这些国家的志愿服务驱动机制仍然停留在“他律”的状态，而没有达到志愿服务内在精神驱动的状态，没有上升到“自律”的境界。他们较普遍地建立了公平、透明、可信的系统，虽然可以保障志愿者的权利和义务，但也可能使志愿者过分依赖于系统的规范和监督，失去了自主性和创造性。

在借鉴国外心理契约强化机制的同时，我们要从马克思主义人本理论出发，聚焦马克思主义人与社会的发展观，把握社会历史发展方向，防止志愿服务活动的商业化、功利化和形式化。具体来说：首先，在激励机制方面，不仅要考虑志愿者的个人信用、社会资本等有价值的资源，也要考虑志愿者在社会正义与进步、个人与社会和谐发展等方面获得的“意义价值”。可以在借鉴信用记录、时间银行等制度模式时，加入对志愿者在解决社会问题、推动社会变革、促进社会公益等方面的表现和影响的评价与奖励，使志愿者能够感受到自己对社会的价值和意义，增强其对社会的认同感和归属感，特别是要加强世界观人生观的教育，在马克思主义人本价值统领下，形成心理契约的强化机制。其次，在信任建设方面，不仅要学习他人的制度经验，注重体制机制的系统化建设，也要注重营造自主、创新、协作的氛围。应该在建立一个公平、透明、可信的系统时，注重对志愿者在分析社会问题、创新社会变革、实践社会公益等方面的培养和支持，以及思想道德素质的培养与社会理想信念的教育，使志愿者既能够仰望星空，又能够脚踏实地，并且不背离社会发展的方向。

三、对亚洲发达经济体经验的审视

亚洲发达经济体是志愿服务活动的典范，他们在志愿服务活动中形成了一种西方契约精神与儒家文化交融的模式，为我国提供了有益的启示和借鉴。

从心理契约理论来看，亚洲发达经济体在志愿服务活动中运用了一种西方契约精神与儒家文化交融的模式，即在保留西方契约精神，强调个人主义、自由选择、平等交换、法律保障等要素的基础上，加入儒家文化，强调集体主义、道德责任、互惠互利、情感信赖等要素。这种模式既兼顾了志愿者的个人利益和满足，也兼顾了志愿者的社会责任和贡献，既保障了志愿者的权利和义务，也培养了志愿者的信任感和合作意识。这种模式有利于强化志愿者和组织之间的心理契约，提高志愿服务活动的质量和规模。

从马克思主义人本理论来看，亚洲发达经济体在志愿服务活动中也存在着一些困惑。亚洲发达经济体在运用西方契约精神与儒家文化交融模式时，也可能出现志愿服务活动的理念与现实的矛盾和冲突。亚洲发达经济体将志愿服务活动视为一种基于契约关系的活动，虽然加入了儒家文化中的道德责任、互惠互利、情感信赖等要素，但也可能使志愿者过分依赖于外在的规范和监督，失去了内在的动力和自主性。例如，新加坡对于违反规则（可以理解为是一种契约）者，可以施以鞭刑，这是类似于封建宗法制度下的家长式刑罚，是在剥夺犯错者人格的基础上达到规范的目的。将这一套用在志愿服务中，则根本谈不上志愿精神，从而也无法构建起对志愿服务价值的认同。

因此，我国大学生志愿服务在借鉴亚洲发达经济体模式的同时，要从马克思主义人本理论出发，吸收其长处，消除其理念与现实矛盾和冲突的制度因素。具体来说，可以从不同角度进行思考。在激励机制方面，不仅要考虑大学生志愿者的个人利益和需求，也要考虑志愿者在社会正义与个人进步成长、个人与社会和谐发展等方面获得的价值。应该在提供各种形式的奖励或惩罚制度中，加入对志愿者的引导与培训，辅之以中国传统文化中的集体主义、互助思想、家国情怀等，从而建立起有温度、有信任、有目标的志愿服务体系。在弘扬传统文化时将个人修身与国家、社会治理相统一。通过综合评价和奖励反馈，使大学生志愿者能够切实感受到自己对社会的价值和意义，增强其对社会的认同感和归属感，从而自觉自愿地将个人的行动融入崇高的马克思主义社会理想中。

信任是心理契约稳定的前提。在信任建设方面，制度保障是首要的，这方面西方及亚洲发达经济体比较完善，可以学习借鉴，要注重建立一个公平、透明、可信的系统，但同时也要注重营造一个自主、创新、协作的氛围，在公平、透明、可信的系统中，加入对大学生志愿者理想信念和价值观的教育。

第五章

推动大学生志愿服务常态化的实践路径

作为应对现实问题的具体举措，提出有效的解决方案乃是本研究的价值所在。这种应对，首先要求方案设计中理念的自觉和指导理论的科学，这对问题的解决具有宏观上引领方向的意义。为此，本研究以马克思主义人本理论与西方心理契约理论为依据，力图构建一个“体用关系”的分析框架：以马克思主义人本理论——关于人的自由全面发展的理论——为本体，其解决的是大学生志愿服务中的价值论和方向性问题，属于本研究的本体论和方法论范畴；以心理契约理论为“用”，其提供的是具体的分析工具，大学生志愿服务的操作方法是其关注的重点所在。本研究在这一总体思路下，将大学生志愿服务常态化问题置于人与社会互动发展的育人视域中，从宏观的价值目标和微观的操作方法两个层面进行深入研究，在保证总的方向和原则的前提下，通过构建稳定的心理契约，建立大学生个人成长与社会文明程度提升双向互动的常态化志愿服务体系。

第一节　借鉴马克思主义人本理论指导下的“他山之石”

国外典型的志愿服务常态化模式，如美国信用记录、欧洲时间银行模式、亚洲发达经济体法儒相济制度模式等，是其构建心理契约、促进大学生志愿服务常态化的制度基础。然而，由于社会制度的差异、文化习俗的不同等，发达国家大学生志愿服务制度可以为我们提供借鉴的经验，但不能照搬。我们应该以马克思主义人本理论为指导，结合新时代中国特色社会主义制度，以及我国经济发展水平和传统文化，对国外的相关做法进行批判性吸收和借鉴。

一、区分马克思主义人本理论与西方个人本位理论的本质差异

马克思主义人本理论与西方个人本位理论，存在本质的区别。马克思主义人本理论的价值取向就是以人为本，这个以人为本的“人”是社会人。而西方个人本位理论的价值取向是以个人为本，强调的是生物学意义上的“人”。

马克思主义人本理论为大学生志愿服务常态化提供了理论依据和价值取向，因为它强调了大学生志愿服务的社会意义和个人意义。从社会意义上看，大学生志愿服务是践行社会主义核心价值观的重要途径，是促进社会公平正义的有效手段，是增强国家凝聚力和软实力的重要力量。从个人意义上看，大学生志愿服务是大学生实现自我价值和自我完善的重要途径，是培养其社会责任感和提升其公民素养的有效手段，是提高其综合素质和创新能力的重要途径。这一点有别于资本主义国家的个人本位原则。西方个人为本的原则是建立在私有制基础上的，在文化上是个人本位，以个人的发展驱动社会的发展，而非以社会的进步为目标带动个人的发展；在价值取向上，是以组织的效率为本，而非以人的成长和发展为本。正因为如此，打着以个人为本旗号的西方资本主义在其发展过程中，最终会走向它的反面——见“物”不见人。这说明马克思主义的价值目标与西方个人主义的价值目标有着本质区别。

我国是社会主义国家，加之有以集体为本位的文化传统，因此，我国大学生志愿服务常态化应该遵循马克思主义人本理论的指导，既要关注社会效益，也要关注个人效益；既要满足社会需求，也要满足个人需求；既要体现社会价值，也要体现个人价值。但是，须在推动社会进步中实现自我的进步，以社会主义远大理想目标统领个人的行为和个人的成长与发展。唯有如此，才能使大学生志愿服务成为一种自觉的、主动的、持续的行为，而不是一种被动的、应付的、偶尔的表演。如前所述，马克思主义人本理论是马克思主义哲学的核心内容之一，它认为人是社会历史发展的主体和动力，自由全面发展的能力可以彰显人的本质，实现人的价值是社会历史发展的最高标准。马克思主义人本理论的内核，是其以人为本的价值观。马克思主义人本价值是指以人为本、以人民为中心、以人的全面发展为目标的价值观念，是马克思主义理论的核心内容之一。马克思主义人本价值要求在社会主义现代化建设中，坚持人民立场，尊重人民主体地位，保障人民权利，满足人民需

求，促进人民幸福。

如前所述，志愿服务是社会文明进步的重要标志，是加强精神文明建设、培育和践行社会主义核心价值观的重要内容。志愿服务作为一种自愿、无偿、奉献、公益的社会服务活动，体现了人与人之间的友爱、互助、合作、共享的价值理念，它促进了社会和谐、文明、进步的价值目标。[①] 马克思主义人本价值是我国大学生志愿服务常态化的目标，因为它可以引导大学生树立正确的世界观、人生观、价值观，培养大学生的社会责任感和奉献精神，提高大学生的综合素质和能力，促进大学生与社会的互动和融合。

首先，马克思主义人本价值可以激发大学生参与志愿服务的内在动机。马克思主义认为，人是具有自由意志和创造力的主体，人的本质是通过自己的劳动和实践来实现自身的全面发展。志愿服务是一种有益于个人成长和社会进步的实践活动，它可以满足大学生对于自我实现、自我超越、自我完善的需要，也可以满足大学生对于服务他人、贡献社会、实现价值的需要。马克思主义人本价值可以使大学生从内心认同和尊重志愿服务这种方式，从而形成持久稳定的志愿服务动机。

其次，马克思主义人本价值可以规范大学生参与志愿服务的行为准则。马克思主义认为，道德是一种基于社会关系和经济基础的历史范畴，道德规范是一种反映社会利益和要求的行为规范。志愿服务是一种基于信任和互惠的非正式契约。马克思主义人本价值可以使大学生在参与志愿服务时遵循"奉献、友爱、互助、进步"的道德规范，尊重他人的尊严和权利，履行自己的承诺和责任，积极配合和协作，不断创新和提高。

再次，马克思主义人本价值可以提升大学生参与志愿服务的效果质量。马克思主义认为，质量是一种基于客观规律和主观能动的历史范畴，质量标准是一种反映社会发展水平和要求的效果标准。志愿服务是一种有益于个人和社会的双赢活动，它产生了具体的结果和影响，如知识传授、技能提升、环境改善等。马克思主义人本价值可以使大学生在参与志愿服务时追求高质量的效果，以自己所学所长为社会做贡献，以自己所能所为为人民服务，不断提高自己的专业水平和服务水平，不断创造更好的社会价值。

最后，从志愿服务对象的人本价值角度来看，马克思主义强调单个的人是社会关系的总和，人的全面发展是社会进步的目标。志愿服务不仅是对服

① 丁帅. 大学生志愿服务中价值观培育研究[M]. 北京：经济日报出版社，2020：82－87.

务者进行一种教育和提升的手段，更是代表社会对服务对象的尊重。因而，在常态化志愿服务中，服务对象作为服务活动的受益者，他们的需求和权利应当得到充分的满足和重视。志愿服务应当关注服务对象的个性化需求，尊重他们的选择和意愿，提供符合他们实际情况的帮助和支持。

马克思主义人本价值观认为，实现每个人的自由全面发展是社会发展的最终目标。因此，志愿服务活动应当致力于激发服务对象的潜能，帮助他们克服困难，提高自身能力，实现自我价值。通过志愿服务，服务对象不仅获得了物质上的帮助，更重要的是获得了精神上的鼓舞和自我认同感的增强，从而促进他们融入社会和实现个人成长。

综上所述，马克思主义人本价值是马克思主义人本理论的内核，也体现了我国大学生志愿服务常态化的目标，它可以从动机、行为、效果三个方面指导和促进大学生参与志愿服务，实现自身与社会的共同发展。同时，志愿服务对象在与志愿服务者互动过程中，获得自尊和自我的社会融入感，这些均是志愿服务人本价值的体现。这就要求区分“以人为本”与“以己为本”，从社会文明进步的高度，在志愿服务中践行马克思主义人本理论。

二、以马克思主义人本理论评判国外志愿服务交易型心理契约

从普遍意义上说，虽然英、美、日、韩等发达经济体大学生志愿服务常态化发展到了一定水平，但在其大学生志愿服务常态化经验中，有些是以市场为导向、以信用为基础、以利益为回报、以竞争为动力的。其背后的逻辑动因，是以交易型心理契约为典型特征的，而非构建于关系型心理契约之上。这些都不符合马克思主义人本理论的要求，也不利于培养大学生的社会责任感和奉献精神。马克思主义人本理论认为，人是社会历史发展的主体和动力，人的自由、全面和谐发展是社会发展的最高目标。志愿服务是一种体现人的社会性、自觉性和创造性的社会实践活动，它既是人的自我实现和自我完善的途径，也是人与社会、人与自然和谐相处的方式。因此，志愿服务应该以人为本，以人的需求为导向，以人的利益为归宿，以人的发展为尺度。

以前述美国情况为例，美国大学生志愿服务活动发展的核心制度是信用记录制度。信用记录制度是一种以市场为导向、以信用为基础、以利益为回报、以竞争为动力的社会交换制度。它使得美国大学生参与志愿服务活动时，不仅是出于内在的动机和价值感，也是出于外在的目的和回报，即为了

提高自己的信用价值和社会地位。这种制度虽然可以激发大学生参与志愿服务活动的积极性和责任感，但也有其弊端和局限性。首先，它忽视了志愿服务活动的社会性和利他性，将志愿服务活动作为一种市场交易和个人投资，削弱了志愿服务活动的道德内涵和社会意义。其次，它强调了志愿服务活动的竞争性和效率性，将志愿服务活动作为一种提高自己竞争力和优势的手段，忽视了志愿服务活动的合作性和公平性。最后，它固化了志愿服务活动的交易型心理契约，将志愿服务活动作为一种有限期限和明确回报的契约关系，忽视了志愿服务活动的关系型心理契约。

不妨再以欧洲为例，前文介绍了欧洲大学生志愿服务活动的基本情况和核心制度因素，即时间银行模式。时间银行模式是一种以时间为货币单位，以互助互惠为原则，以信用为基础的社会交换制度。它使得欧洲大学生参与志愿服务活动时，不仅是出于内在的动机和价值感，也是出于外在的目的和回报，即为了提高自己和他人的幸福感和满足感。这种制度虽然可以促进大学生与社会之间建立关系型心理契约，增强大学生参与志愿服务活动的多样性和创新性，但也有其弊端和局限性。首先，它可能导致大学生对志愿服务活动的过度依赖和消费化，将志愿服务活动作为一种获取时间记录和回馈的手段，而不是一种体现人的社会性、自觉性和创造性的社会实践活动。其次，它可能导致大学生对志愿服务活动的选择性和随意性，将志愿服务活动作为一种根据自己或他人的需要和期望进行自主选择、设计和改进的过程，而不是一种遵循社会或组织的要求和规范进行协调配合、规范执行的价值选择。

三、以马克思主义人本理论指导学习国外志愿服务经验

马克思主义人本理论认为，人是具有民族性、时代性和阶级性的社会存在，不同国家和地区的志愿服务活动必然受到其社会制度、文化传统、历史条件等因素的影响和制约。因此，在吸收和借鉴外国大学生志愿服务常态化经验时，要结合我国社会主义制度和传统文化等国情因素，进行有批判的吸收和借鉴。否则，可能导致忽视我国大学生志愿服务活动的特点和规律，削弱我国大学生志愿服务活动的针对性和有效性等问题。

为此，在吸收和借鉴国外大学生志愿服务常态化的经验时，要注意其适应性和可操作性。马克思主义人本理论认为，人是具有无限潜能和创造力的社会存在，志愿服务是一种推动社会进步和文明发展的社会实践活动。因

此，在吸收和借鉴国外大学生志愿服务常态化的经验时，要根据我国社会发展的新形势、新任务、新要求，结合我国大学生志愿服务活动的实际情况和需求，不断创新我国大学生志愿服务活动的理念、内容、形式、方法等。这样才能更好地适应我国社会主义现代化建设的需要，更好地推动大学生全面发展。

那么，中国高校如何根据自身的实际吸收国外志愿服务活动的长处为我所用呢？可以从以下几个方面进行探索：

第一，建立完善的志愿服务法律法规和管理制度。法律法规是规范志愿服务活动的基础和保障，管理制度是推动志愿服务活动的机制和手段。中国高校应该借鉴国外的经验，制定符合中国国情的志愿服务法律法规，明确志愿者和组织者的权利与义务，规范志愿服务活动的流程和标准，提高志愿服务活动的透明度和可信度。同时，中国高校也应该建立完善的志愿服务管理制度，包括志愿者招募、培训、注册、管理、激励、保障等方面，形成有效的激励机制和约束机制，提升志愿服务活动的质量和效果。

第二，创新灵活多样的志愿服务项目和方式。项目和方式是实施志愿服务活动的内容和形式，它们决定了志愿服务活动能否满足社会需求和个人兴趣。中国高校应该借鉴国外的经验，采用灵活多样的方式，开展丰富多彩的志愿服务项目，项目应涵盖社会生活的各个方面和领域，既有长期性项目，也有短期性项目；既有团体组织的服务，也有个人发起的行动。中国高校应该尊重大学生的自主选择权利，允许大学生根据自己的专业特长、爱好兴趣、时间安排等，自由选择适合自己的志愿服务项目和方式。

第三，营造有效互动的志愿服务文化和氛围。文化和氛围决定了志愿服务活动能否得到社会认可和个人认同。中国高校应该借鉴国外的经验，营造志愿服务的文化和氛围，将志愿服务视为一种社会责任和公民义务，也视为一种社会价值和个人成长的体现。中国高校应该积极宣传和推广志愿服务活动，定期举办各类表彰和宣传活动，鼓励和激励更多的人参与到志愿服务中去。中国高校应该加强与社会的沟通和合作，建立有效的信息交流和反馈机制，增强志愿服务活动的影响力和吸引力。

第四，开展创新发展的志愿服务教育和培训。教育和培训可以提升志愿服务活动的水平和能力，它们决定了志愿服务活动能否适应社会变化和需求。中国高校应该借鉴国外的经验，开展系统全面的志愿服务教育和培训，将志愿服务理念和精神渗透到课堂教学、课外活动、社会实践等方面，培养大学生的志愿意识、责任感和创造力。中国高校应该提供各种各样的志愿服务教育和培训项目，包括基础知识、专业技能、实践经验等，提高大学生的志愿服务素质和能力。中国高校应该注重与时俱进地完善志愿服务教育和培训内容，结合国内外的新形势、新问题、新需求，不断创新志愿服务教育和培训方法，提升志愿服务教育和培训效果。

当前我国各行各业包括教育领域形成了强烈的“内卷化”状态，志愿服务甚至出现了“加分”“刷经历”等强烈的功利性和目的性。为此，我国的大学生志愿服务，一方面应该以马克思主义理论为指导，跨过资本主义前期阶段的“卡夫丁峡谷”；另一方面要学习西方先进的经验，摒弃其不良因素，从而使我国大学生志愿服务向常态化方向发展。

第二节　构建马克思主义人本价值下的心理契约机制

在志愿服务的常态化进程中，构建一个符合马克思主义人本价值的心理契约机制显得尤为重要。本节将深入探讨马克思主义人本价值下的心理契约理论，并分析其在志愿服务中的驱动作用；通过对马克思主义人本价值的理论概述，揭示心理契约在激发志愿者内在动机、促进个人发展和社会进步方面的作用；并进一步探讨如何在实践中形成和强化这种心理契约，以确保志愿服务活动不仅能够满足当前的需求，而且能够持续地发展和完善，真正实现其教育和社会目标。

一、马克思主义人本价值下的心理契约理论概述

大学生志愿服务是一种社会实践活动，它既是大学生对社会的回馈和贡献，也是大学生的自我提升和完善自己的途径。大学生志愿服务应该符合马克思主义人与社会互动发展的育人理念，即以人为本，在人的主体性前提下，以实践为中介，驱动社会的发展。而社会发展的终极目标是追求“一个人的自由发展是一切人自由发展的条件”的社会状态。由此看来，社会发展是以人的发展为前提和目标的，即社会的发展过程是构建“自由人联合体”的过程。然而，当前大学生志愿服务存在着非常态化的现象，如动机的功利化、组织的行政化、服务的短期化、内容的同质化、队伍的松散化、机制的零散化等。这些影响了大学生志愿服务的质量、效果和价值，也影响了大学

生志愿服务的育人目标和育人效果，是基于个人的短期利益而与社会发展脱节的运行模式。因此，如何促进大学生志愿服务常态化，使大学生志愿服务成为一种习惯并内化为个人品质，依赖于稳定合理的制度和规范作保障，并使大学生志愿服务成为创新性和特色性活动，增强可持续发展的内外动力，这是一个亟待解决的问题。

为此，有必要借鉴心理契约理论。心理契约理论是一种微观的、实用的理论，它从人的心理和行为出发，揭示了人与社会互动关系形成和维持的机制与条件。在心理契约构建过程中，即个体与组织之间，通过对各自需求和期望的回应，达成隐性或显性的协议。然而，最初级的协议，是基于物质交易的逻辑，即“看菜下饭”，比较直观并在心理层面各有保留。可见，在交易型契约下，个体与组织之间基于具体、有限、短期、有形、可量化的因素而形成彼此关系，如工资、福利、职位等。而志愿服务的灵魂在精神层面，为此，构建关系型契约是志愿服务常态化的必然要求。关系型心理契约作为个体与组织之间基于抽象、无限、长期、无形、不可量化的条件而形成的契约，如信任、尊重、忠诚等，无疑与常态化的志愿精神高度契合。这是因为，关系型心理契约往往源于人的高层次需要，如社会关爱、社会归属、自我实现等，其往往是超功利性的。如前所述，尽管心理契约理论有它的局限性，它往往以人与组织的关系掩盖了阶级关系，忽视了东方文化中的集体主义价值取向等，但是在马克思主义人本价值目标下，这些局限性可以得到克服。

以马克思主义人本理论为“体”、西方心理契约理论为“用”来分析我国大学生志愿服务，有助于理解我国大学生志愿服务的内在逻辑，寻求困局的破解机制，驱动大学生志愿服务由非常态化走向常态化。具体来说：

第一，以马克思主义人本理论为“体”，确定大学生志愿服务的价值取向和发展目标。马克思主义人本理论是一种宏观的、哲学的、有关价值的理论，它从人的本质和发展目标出发，揭示了人与社会互动发展的规律和方向，为大学生志愿服务提供了指导性的思想和价值取向。马克思主义人本理论认为，人的发展目标是实现自身的全面发展，即在物质和精神上都得到发展。这种发展不仅要求人具有高度的主体性和创造性，也要求人具有高度的社会性和实践性。实践即行动，正如列宁所言：“全部历史正是由那些无疑是活动家的个人的行动构成的。”[①] 马克思主义认为，人的自由全面发展是在社会实践中实现的，即在与自然和社会的互动中实现的。因此，马克思主义强调，人与社会的互动关系是人的发展的逻辑所在，也是育人的逻辑起点，因为人的本质是其社会性，因而教育的本质不能脱离社会性。大学生志愿服务作为一种社会实践活动，本质上是一种人与社会的互动关系。大学生志愿服务既是大学生对社会回馈和贡献的具体实践，也是大学生自我提升和完善的有效途径。大学生志愿服务既是一种育人方式，也是一种育人目标。因此，在大学生志愿服务常态化构建过程中，应该以马克思主义人本理论为“体”，确定大学生志愿服务的价值取向和发展目标，即以实现人与社会互动发展为最终目标，使得大学生在参与志愿活动中实现自身的自由全面发展。

第二，以西方心理契约理论为“用”，确定大学生志愿服务的具体操作方法。西方心理契约理论认为，个体与组织之间应该建立稳定、公平、互惠、互信、互助、互利的心理契约关系，以激发双方主体的积极性、主动性、创造性和责任感，从而保证组织目标的实现。西方心理契约理论是一种微观的、管理的、实用的理论，它从人的心理和行为出发，揭示了人与社会的互动关系。大学生志愿服务涉及三方主体之间的心理契约关系，即志愿者（大学生）、组织者（高校或社会组织）和受益者（社会公众）。这三方主体之间应该基于公益目标为社会和他人服务。基于此，要充分发挥群众的主体作用，广泛动员和组织群众参与志愿服务活动，形成全社会参与志愿服务的良好氛围，形成全社会支持和尊重志愿服务的共识。

第三，坚持改革创新，构建志愿服务心理契约稳定的制度环境，坚持马克思主义人本价值的方向。坚持改革创新，必然要回顾历史，应以马克思主义人本价值下的心理契约理论审视我国的志愿服务政策史。我国志愿服务政策是伴随着志愿服务实践的发展而发展的。根据王忠平、刘姝辛（2019）的研究，当代我国的志愿服务经历了探索阶段（1978—1993 年）、志愿服务发展阶段（1994—2007 年）、志愿服务迸发阶段（2008—2015 年）、志愿服务纳入“国家发展战略”阶段（2016 年至今）[②]。其中每个阶段，都紧扣重大事件的发生或是国家标志性政策文件或相关组织起草文件的出台。第一阶段主要是学习国外，从无到有，在地方层面出现了相关的志愿服务热线、组织

---

① 列宁．列宁全集（第 1 卷）[M]．北京：人民出版社，1984：129.

② 王忠平，刘姝辛．改革开放 40 年以来我国志愿服务发展历程[EB/OL]．https://www.163.com/dy/article/EE19Q6ET0525PS8H.html. 2019－04－30/2024－04－19.

了志愿服务队等，有的地方还出台了相关条例，如《广东省青年志愿服务条例》以及部分省出台的志愿服务条例等。这一阶段志愿服务，多由地方发起。第二阶段是上下互动，一些志愿服务领域上升到国家层面，并出现了《北京宣言》等志愿服务相关纲领和文件。第三阶段，主要的时间节点是2008年汶川大地震。此阶段，中央文明委印发了《关于深入开展志愿服务活动的意见》（2008）、《关于加强志愿助残工作的意见》（2010）等。从时间的纵向看，我国志愿服务从无到有、从有到发展的脉络清晰。从横向上看，范围不断扩大，组织更科学和严密。从价值层面看，打破了之前公益活动或是公益劳动“摊派”的行政指令方式，相对主体的自愿性更强，价值意蕴更明显，体现了志愿服务精神。这些不可能不影响到大学生表愿服务。

但如前所述，当下我国大学生志愿服务还没有达到常态化水准，因而需要改革创新。改革创新是中国特色社会主义制度的生命力所在，也是保证中国大学生志愿服务常态化的有效途径。在中国大学生志愿服务常态化的构建过程中，要不断改革创新大学生志愿服务的管理制度和运行机制，不断提高和提升大学生志愿服务的质量和水平。要建立健全大学生志愿服务的法律法规和规范标准，明确大学生志愿服务的目标、内容、范围、标准、程序、责任等，为大学生志愿服务提供法律保障和规范指导。要建立健全大学生志愿服务的组织体系和协调机制，明确大学生志愿服务的领导、管理、指导和监督等，为大学生志愿服务提供组织保障和协调支持。要建立健全大学生志愿服务的激励机制和评价机制，明确大学生志愿服务的奖励、认可、支持、评价等方式和标准，为大学生志愿服务提供激励保障和评价反馈。[①] 同时，使志愿服务不会偏离马克思主义人本价值目标。

第四，坚持开放包容、文化交融，将志愿服务导向马克思主义人本价值的育人和社会目标，即人的自由全面发展的育人目标和自由人联合体的理想社会目标。开放包容是中国特色社会主义制度的鲜明特征，也是保证中国大学生志愿服务常态化的重要条件。在中国大学生志愿服务常态化的构建过程中，要坚持开放包容，不断丰富和拓展大学生志愿服务的类型和领域，不断增加和提高大学生志愿服务的多样性和个性，从而使大学生主体在志愿服务

① 王婕，蒲清平．新时代中国青年志愿服务理论与实践［M］．北京：人民出版社，2022：177－180.

中实现自身的自由发展、全面发展。另外，要积极借鉴国外优秀的志愿服务经验和做法，结合中国实际情况进行创新性地运用，形成具有中国特色、中国风格、中国气派的志愿服务模式和品牌。要充分尊重不同地区、不同民族、不同文化的多样性和特色，注重体现中华民族传统美德和社会主义核心价值观，注重培养大学生志愿者的文化自信和文化素养。

总之，在中国大学生志愿服务常态化构建过程中，应该以马克思主义人本理论为“体”，以西方心理契约理论为“用”，驱动中国大学生志愿服务由非常态化走向常态化。

二、发挥马克思主义人本价值下心理契约的驱动作用

如前所述，大学生志愿服务常态化与志愿服务本质特征相关联，而抓住了大学生志愿服务的本质特征，就可以把握大学生志愿服务常态化的内在要求。前文列举了大学生志愿服务本质特征的七个方面，即主体自愿性、动机公益性、时间持续性、服务专业性、服务对象的广泛性、服务区域的均衡性、服务内容的精准性等。大学生志愿服务的这些本质特征，关联着人与社会的关系，即人的主体性动机与社会发展的诉求相契合，这正是马克思主义人本理论中人与社会互动发展的内在要求。从马克思主义人本价值目标下的心理契约角度看待这些本质特征，探讨马克思主义人本价值下的心理契约与志愿服务本质特征的相关性，有利于把握志愿服务常态化发展的人性规律，从而有利于从人的主体性出发，探索大学生志愿服务常态化的构建路径。为叙述方便，以下提到的心理契约理论，特指马克思主义人本价值下的心理契约理论。

（一）激发大学生志愿服务的主体自愿性

主体自愿性是指志愿者参与志愿服务的动机，是志愿服务常态化的前提和基础。它既是马克思主义对于人的素质要求，也是个人对于组织和志愿服务事业认同的心理要求。心理契约可以通过明确双方的期望和承诺，增强志愿者的自主性和责任感，使志愿者感受到组织的尊重和信任，从而提高志愿者的参与度和满意度。而当心理契约与马克思主义社会改造的个人理想相结合时，这种契约就是稳定的，这种契约包含着信念和理想，信念和理想是这种契约中最稳定的因素。心理契约还可以通过兑现承诺和回报，满足志愿者的个人需求和发展目标，使志愿者感受到组织的关怀和支持，从而增强志愿者的忠诚度。

为什么心理契约可以激发大学生志愿服务的主体自愿性呢？这是因为心理契约是一种基于信任和互惠的非正式契约，它不仅涉及组织对志愿者物质和精神上的奖励，也涉及志愿者对组织价值观和目标的认同。心理契约可以在组织和志愿者之间建立情感联系，使双方形成一种共同的使命感和归属感。这样，志愿者就不会把志愿服务看作是被动的义务或负担，而是主动的选择或享受。心理契约可以调动志愿者的内在动机，激发他们的创造力和热情，使他们更加投入和专注于志愿服务。

具体来说，大学生志愿服务的主体自愿性是一种态度问题，心理契约可以影响大学生对志愿服务的态度。态度是指个人对某一对象或行为所持有的评价倾向，它包括认知、情感和行为三个成分。首先，心理契约可以影响大学生对志愿服务的认知评价，即他们对志愿服务本身、意义、价值、效果等所持有的信念、看法、知识等。如果大学生认为志愿服务是有益的、有意义的、有价值的、有成就感的，他们就会形成积极的态度；反之，如果大学生认为志愿服务是无用的、无趣的、无价值的、无回报的，他们就会形成消极的态度。其次，心理契约也可以影响大学生对志愿服务的情感评价，即他们对志愿服务所产生的喜好、满意、兴趣、热情等情绪反应。如果大学生在参与志愿服务时感受到了快乐、满足、兴奋等正向情绪，他们就会形成积极的态度；反之，如果大学生在参与志愿服务时感受到了痛苦、失望、厌倦等负向情绪，他们就会形成消极的态度。最后，心理契约还可以影响大学生对志愿服务的行为评价，即他们对参与或不参与志愿服务所得或所失（包括社会价值和自我实现等成就感方面的得失）的预期，与实际得到或失去的利益进行比较后形成某种态度。如果大学生认为参与志愿服务可以带来个人或社会的好处，如提高自身的能力、素质、形象等，或者为他人或社会做出贡献等，他们就会形成积极的态度；反之，如果大学生认为参与志愿服务会给个人或社会带来坏处，如浪费时间、金钱、精力等，或者遭受危险、困难、不公平等，就会形成消极的态度。因此，心理契约可以通过影响大学生对志愿服务的认知、情感和行为评价，从而影响他们对志愿服务的总体态度，进而影响他们参与志愿服务的意愿。

（二）形成大学生志愿服务的动机公益性

志愿服务的目标和灵魂就是社会公益，大学生志愿服务动机的公益性是马克思主义人本价值的内在要求。这是因为，马克思主义人本价值是以人的自由全面发展为最高目标，强调人的主体性、创造性和社会性，要求人们在实践中实现自身价值的同时，也关心和促进他人和社会的发展。[①] 大学生志愿服务是一种自愿且无私的公益性、利他性行为，体现了志愿者对于自身与他人以及共同体关系积极的态度，蕴含牺牲某些自身利益而增进公共利益的价值追求。大学生志愿服务动机的公益性表现为志愿者以传递党和政府的人文关怀为目的，以弘扬“奉献、友爱、互助、进步”的志愿精神为准则，以满足服务对象的利益需求为导向，以实现社会主义核心价值观为己任。因此，大学生志愿服务动机的公益性是马克思主义人本价值的内在要求，是大学生在新时代践行社会主义核心价值观，培养社会责任感和使命感，增强做中国人的志气、骨气、底气的重要途径。

如何培育和发挥大学生志愿服务的公益精神呢？在马克思主义的价值目标下，基于公益性目标的主体心理契约，与基于企业组织盈利目标的心理契约有很大的不同。动机公益性是指志愿者参与志愿服务的目标和价值取向，是志愿服务常态化的内在动力和核心价值。在这里，心理契约可以通过强化双方（如志愿者和组织之间、志愿者和社会之间等）的价值观和使命感，培养志愿者的公民意识和社会责任感，使志愿者认同组织的理念和目标，从而提高志愿者的工作投入度。心理契约还可以通过认可贡献和激励创新，激发志愿者的成就感和荣誉感，使志愿者享受到组织的赞誉和鼓励，从而增强志愿者的工作创造性和影响力。

为什么心理契约可以形成大学生志愿服务的动机公益性呢？这是因为心理契约是一种基于信任和互惠的非正式契约，就一般意义来说，它反映了员工和组织对于相互责任期望的内在心理联系；从志愿服务来说，马克思主义人本价值下的心理契约，反映了志愿主体与社会、与未来的某种约定。马克思主义人本价值下的心理契约可以从以下几个方面影响大学生志愿服务动机的公益性。

首先，在马克思主义人本价值观下，心理契约被视为塑造大学生志愿服务价值观的重要因素。价值观定义了个人对于何为重要、正确、有意义或有价值的信念和态度，它们构成了行为的导向和评估的基准。在此框架内，心理契约会对大学生的自我认知、对他人的看法、对社会的理解以及对国家的感情产生影响，进而塑造他们参与志愿服务的价值取向。具体而言，当大学

---

① 姜泽廷．志愿服务价值与马克思主义人的价值理论的联系[J]．北京交通大学学报（社会科学版），2012（2）：91－94．

生将自己视为有能力、负责任、有贡献、有尊严的个体时，他们便形成了自我价值观。这种自我价值观在认为志愿服务能够提升个人能力、素质和形象时，便转化为自我实现的动机。同样，当大学生认为他人值得帮助、尊重、关爱和合作时，他们便发展了人际价值观。这些价值观在志愿服务中得以实践，如通过服务帮助他人或改善社会环境，从而激发实现人际价值的内在动力。其次，当大学生认为社会需要改善、发展、和谐和进步时，他们在志愿服务中就形成了社会价值观。他们相信通过志愿服务可以改良社会，从而实现个人的社会价值观。最后，当大学生将国家视为美丽的家园时，他们在志愿服务中便逐渐形成并加强了国家价值观。他们认为通过志愿服务可为国家建设或发展做出贡献，增强民族自豪感或荣誉感，从而培养了国家情感。

综上所述，心理契约通过塑造大学生的志愿服务价值观，引导他们的志愿服务动机朝向公益性。这种公益性动机与个人因素紧密相关，将志愿服务行为与个人的自由发展和社会进步联系在一起，体现了马克思主义的人本目标。这种联系不仅促进了个人的全面发展，也为社会的整体进步提供了动力。

动机的公益性与志愿服务主体的使命感和责任担当有关，因为既然是自觉自愿的活动，那么其中的驱动力量就是内在的心理动力系统，而非外在的强迫。使命担当就是一种内在的驱动力量，而这种强大的力量之源莫过于马克思主义所提示的远大的社会理想对于人的追求的牵引作用。马克思主义价值目标下的心理契约可以影响大学生对于自己作为志愿者所承担的使命感，以及对于参与志愿服务所能实现的使命感。如果大学生认为自己作为志愿者是一种荣誉，承担着责任和义务，并且是出于自愿的选择，他们就会形成志愿者使命感，也就意味着大学生自觉自愿地将自己的行为付诸远大的社会理想，这与马克思主义的育人目标相一致。在这种崇高的理想指引下，大学生付诸行动的心理意愿与社会需求会高度契合，也就意味着大学生与社会之间的心理契约更稳定。同样，如果大学生认为参与志愿服务是一种机会、一种挑战、一种创新、一种变革，他们就会形成志愿服务使命感。如果大学生认为参与志愿服务可以实现自己的志愿者使命，如履行自己的职责、完成自己的任务、达成自己的目标等，他们就会产生责任动机；如果大学生认为参与志愿服务可以实现自己的志愿服务使命，如抓住机会、应对挑战、展示创新、推动变革等，他们就会产生成就动机，这种成就感是一种稳定心理契约的自我奖赏机制。因此，马克思主义人本价值目标下的心理契约可以通过影响大学生对志愿服务的使命感，从而影响他们对志愿服务的动机公益性。

志愿服务动机公益性的前提条件是大学生主体认为，其志愿服务的对象及服务效果能得到一定的认可，这就意味着在社会与志愿服务主体个人之间存在着一种相互认同关系，这是缔结稳定的心理契约的前提条件之一。因而，心理契约可以影响大学生对志愿服务的归属感。归属感是指个人对于自己在某一群体或组织中所享有的地位或关系所持有的信念或态度，它是个人行为的支持力和情感基础。心理契约可以影响大学生在志愿组织中的归属感。如果大学生认为自己在志愿组织中是一个受欢迎、受尊重、受信任、受支持的成员，他们就会形成组织归属感；如果大学生认为参与志愿服务是一种交流、一种合作、一种分享、一种互助，他们就会形成社会归属感。如果大学生认为参与志愿服务可以培养或增强自己的组织归属感，如获得组织的认可、赞扬、奖励或关怀等，他们就会产生满足动机；如果大学生认为参与志愿服务可以培养或增强自己的社会归属感，如与其他志愿者或受益者建立良好的关系等，他们就会产生亲和动机。因此，心理契约可以通过影响大学生对志愿服务的归属感，从而影响他们对志愿服务的动机公益性。

综上所述，马克思主义人本价值目标下的心理契约可以从价值观、使命感和归属感三个方面影响大学生对志愿服务的动机公益性。马克思主义人本价值目标下的心理契约可以使大学生形成积极的价值观，认同和追求公益性的目标。大学生志愿服务在公益目标的驱动下，使“小我”与“大我”融为一体，它克服了一般的心理契约从“小我”出发稳定个人与组织关系这一逻辑起点的局限性。

（三）维持大学生志愿服务的时间持续性

时间持续性是指志愿者参与志愿服务的频率和时长，是志愿服务常态化的保障和条件。一般来说，心理契约可以通过协调双方的时间安排和期限要求，平衡志愿者的工作和生活，使志愿者适应组织的节奏和规范，从而提高志愿者的工作稳定度和效率。心理契约还可以通过调整适应和沟通协商，解决双方的时间冲突和期望差异，使志愿者满足组织的需要和变化，从而增强志愿者的工作灵活度和适应度。例如，一些高校通过扩大高校学生志愿服务实践基地，为更多的高校学生提供外出实践的机会和场地，打造大学生参与社会实践的广阔平台；同时，通过推广“微志愿”服务形式，激发大学生参与志愿服务的热情，扩大大学生参与服务的可及性。心理契约何以维持大学生志愿服务的时间持续性呢?

心理契约可以影响大学生对志愿服务的时间安排。时间安排是指志愿者参与志愿服务的具体时段、频率和时长，是志愿服务常态化的基础和前提。心理契约可以影响大学生志愿者的时间安排，以及对于参与志愿服务所能合理利用的时间的安排。例如，如果社区养老志愿服务的供给在一定的时间频度内是可预期的，那么社区养老服务机构就会统筹政府、社区、家庭全方位的资源，形成稳定的社区养老运行机制。如果大学生认为有足够的时间来完成自己的学习、工作、生活等重要事务，他们就会形成自我合理的时间安排；如果大学生认为他人有合理的时间需求或要求，就会形成人际时间安排。例如，在人口出生率下降的情况下，许多年轻夫妇生育意愿低，很大原因是工作压力大，而如果志愿服务能提供儿童接送托管等服务，则有可能提高年轻夫妇的生育意愿。这就要求志愿服务者或相关组织要针对他人或社会的需要来安排志愿服务活动，并将其长期化、制度化，以形成社会预期。

心理契约可以影响大学生对志愿服务的时间适应。时间适应是指志愿者参与志愿服务的灵活性和变通性，是志愿服务常态化的保障和条件。如果大学生认为自己有足够的时间资源和能力，他们就会形成自我时间适应性；如果大学生认为他人有合理的时间变化和协商，他们就会形成人际时间适应性；如果大学生认为社会有不可预测的时间风险和机遇，他们就会形成社会时间适应性；如果大学生认为国家有不可抗拒的时间压力和挑战，他们就会形成国家时间适应性，例如重大公共危机事件中的大学生志愿服务等，大学生会响应国家动员，做好志愿服务。在大学生认为参与志愿服务可以实现自我时间适应，如灵活安排自己的时间、变通处理自己的问题等条件下，他们就会产生自我适应的动机。从而，在大学生志愿服务心理契约机制下，通过供与求的平衡，就会形成稳定的运行状态，即常态化发展态势。

然而，以上仅是从微观角度去思考志愿服务时间的持续性与心理契约的关联性。如果将志愿服务放到历史的长河中，放到人类文明发展的大方向上，则包括大学生在内的志愿服务主体，须在马克思主义人本价值下形成特殊的契约关系，从而保证志愿服务大方向不偏离，这样才能在履行心理契约时以大局为重，将“小我”的利益融入“大我”的发展中，在理想社会目标下调适志愿服务时间，并使志愿服务在时间持续上是理想社会目标可以“依赖”的，而不是“不确定”的。

综上所述，心理契约特别是马克思主义人本价值目标下的心理契约，可以从时间安排、时间适应两个方面影响大学生对志愿服务的时间持续性。心理契约可以使大学生形成合理的时间安排，规划和利用好自己的时间资源；同时，心理契约可以使大学生形成明确的时间期限，使其在服务活动中设定和达成自己的时间目标，从而可以使大学生具有灵活的时间适应能力，调整和处理好自己的时间。继而，在供求之间使志愿服务达到可持续运作的常态化状态。

（四）提高大学生志愿服务的专业性

专业化与社会分工有关联。马克思和恩格斯对社会分工现象进行了历史唯物主义的分析和批判，认为社会分工是生产力发展的结果，也是生产关系的表现。它揭示了社会分工与私有制、异化劳动、人的片面发展等问题的内在联系，提出了消灭分工，实现人的自由全面发展的共产主义理想。然而，马克思主义社会发展的逻辑还在于生产力与生产关系的矛盾运动促使人类社会不断由低级阶段向高级阶段发展。消灭分工是未来共产主义消除了异化劳动才能达到的目标，在社会主义初级阶段，社会分工是一种适应生产力发展的社会关系。从这个角度看，大学生志愿服务的专业性是适应当前社会状况的。另外，志愿服务的专业性既是为了提高效率，又在于满足志愿服务的兴趣。兴趣是行为激励的基础，是以人为本的重要依据之一。

如前所述，马克思主义价值目标是以人的自由全面发展为最高目标，强调人的主体性、创造性和社会性，要求人们在实践中实现自身价值的同时，也关心和促进他人与社会的发展。心理契约理论是一种基于信任和互惠的非正式契约，它反映了员工（组织成员）和组织对于相互责任期望的内在心理联系。志愿服务专业性是指志愿者参与志愿服务的技能和水平，是志愿服务常态化的标准和要求。心理契约可以通过明确组织对员工（志愿者）的技能要求和水平评估，提高志愿者的工作能力和素质，使志愿者符合组织的岗位和任务要求，从而提高志愿者的工作匹配度。当然，在马克思主义人本价值目标引领下，这种匹配度的最高层次是人的自由全面发展的文明社会的形成，以及在这个最高目标统领下的志愿服务活动的具体目标的达成。心理契约还可以通过反馈评估和培训提升，促进志愿者的工作进步和发展，使志愿者满足组织的标准和期待，从而增强志愿者的工作竞争力。一些高校通过打造更多体现学校办学特色及学生专业优势的志愿服务品牌项目，展示高校的社会服务功能；同时，通过开展各类培训、交流、分享等活动，提升大学生志愿服务的专业水平和综合素质。而只有通过较专业的服务，高校志愿服务才能形成一定的特色。例如，类似于疫情这类公共卫生危机，正是医科类大学生志愿服务发挥专业特长的机会，医科大学无疑可以借此形成自己志愿服务医学专业特色的形象定位。

马克思主义人本价值下的心理契约可以提高大学生志愿服务的专业性，原因在于这种心理契约是基于人对未来发展的信念和理想。马克思主义人本价值下的心理契约可以从以下几个方面影响大学生志愿服务的专业性。

首先，马克思主义人本价值下的心理契约可以影响大学生对志愿服务的技能要求。技能要求是指志愿者参与志愿服务所需具备的知识、技能、态度等，是志愿服务常态化的基础和前提。如果大学生认为自己需要足够的技能来完成自己的工作、实现自己的目标，他们就会形成自我技能要求。例如，一位参与了青少年事务社工项目的公共管理专业的大学生志愿者，在项目中负责与社区内失业、失学的青少年建立关系，协助他们走出困境，发挥潜能，他必然会去思考，用何种方法或技巧建立更好的联系，并在联系和展开志愿服务过程中碰到困难时有所反思与调整，这就意味着他在通过实际行动提升自己的专业技能。如果大学生认为他人的需求要某些技能才能达成，他们就会提升自己的技能以满足这些需求，从而与服务对象建立心理契约关系。将对象扩大到社会，道理同样如此。

其次，马克思主义人本价值下的心理契约可以影响大学生对志愿服务的水平评估。水平评估是指志愿者参与志愿服务所表现出来的由他人评价的效果和质量，是志愿服务常态化的动力和导向，是形成心理契约的依据。这种心理契约可以影响大学生对于自己、他人、社会、国家等主体所设定的水平的评估，以及反过来这些主体对于志愿服务所能达到的水平的评估。此类水平评估不一定是书面的，也可能存在于意识层面，并在志愿服务主体与志愿服务对象之间，形成一种心理契约关系。如果大学生认为参与志愿服务可以实现自我水平评估，如按照自己的标准、目标等完成工作，他们就会产生自我奖励动机；而当他们认为参与志愿服务可以实现自己的人际水平评估，如符合国家或社会的要求等，他们就会产生社会认可和国家认同的动机，进而产生某种归属感。

再次，马克思主义人本价值下的心理契约可以影响大学生对志愿服务的技能提升。技能提升是指志愿者参与志愿服务所获得的进步和发展，是志愿服务常态化的保障和条件。这种心理契约可以影响大学生对于自己、他人、社会、国家等所展示的技能提升，在技能水平评估的参量下，志愿服务主体会形成正向的心理契约，继而形成通过提升技能以更好服务对象的内在驱动力。换言之，如果大学生认为参与志愿服务可以实现自我技能提升，他们就会产生自我发展动机；如果大学生认为参与志愿服务可以实现自己的人际技能提升，他们就会产生社会学习动机，从而增进志愿服务专业水平。

（五）拓展大学生志愿服务的对象广泛性

对象广泛性是指志愿者参与志愿服务的领域和范围，是志愿服务常态化的特征和优势。马克思主义人本价值下的心理契约可以拓展大学生志愿服务的对象广泛性，这是因为它可以激发大学生的主体性和创造性，促进大学生与社会的互动和融合，实现大学生与社会的共同发展。马克思主义人本价值下的心理契约可以从以下几个方面影响大学生志愿服务的对象广泛性。

首先，马克思主义人本价值下的心理契约可以影响大学生对志愿服务的领域选择。领域选择是指志愿者参与志愿服务所涉及的社会领域或行业，如教育、卫生、环保、扶贫等。马克思主义人本价值下的心理契约可以影响大学生对于自己、他人、社会、国家等所关注领域的选择，以及对于参与志愿服务所能涉及领域的选择。如果大学生认为参与志愿服务可以实现自我价值，如发挥自己的才能等，他们就会产生自我实现动机；如果大学生认为参与志愿服务可以实现他人或社会的共同价值，如满足他人或社会的需求或期待等，他们就会产生社会贡献动机。

其次，马克思主义人本价值下的心理契约可以影响大学生对志愿服务的范围拓展。范围拓展是指志愿者参与志愿服务所覆盖的地理区域或人群范围，如本地、外地、国内、国外等。如果大学生认为自己有能力或条件在某一范围内工作，他们就会形成自我拓展；如果大学生认为能够与他人合作或协助他人在某一范围内工作，他们就会形成人际拓展；如果他们认为能够有机会在社会的某一领域内工作，他们就会形成社会拓展；如果大学生认为能够在国家有压力或面临挑战的某一领域内工作，他们就会形成国家拓展。

再次，马克思主义人本价值下的心理契约可以影响大学生对志愿服务的资源利用广度和深度。资源利用是指志愿者参与志愿服务所依赖或获取的各种资源，如物质、信息、人力、技术等。志愿服务是一种高尚的社会行为，是人类文明的标志之一，是应对社会风险和使社会有机体健康成长的重要手段。因而在特定时期，志愿活动可能需要调动社会多方资源甚至要借此形成全社会合力。[①] 如遭遇疫情防控等这样的重大危机时，政府直接掌控的资源

---

① 丁帅. 大学生志愿服务中价值观培育研究[M]. 北京：经济日报出版社，2020：138－146.

及其调配的灵活性有限，需要志愿服务作为重要的补充力量。能够更广泛、更深度地协调利用社会资源，才能称之为常态化的志愿服务。如果大学生认为参与志愿服务可以增加自己的资源，如获得更多的物质、信息、人力、技术等支持和帮助，他们就会产生自我优化动机；如果大学生认为参与志愿服务可以增加他人或社会的资源，如提供更多的物质、信息、人力、技术等支持和帮助，他们就会产生社会优化的自我责任和服务动机。

综上所述，马克思主义人本价值下的心理契约可以拓展大学生志愿服务的对象广泛性，这是因为它可以使大学生在参与志愿服务时不仅考虑自己和组织之间的关系，而且考虑自己和他人、社会、国家之间的关系，从而实现个人与社会之间的互利互惠。这样既有利于培养大学生的主体性和创造性，也有利于大学生与社会实现互动和融合，促进个人与社会共同发展。

（六） 达成大学生志愿服务的区域均衡性

如前所述，志愿服务的区域均衡性是志愿服务常态化的本质特征之一，这种判断是基于当前大学生志愿服务活动在高校附近就近开展较多的现实，高校和学生如此决策旨在节约资源和成本（如交通和时间成本等），但却陷入了“非常态化”的误区。

区域均衡性是指志愿者参与志愿服务的地域和分布，是志愿服务常态化的方向和目标。马克思主义人本价值下的心理契约可以通过以下几个方面达成大学生志愿服务区域的均衡性。

心理契约可以调整大学生对志愿服务的地域偏好。地域偏好是指志愿者对参与志愿服务所在的地理位置或环境条件的倾向或选择，如城市、农村、山区、沿海等。马克思主义人本价值要求大学生树立全局观念和大局意识，关注国家和社会发展需要，关心各地区和各群体的利益与需求，不仅考虑自己的个人喜好和利益，而且考虑他人和社会的公共利益。心理契约可以通过沟通、协商、承诺等方式，调整地域偏好，提高志愿者的工作适应度和公平度，使之更加符合马克思主义人本价值的要求。

心理契约可以优化大学生志愿服务的地域分布。地域分布是指志愿者参与志愿服务所涉及的地理区域或人口分布，如东部、中部、西部、边疆等。例如，一些高校通过实施大学生志愿服务西部计划、乡村教育、服务乡村建设、健康乡村、基层青年工作、乡村社会治理、服务新疆、服务西藏等专项活动，向西部地区输送人才，为乡村振兴贡献青春力量，正是有这方面的考量。这些专项活动不仅体现了高校和学生对国家和社会的责任感与使命感，也体现了他们对马克思主义人本价值的理解和践行，体现了他们与组织之间的心理契约，使志愿服务地域均衡性得到有效实现。

马克思主义人本价值下的心理契约可以激发大学生对志愿服务的地域关怀。地域关怀是指志愿者对参与志愿服务所在地区及其人民的情感、认同、责任等。马克思主义人本价值要求大学生把个人命运与国家、民族、人类命运紧密联系起来，把个人利益与社会、集体、他人利益统一起来，把个人发展与社会、国家、世界发展协调起来。心理契约可以通过引导、教育等方式，激发大学生对不同地区及其人民的关心、支持，使大学生能够超越自我中心，拓展视野和胸怀，增强社会责任感和使命感。

马克思主义人本价值下的心理契约可以促进大学生对志愿服务的地域贡献。地域贡献是指志愿者通过参与志愿服务为所在地区及其人民带来的正面影响和价值。马克思主义人本价值要求大学生以自己所学所长为社会贡献力量，以自己所能所为为人民服务。心理契约可以通过激励、评价、奖励等方式，促进大学生在不同地区开展针对性、创新性、持续性的志愿服务项目，使他们能够解决实际问题，改善民生状况，推动社会进步。

马克思主义人本价值下的心理契约可以实现大学生对志愿服务的地域共享。地域共享是指志愿者通过参与志愿服务，与所在地区及其人民进行相互交流和互动，实现资源、信息、文化等的共享与交流。马克思主义人本价值要求大学生实现自身与社会的互动和融合，以自己的知识、技能、素养为社会服务。心理契约可以通过沟通、协作、反馈等方式，实现双方的地域共享，增进志愿者与不同地区人民的相互了解、信任等，实现资源、信息、文化等的共享和交流，使之更加符合马克思主义人本价值的要求。

综上所述，马克思主义人本价值下的心理契约可以通过协调大学生对志愿服务的地域偏好，优化大学生志愿服务的地域分布，激发大学生对志愿服务的地域关怀，促进大学生对志愿服务的地域贡献，实现大学生对志愿服务的地域共享，从而达成大学生志愿服务的区域均衡性。这样既有利于培养大学生的主体性和创造性，也有利于大学生与社会实现互动和融合，促进个人与社会共同发展。

（七）保证大学生志愿服务的内容精准性

内容精准性是指志愿者参与志愿服务的内容和效果，是志愿服务常态化的核心和关键。心理契约可以通过明确双方的内容要求和效果评价，提高志愿者的工作目标和标准，使志愿服务符合组织的需求和期望，从而提高志愿者的工作合格度。马克思主义人本价值下的心理契约还可以通过反馈评估和改进完善，促使志愿者工作进步和发展，使志愿者能够适应组织的变化和挑战，从而增强志愿者的工作创新度和与社会需要的契合度。

马克思主义人本价值下的心理契约可以影响大学生对志愿服务内容的效果评价，从而在评价反馈的基础上，形成志愿服务供与求的精准匹配机制。效果评价是指志愿者对志愿服务活动内容产生的具体结果或影响的认识和评价，如大学生志愿服务关于知识传授、社会问题的解决、环境改善等方面的内容评价等。大学生在参与志愿服务时，会有以下几种效果评价：一是自我效果评价，是指大学生根据自己的期望或标准来评价自己在志愿服务中的表现和成就。自我效果评价可以激发大学生的自我挑战动机，即为了达到或超越自己的期望或标准而努力工作，从而达到自我能力与社会需求之间的精准匹配。二是人际效果评价，是指大学生根据他人的反馈或认可来评价自己在志愿服务中的贡献和影响。人际效果评价可以激发大学生的社会交流动机，即为了获得他人或社会的反馈或认可而努力工作，从而实现个人志愿服务的努力尝试与他人认可之间的精准匹配。三是社会效果评价，是指大学生根据社会的风险或机会来评价自己在志愿服务中的责任和担当。社会效果评价可以激发大学生的社会责任动机，即为了应对社会的风险或机会而努力工作，从而使大学生志愿服务的责任动机与社会道德评价精准匹配。四是国家效果评价，是指大学生根据国家的压力或挑战来评价自己在志愿服务中的使命和荣誉。国家效果评价可以激发大学生的国家创新动机，既为了应对国家的压力或挑战而努力工作，也为国家动员志愿服务到最需要的地方和最需要的领域，提供了积极响应的动力机制。

马克思主义人本价值要求大学生实现自身与社会的互动和融合。心理契约是一种基于信任和互惠的非正式契约，它反映了大学生和组织对于相互责任期望的内在心理联系。心理契约可以通过沟通、协商、承诺、反馈等方式，帮助大学生建立、调整和进行各种效果评价，使之更加符合马克思主义人本价值的要求，从而提高志愿者工作的积极性、主动性、持续性、专业性、广泛性、均衡性和精准性。正是在这种评价过程中，形成了志愿服务相关主体或组织与社会的互动和调适，使大学生志愿服务向着精准化的方向发展。

总之，大学生志愿服务常态化研究，须抓住常态化服务的本质特征，以及可以从马克思主义人本论指导下的心理契约角度，分析心理契约机制是如何在大学生志愿服务本质特征之间建立关联的。这对于推动大学生志愿服务的发展，提升大学生的公民素养，培养社会主义建设者和接班人，具有重要的理论和实践意义。

第三节 发挥马克思主义目标引领构建心理契约关系作用

一、多元主体及其互动关系分析

（一）多元主体在大学生志愿服务中的职能定位

1. 政府主体

作为大学生志愿服务的引领者与促进者，政府并非与社会同义，而是作为社会的代表。政府负责制定相关政策法规，提供资金支持，组织协调资源及监督管理服务质量，权威性、规范性与公益性是其特征，而公益性是其与志愿服务本质特征的相同之处。通过《志愿服务条例》《教育部关于深入推进学生志愿服务活动的意见》等法规文件，政府为大学生志愿服务奠定了法律基础并明确了指导原则。在政府的直接参与或倡导下，通过成立中国青年志愿者协会、中国志愿服务基金会等机构，为大学生志愿服务提供资金保障与组织平台。政府主体通过开展“大学生志愿服务西部计划”“海外志愿者”等项目，开拓了大学生志愿服务的实践领域与社会资源。通过建立志愿服务信息系统、实行志愿服务记录制度、开展志愿服务评价考核等措施，政府主体为大学生志愿服务提供了有效的管理监督与激励机制，还利用其权威性、规范性、公益性等特质，引导大学生志愿服务向健康方向发展。

2. 学校主体

学校作为大学生志愿服务的关键组织者与执行者，承担着培养与引导志愿者队伍、开展志愿服务教育与实践活动、构建志愿服务平台与渠道的责任。学校主体具备教育性、创新性、多样性的属性。通过设立思想政治理论课、公共选修课、社会实践课等，学校为大学生志愿服务提供理论知识与技能训练；通过动员学校团委、学生会、各类社团等组织，学校为大学生志愿服务提供了丰富的教育活动与实践项目。利用网络媒体等手段，学校为大学生志愿服务搭建了高效便捷的平台与渠道；学校主体通过发挥其教育性、创新性、多样性等特点，培育与引导大学生志愿者队伍的成长和发展，推动社会主义精神文明建设与人才培养目标的实现。通过组织大学生志愿服务展现其教育性和服务社会性特征的同时，也体现了学校主体育人和服务社会两大职能。

3. 大学生志愿者主体

志愿者是大学生志愿服务的中心角色，大学生志愿者自愿报名参与志愿服务项目，遵循志愿服务规范，履行志愿服务承诺，反馈志愿服务效果，因为只有“自愿”才能真正体现志愿服务的精神与常态化。志愿者主体具有自主性、奉献性、成长性等特质。通过自主选择合适的志愿服务项目，志愿者主体表达了自己的服务意愿与需求；通过奉献时间、精力、知识与技能，志愿者主体为社会提供了有益的服务与帮助；通过参与关爱服务、支教助学、环境保护等志愿服务活动，志愿者主体为社会发展与进步做出了贡献；通过接受志愿服务教育与培训、体验志愿服务的实践与挑战，志愿者主体提升了自身的综合素质与能力；志愿者主体发挥自主性、奉献性、成长性等特点，实现了个人价值与社会价值的统一，展现了新时代大学生的风采与担当。

（二） 多元主体的需求和期望

1. 政府主体

理论上看，政府是抽象的社会主体的具体化身。在社会治理方面，政府主体的需求和期望是促进社会公平正义、提升社会治理水平、增强社会凝聚力等。政府主体希望通过大学生志愿服务实现社会发展目标、提高公共服务效率、培养社会责任感等。政府主体认识到大学生志愿服务可以形成一种有效的社会资源，可以弥补政府在教育、医疗、环保等领域的不足，为社会提供更多更好的公共产品和服务。政府主体也看到大学生志愿服务是一种重要的社会力量，可以动员和组织广大群众参与社会治理，增进社会各界的沟通与协作，形成共建共治共享的良好局面。政府主体更期待大学生志愿服务是一种有益的社会教育手段，可以培养和弘扬奉献、友爱、互助、进步的志愿者精神，传播和践行社会主义核心价值观，促进社会文明和谐发展。

2. 学校主体

学校其实是社会（政府）与学生的代理，具有双重代理性质。一方面，它发挥着组织大学生志愿服务的作用，旨在响应政府号召或顺应社会最迫切的需求而组织志愿服务；另一方面，它是学生成长的主体责任者，通过组织志愿活动使学生得到成长。从一般意义来说，学校作为独立的主体，有自身成长的需求，学校主体的需求和期望是提高教育质量、促进人才培养、增强社会影响力等。学校主体希望通过大学生志愿服务实现育人功能、拓展教育资源、展示教育成果等。学校主体明确大学生志愿服务是高校思想政治教育的重要载体，是大学生参与社会实践的重要方式，并通过开展大学生志愿服务活动，有效培养大学生的爱国情怀、责任意识、创新精神等，提高大学生的综合能力。学校主体利用大学生志愿服务活动，可以有效拓展高校教育资源和合作渠道，加强学校自身与政府、企业、社区等各方面的联系与交流；借助大学生志愿服务活动，可以有效地展示学校自身的教育理念和教育成果，增强学校主体的社会声誉和影响力。

3. 大学生志愿者主体

志愿者主体的需求和期望是实现个人价值、满足自我需求、获得社会认可等。志愿者主体追求自我价值的实现，希望通过参与大学生志愿服务活动，发挥自己的专长和优势，为社会做出贡献，从而感受到自己的存在意义和社会价值。志愿者主体追求自我需求的满足，希望通过参与大学生志愿服务活动，获取更多的知识和技能，拓宽自己的视野和人脉，丰富自己的生活和经历。志愿者主体追求社会认可，希望通过参与大学生志愿服务活动，获得社会各界的尊重和赞扬，获得学校和政府的表彰与奖励，提高自己的社会地位和荣誉感。

（三）多元主体之间的关系和互动

1. 合作关系

多元主体之间存在着共同的目标和利益，需要相互支持和配合，形成合作关系。例如，政府与学校合作制定志愿服务计划和标准，学校与志愿者合作开展志愿服务项目等。合作关系的形成有利于提高志愿服务的效率和质量，增强志愿服务的吸引力和影响力，促进志愿服务的规范化和制度化。合作关系的维持需要建立良好的沟通机制、协调机制和激励机制，保障各方的权益，处理好各方的利益诉求和冲突矛盾。唯有在马克思主义以人为本的价值框架下，多元主体才有合作对话的平台，并保证志愿服务不偏离社会发展和人的成长的总体目标。

2. 冲突关系

多元主体之间存在着相互矛盾和冲突的情况。冲突的原因在于志愿服务的社会目标或社会目标的代理——组织目标的“实然”状态与“应然”状态不一致，或虽然共同目标一致，但各主体之间存在认知差异。例如，志愿者个人目标与组织目标发生冲突，或政府与志愿者在志愿服务的目的和方式等诉求上有差异，或学校与志愿者在志愿服务的时间和内容协调上有问题，等等。冲突关系的形成不利于志愿服务的稳定和发展，影响志愿服务的效果和志愿服务的社会声誉，损害志愿服务的公信力和正当性。冲突关系的应对和解决需要建立有效的沟通渠道、协商平台和调解机制，尊重各方的意见和诉求，寻求共识和妥协。

3. 互动方式

多元主体通过信息交流、意见沟通、利益协商、问题解决等方式进行互动。多元互动有利于增进了解与信任，促进合作与协调，实现共赢与共建。维护互动方式需要开放的平台、多样的渠道与规范的程序，保证互动的有效性与顺利进行。例如，政府通过发布通知、举办培训、开展评估等与学校和志愿者互动，学校通过建立网站、组织活动、提供服务等与政府和志愿者互动，志愿者通过参加项目、反馈意见、分享经验等与政府和学校互动等。互动有利于增进多元主体之间的了解和信任，促进多元主体之间的合作和协调，实现多元主体之间的共赢和共建。

二、目标引领驱动多边心理契约韧化的逻辑

（一）目标引领对形成稳定的心理契约的意义

目标引领是指多元主体之间根据共同的目标和利益，建立和维持一种基于信任、承诺和责任的心理契约关系，从而实现多元主体之间的协调和合作。目标引领的核心是目标的一致性和互补性，即多元主体之间的目标不仅要相互协调，而且要相互支持，从而形成一个有机的整体。目标引领的意义在于通过目标的一致性和互补性，增强多元主体之间的信任感和归属感，减少多元主体之间的冲突和矛盾，提高多元主体之间的协作效率和质量。

在大学生志愿服务中，政府主体、学校主体和志愿者主体都有各自的目标和期望，但也有共同的目标和利益。政府主体希望通过大学生志愿服务实现社会发展目标、提高公共服务效率、培养社会责任感等；学校主体希望通过大学生志愿服务实现育人功能、拓展教育资源、展示教育成果等；志愿者主体希望通过大学生志愿服务实现自我价值、满足自我需求、获得社会认可等。这些目标既有共性和互补性，也有差异和冲突。[①] 因此，需要通过目标引领，使各方形成一个符合社会主义核心价值观、反映社会需求变化、激发

① 潘静. 思想政治教育视域下志愿者精神研究[M]. 北京：学习出版社，2022：112－116.

社会参与热情、展现社会价值追求的共同愿景，作为多元主体之间合作的方向。这种目标合力，表现为心理契约在主体之间维持志愿服务互动关系的力量。

（二） 目标引领构建志愿服务心理契约的原则和方法

目标引领旨在确保大学生志愿服务活动能够有效地促进个人与社会的和谐发展。

1. 目标引领需要遵循的原则

目标引领需要遵循以下原则。

（1）确立根本目标。大学生志愿服务的根本目标是在马克思主义人本价值观驱动下，促进人与社会的互动发展。这一目标不仅涵盖了个体的全面发展，也包括了社会整体的进步。在这一框架下，大学生志愿服务诉求的不仅是一种社会实践活动，更是一种人的全面发展的实践。志愿服务活动应当致力于培养大学生的社会责任感、创新精神和实践能力。对于政府来说，诉求的是以人民为中心的发展，力图实现政治、经济、文化、社会、生态五位一体全面进步。因而，马克思主义人本目标是政府、学校和社会必须坚守的根本目标。

（2）明确各自目标。多元主体之间要明确各自的目标和期望，以及与其他主体的目标和期望的关系，避免目标的模糊和混乱，确保目标的清晰和可操作。例如，政府主体要明确大学生志愿服务的社会价值和政策导向，学校主体要明确大学生志愿服务的教育意义和育人目标，志愿者主体要明确志愿服务的个人动机和成长需求。同时，多元主体之间要明确各自的目标和期望应与其他主体的目标和期望相互影响、相互支持、相互制约，须统一到马克思主义人本价值中人的成长与社会进步相统一的总体目标上来，形成一个有机的目标体系。

（3）沟通不同目标。多元主体之间要充分沟通各自的目标和期望，寻求目标的一致和互补，消除目标的障碍和隔阂。例如，政府主体要与学校主体和志愿者主体沟通大学生志愿服务的社会需求与政策倾向，学校主体要与政府主体和志愿者主体沟通大学生志愿服务的教育理念和育人方式，志愿者主体要与政府主体和学校主体沟通大学生志愿服务的个人兴趣和成长计划。同时，多元主体之间要了解各自的目标和期望在内容、层次、范围等方面存在的差异，寻求目标的契合点和协调点，消除目标的冲突点和难点。

（4）协商多元目标。多元主体之间要积极协商各自的目标和期望，达成共识，形成对目标的承诺和明确各自的责任。例如，政府主体要与学校主体和志愿者主体协商大学生志愿服务的社会效益和政策支持，学校主体要与政府主体和志愿者主体协商大学生志愿服务的教育资源和育人评价，志愿者主体要与政府主体和学校主体协商大学生志愿服务的个人付出和成长回报。同时，多元主体之间要在协商过程中尊重对方的利益诉求，在保证各自核心利益不受损害的前提下，达成一个符合各方利益最大化原则的目标共识，并将其转化为具有约束力和激励力的目标契约，明确各自的目标承诺和目标责任。

（5）评估综合目标。多元主体之间要定期评估各自的目标和期望，反馈目标的进展和问题，调整目标的策略和措施。例如，政府主体要与学校主体和志愿者主体评估大学生志愿服务的社会贡献和政策效果，学校主体要与政府主体和志愿者主体评估大学生志愿服务的教育成果和育人效果，志愿者主体要与政府主体和学校主体评估大学生志愿服务的个人收获和成长效果。同时，多元主体之间要在评估过程中客观公正地反馈各自的目标实现情况，及时发现并解决存在的问题或困难，在保证各自核心利益不受影响的前提下，调整或优化自己的目标策略或措施，以提高目标实现的可能性和有效性。

2. 目标引领需要遵照的方法

目标引领须遵照一定的方法，以确保大学生志愿服务活动中的多元主体能够有效协作，实现共同的目标。正确的方法有助于建立清晰的合作框架，促进资源共享，增强互信，以及确保活动的可持续性，从而使志愿服务活动更具影响力和价值。目标引领大学生志愿服务多元主体心理契约关系可遵照的方法如下。

（1）制定共同愿景。多元主体之间要制定一个符合社会发展趋势、反映社会需求变化、激发社会参与热情、展现社会价值追求的共同愿景，作为多元主体之间合作的方向。而这个共同愿景，应该符合马克思主义人本价值目标下的社会发展诉求。共同愿景是多元主体之间目标契约的基础和前提，是激发多元主体之间合作动力和凝聚力的重要因素。例如，大学生志愿服务西部计划就是以“扎根西部、服务基层、建功立业”为共同愿景，引导广大高校毕业生和在读研究生到中西部地区开展基层服务，为实现中华民族伟大复兴的中国梦贡献青春力量。

（2）建立共同机制。多元主体之间要建立一个包括信息交流、意见沟通、利益协商、问题解决等方面的共同机制，作为多元主体之间合作的保障条件。共同机制是多元主体之间目标契约的载体和工具，是保障多元主体之间合作顺畅和高效的重要手段。例如，大学生志愿服务西部计划建立了由共青团中央、教育部、财政部、人力资源和社会保障部等部门组成的联席会议，以及由各省（自治区、直辖市）团委、教育厅（教委）、财政厅（局）、人力资源和社会保障厅（局）等部门组成的工作协调小组，实现了政策制定、项目管理、资金拨付、人员培训等方面的协调配合。

（3）实施共同行动。多元主体之间要实施一系列涵盖规划设计、资源配置、项目执行、效果评估等方面的共同行动，作为多元主体之间合作的具体内容。共同行动是对多元主体之间目标契约的实践和检验，是展示多元主体之间合作成果和价值的重要途径。例如，大学生志愿服务西部计划就实施了乡村教育、服务乡村建设、健康乡村、基层青年工作、乡村社会治理、服务新疆、服务西藏等 7 个专项项目，更有针对性，且更有效地满足了中西部地区不同领域的发展需求，同时也促进了志愿者自身的成长和发展。

（4）分享共同成果。多元主体之间要分享包括经济收益、社会效益、个人发展、组织成长等在内的共同成果，作为多元主体之间合作的目标。共同成果是对多元主体之间目标契约的回报和激励，是增进多元主体之间合作信任和满意度的重要因素。例如，大学生志愿服务西部计划就为志愿者提供了一定的生活补贴、社会保险、培训教育、职业发展等方面的支持，同时也为服务地带来了人才资源、教育资源、社会资源等，实现了多元主体之间的互惠互利。

（5）缔结多边心理契约。在大学生志愿服务中，政府主体、学校主体和志愿者主体需要通过以上原则和方法，达成目标一致性，形成多边心理契约。心理契约作为个人与组织之间基于互惠互利原则而形成的一种隐性或显性的期望和承诺，可以增强各方的信任感和归属感，减少各方的冲突和不满，提高各方的协作感和满意度。在大学生志愿服务中，政府主体、学校主体和志愿者主体之间的心理契约包括以下内容：

首先是政府主体与学校主体之间的心理契约。政府主体承诺为学校主体提供政策支持、资金支持、资源支持等，期望学校主体按照政府规定和要求开展志愿服务活动，提高志愿服务质量和水平；学校主体承诺按照政府规定和要求开展志愿服务活动，期望政府主体为学校主体提供政策支持、资金支持、资源支持等。

其次是政府主体与志愿者主体之间的心理契约。政府主体承诺为志愿者主体提供培训指导、保障保险、表彰奖励等，期望志愿者主体遵守志愿服务规范，履行志愿服务承诺，反馈志愿服务效果；志愿者主体承诺遵守志愿服务规范，履行志愿服务承诺，反馈志愿服务效果，期望政府主体为志愿者主体提供培训指导、保障保险、表彰奖励等。

再次是学校主体与志愿者主体之间的心理契约。学校主体承诺为志愿者主体提供教育培训、实践平台、学分认定等，期望志愿者主体积极参与志愿服务活动，展示学校形象，提升个人素质；志愿者主体承诺积极参与志愿服务活动，展示学校形象，提升个人素质，期望学校主体为志愿者主体提供教育培训、实践平台、学分认定等。

通过目标引领，政府主体、学校主体和志愿者主体之间形成了一个多边心理契约的韧性关系，即各方之间的心理契约不仅是一种单向的期望和承诺，而且是一种双向的互动和协作；各方之间的心理契约不仅是一种静态的规定和约束，而且是一种动态的调整和改进；各方之间的心理契约不仅是一种表面的形式和手段，而且是一种深层的价值和目标。这种韧性关系有利于增强多元主体之间的凝聚力和向心力，有利于促进多元主体之间的协同效应和创新能力，有利于提升多元主体之间的服务质量和水平。

三、韧化心理契约纽带的多元主体协调机制

为了实现政府主体、学校主体和志愿者主体之间目标的一致性，形成多边心理契约，需要建立一个政府主导、学校参与、志愿者执行的志愿服务协调机制。具体来说，就是要明确各方在志愿服务中的角色定位、职责分工和权利义务，建立有效的沟通渠道和协作平台，形成良好的合作氛围和共赢局面，从而形成大学生对于志愿服务有着助其成长以及服务社会成就感的预期，社会或是政府对大学生提供志愿服务有所预期。同时，学校作为组织者参与大学生志愿服务，使大学生认同学校组织的志愿活动，成为其成长的坚强依靠。这样，多方稳定的心理契约的形成，将使大学生志愿服务常态化。

（一） 政府主导

政府主体是大学生志愿服务的组织者、引导者和监督者，要发挥其宏观调控、政策引导、资源整合、保障保险等方面的作用。具体来说，就是要制定符合国家法律法规、社会发展需求、大学生特点等的志愿服务政策法规，为大学生志愿服务提供制度保障；要根据社会需求变化、大学生志愿服务现状等因素，制定科学合理、操作可行、指导明确的志愿服务规划方案，为大

学生志愿服务提供规划保障；要充分调动社会各界力量，整合社会资源，为大学生志愿服务提供资源保障；要建立完善的志愿服务培训指导、安全防范、事故处理、表彰奖励等制度，为大学生志愿服务提供保险保障；要加强对大学生志愿服务活动的监督管理，建立健全的志愿服务登记备案、信息公开、效果评估等制度，为大学生志愿服务提供监督保障。通过这些措施，政府主体可以与学校主体和志愿者主体形成一种基于互惠互利原则的心理契约关系，即政府主体承诺为学校主体和志愿者主体提供各种支持和保障，期望学校主体和志愿者主体按照政府规定与要求开展志愿服务活动，提高志愿服务质量和水平。在这种心理契约关系中，政府主体要尊重学校主体和志愿者主体的自主性与创造性，不干涉其具体的志愿服务活动；同时，政府主体要关注学校主体和志愿者主体的需求与困难，及时给予帮助和支持。需要特别明确的是，政府主导并不等于政府直接过多干预。政府在方向上把握和引导，这样可以保证大学生志愿服务遵循马克思主义人的发展理念，坚持社会主义发展方向。同时，也能够使学生在充分发挥志愿服务主体性、主动性和自觉能动性的同时，强化其对学校组织和社会的心理认同继而稳定其心理契约。

（二） 学校参与

学校主体是大学生志愿服务的组织者、实施者和推动者，要发挥其育人功能、教育资源、专业优势等方面的作用。具体来说，就是要根据政府的志愿服务政策法规和规划，结合学校的办学特色和学生的专业特长，制订适合本校的志愿服务实施方案，为大学生志愿服务提供方案保障；要充分利用学校的教育资源，开展志愿服务教育培训，提高大学生的志愿服务意识和能力，为大学生志愿服务提供培训保障；要充分发挥学校的育人功能，将志愿服务纳入思想政治教育、素质教育、创新创业教育等方面，将志愿服务成果纳入学分认定、奖助学金、就业推荐等方面，为大学生志愿服务提供激励保障；要充分发挥学校的专业优势，开展与专业相关的志愿服务项目，提升大学生的专业水平和社会价值，为大学生志愿服务提供项目保障；要充分发挥学校的推动作用，加强与政府部门、社会组织、企事业单位等方面的沟通协作，拓展大学生志愿服务的实践平台和社会影响，为大学生志愿服务提供平台保障。通过这些措施，学校主体可以与政府主体和志愿者主体形成一种基于信任、承诺和责任的心理契约关系，即学校主体承诺按照政府规定和要求开展志愿服务活动，期望政府主体为学校主体提供各种支持和保障；学校主体承诺为志愿者主体提供各种支持和保障，期望志愿者主体积极参与志愿服务活动，展示学校形象，提升个人素质。在这种心理契约关系中，学校主体要尊重志愿者主体的选择和意愿，不强制其参与或退出志愿服务活动；同时，学校主体要关注志愿者主体的成长和发展，及时给予指导和帮助。这样，学生在参加志愿服务过程中，愿意为学校组织的荣誉而努力。

（三）志愿者执行

志愿者主体是大学生志愿服务的参与者、执行者和受益者，要发挥其主体意识、创新精神、奉献精神等方面的作用。具体来说，就是要树立主体意识，自觉遵守国家法律法规和志愿服务规范，自主选择适合自己的志愿服务项目和方式，积极参与志愿服务活动，为大学生志愿服务提供人力保障；要发挥创新精神，结合自己的专业知识和社会需求，探索新颖有趣、有效有益的志愿服务内容和形式，为大学生志愿服务提供创新保障；要展现奉献精神，“奉献、友爱、互助、进步”，用自己的行动传递正能量，为大学生志愿服务提供品牌保障；要享受受益感，通过志愿服务活动，实现自我价值、满足自我需求、获得社会认可、促进个人发展，为大学生志愿服务提供效益保障。[①] 通过这些措施，志愿者主体可以与政府主体和学校主体形成一种基于互惠互利原则的心理契约关系，即志愿者主体承诺遵守国家法律法规和志愿服务规范，履行志愿服务承诺，反馈志愿服务效果，期望政府主体和学校主体为志愿者主体提供各种支持和保障。在这种心理契约关系中，志愿者主体要尊重政府主体和学校主体的规定与要求，不违反其制度和安排；同时，志愿者主体要关注政府主体和学校主体的支持与保障，及时给予反馈和建议。从而形成政府和学校对于其组织成员——志愿者长期信赖的心理契约。

图5-1展示了志愿服务的三个主体，即政府、学校和志愿者之间协同合作的心理契约韧化机制。政府主导的支持和保障机制主要包括制度保障、规划保障、资源保障、保险保障和监督保障等，旨在为志愿服务提供法律法规、政策规划、资金物资、安全保障和考核评估等方面的支持。学校参与的支持和保障机制主要包括方案保障、培训保障、激励保障、项目保障和平台保障等，旨在为志愿服务提供活动方案、教育培训、奖励表彰、项目资助和信息平台等方面的支持。志愿者执行的支持和保障机制主要包括人力保障、

---

① 陶然．中国大学生志愿服务概念、精神、场域研究［M］．南京：江苏人民出版社，2022：236－239.

创新保障、品牌保障和效益保障等，旨在为志愿服务提供志愿者队伍、创新活动、品牌宣传和效果评估等方面的支持。① 三个主体之间在一定目标引领下，在一定的制度安排和协调机制下，形成稳定的心理契约纽带。在这种合作关系型心理契约下，志愿服务围绕着公益目标这一核心展开。在志愿者主体的动机方面，则是纯粹的，突破了物质、名利、政绩等外物束缚；在时间和频度上则是持续可预期的，因为它制度化了；在技能上则是专业的，因为强大的自我实现或公共价值取向促使志愿服务主体认真学好专业知识，以使自我价值最大化；在政府有效协调和目标设定下，也能充分保障大学生志愿服务的精准性、对象的广泛性、地域的均衡性。在合理的制度下，它激发了高校及学生的价值理性，而对于社会来说，则意味着形成了对志愿服务整个体系的稳定的心理预期，志愿活动主体之间形成了关系型心理契约中核心的部分——尊重型心理契约，而这正是大学生志愿服务常态化发展的心理契约韧化机制。

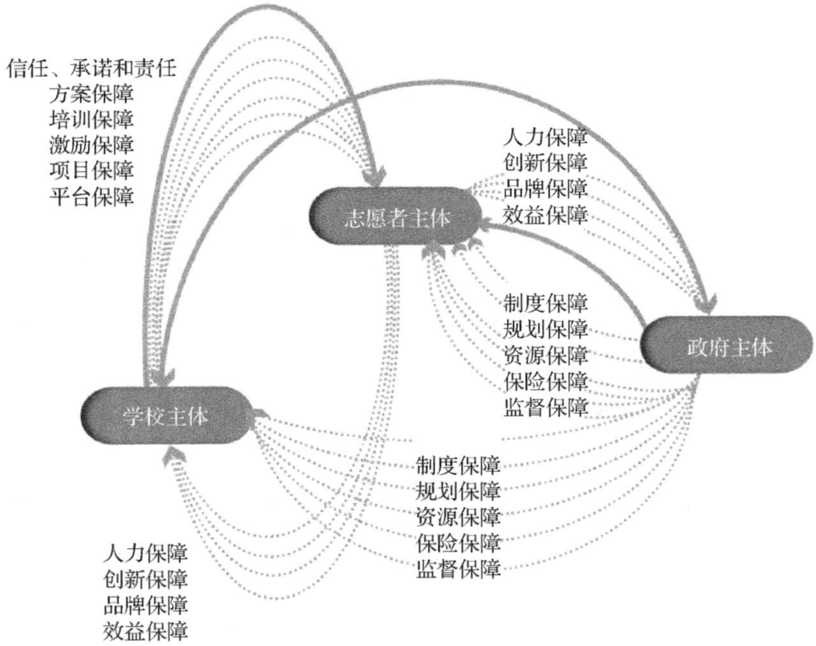

图 5-1　多元主体心理契约纽带韧化的实践机制

---

① 潘静. 思想政治教育视域下志愿者精神研究[M]. 北京：学习出版社，2022：198－203.

第四节　多方协同推动大学生志愿服务的常态化

从非常态化到常态化的转变是一个复杂的过程，涉及多方面的因素和机制。本节将探索这一转变的实践路径，特别是通过加强宣传教育、建立沟通和奖励机制，以及构建可兑换时间货币的信用体系，来保障和强化心理契约的稳定性和有效性。分析如何通过这些机制，确保志愿服务活动能够在不断变化的社会环境中保持其核心价值和目标，避免偏离其本质。通过这些策略的实施，志愿服务活动将能够更好地适应社会需求，同时也能够为志愿者提供更加丰富和有意义的参与经验，从而实现从非常态化到常态化的平稳过渡。

一、加强宣传教育，保障契约主体的思想不偏离

宣传教育在于使志愿服务克服功利主义思想，坚守马克思主义人本价值观，保证大学生志愿服务价值目标不发生偏离。充分利用各种媒体和渠道，通过宣传机制的引导和动员，宣传和弘扬志愿服务的意义、价值，以及规范和案例，提高志愿者的认知度和认同度，营造志愿服务的良好氛围和舆论导向，增强志愿者的自豪感和荣誉感。① 同时，将大学生志愿服务的实践与思想理论教育相结合，在马克思主义人本理论框架内去实践。

宣传教育的目的是培养大学生志愿者正确的价值观和服务意识，使他们能够从内心认同和支持志愿服务的理念与目标，自觉遵守志愿服务的规范和原则，积极参与志愿服务的活动和项目，不断提升自身的素质和能力，为社会和他人贡献自己的力量与智慧。宣传教育在马克思主义人本价值观统领下，内容应涵盖志愿服务的历史与现状、发展趋势、方式方法与效果评价等方面，以及志愿服务的社会意义、个人价值、道德要求、法律保障、风险防范等方面，以丰富的事实、数据、案例、故事、名言等形式，生动地展示志愿服务的魅力和影响，激发大学生志愿者的兴趣和热情，增强他们通过志愿服务履行社会责任的信心和热情。

宣传教育的方式应多样化、创新化、互动化，充分利用网络、新媒体等

---

① 周禄涛. 新时代大学生志愿服务高质量发展研究[D]. 福州：福建师范大学，2021.

平台，开展线上线下相结合的宣传活动，如志愿服务宣传周、志愿服务知识竞赛、志愿服务主题讲座、志愿服务经验交流、志愿服务优秀作品展示、志愿服务影像展播等，吸引大学生志愿者的关注和参与，扩大志愿服务的社会影响力和公众认知度。同时，还应加强与校内外的合作和沟通，如与高校党委、团委、学生会、学生社团、教师、校友等建立良好的协作关系，与地方政府、社会组织、企业、媒体等建立有效的对接渠道，共同推动志愿服务的宣传教育工作，形成志愿服务的良好氛围和舆论导向。从而，在全社会形成对志愿服务的认同感与稳定的心理预期，加固志愿服务多元主体的心理契约关系。

二、建立沟通机制，形成稳定的关系型心理契约

心理契约沟通机制是志愿服务常态化的协调因素，应建立有效的信息交流和反馈平台，及时了解和满足志愿者的需求与期望，解决志愿者的困惑和问题，消除志愿者的不满和抱怨，增进志愿者与组织、社会、受益者之间的理解和信任，促进志愿者的参与和贡献。

沟通机制的目的是维护和优化志愿服务的关系契约，即志愿者与志愿服务组织、社会、受益者之间的相互期望、承诺、责任、权利等，使之能够在平等、自愿、诚信、合作的基础上，形成稳定、和谐、良性的关系，实现志愿服务的共赢和发展。沟通机制的内容应涉及志愿服务的目标、任务、计划、安排、进展、评估、反馈、建议、表彰、奖励等方面，以及志愿者的需求、期望、困惑、问题等方面，通过多种方式和渠道，如电话、短信、邮件、微信、问卷、访谈、座谈、会议等，及时、有效、全面地进行信息的收集、传递、交流、反馈，及时解决沟通中出现的障碍和矛盾，消除信息的不对称和不透明，提高沟通的效率和质量。

沟通机制的方式应灵活化、个性化、多元化，根据不同的对象、内容、场合、时间、目的，选择合适的沟通方式和渠道，注意沟通的礼仪和技巧，尊重沟通对象的意见和感受，避免沟通的误解和冲突，实现沟通的双向和多向互动，从而形成沟通的良好氛围和效果。对沟通机制的效果可定期评估和总结，根据沟通的反馈和建议，不断完善和改进沟通的内容与方式，提升沟通的水平和能力，促进沟通的持续和深入，增进沟通主体的相互理解和信任，促进沟通和合作主体相互之间协调稳定的关系型心理契约的构建。

三、建立奖励机制，强化遵守契约的正向反馈

心理契约奖惩机制是志愿服务常态化的激励和约束因素，应建立科学的评价和考核体系，对志愿者的工作表现和工作成果进行客观和公正的评价与考核，对优秀的志愿者给予表彰和奖励，对违反规定或失职的志愿者给予批评和处罚，形成正向的激励效应和负向的惩戒效应，激发志愿者的积极性和主动性。

奖惩机制的目的是激励和约束志愿者的行为与态度，使他们能够按照志愿服务的要求和标准，认真履行自己的承诺和责任，积极完成任务和实现目标，不断提高工作质量和效率，为志愿服务的发展和进步做出贡献。奖惩机制的内容应涵盖志愿者的出勤、纪律、工作量、工作质量、工作效果、工作创新等方面，以及志愿者的态度、精神、能力、素养、影响等方面，通过量化和定性的方法，对志愿者的工作表现和工作成果进行评价。通过积极的评价，以及一些奖励措施，能够使志愿服务主体形成正向的心理反馈，从而加固志愿者与组织、志愿者与社会以及志愿者与受益主体的心理契约关系。

四、构建可兑换时间货币的信用体系，形成稳定预期

实现大学生志愿服务常态化，离不开主体“人”的心理认同以及由此决定的行为驱动力量的持久性。如前所述，欧美大学生志愿服务的时间银行模式，可以批判地为我所用。由政府或权威机构提供志愿服务时间银行系统，大学生志愿者在提供服务中可获得足迹记录以及时间货币，从而稳定他们对未来以及对社会、对组织付出后被肯定的心理预期。

时间银行是一种基于时间的互助交换模式，即参与者以自己的时间和技能为他人提供服务，从而获得相应的时间积分，再用这些积分兑换他人的服务或其他资源。时间银行的核心理念是“时间就是财富”，它强调人与人之间的平等、互助、共享，突破了传统的货币交换逻辑，实现了社会资本的循环利用和增值。

将时间银行引入大学生志愿服务，可以有效解决志愿服务中存在的激励不足、认可不够、效益不明等问题，提升志愿服务的吸引力和影响力，促进志愿服务的常态化和长效化。具体而言，可以从以下几个方面入手：

一是建立志愿服务时间银行平台。由政府或权威机构牵头，与高校、社会组织、企业等合作，建立统一的志愿服务时间银行平台，为志愿者提供注

册、认证、发布、查询、兑换等服务，实现志愿服务的信息化、网络化、智能化管理。平台应具备安全、稳定、便捷、透明的特点，保障志愿者的个人信息和时间积分的安全，提高志愿者的使用体验和信任感。

二是制定志愿服务时间积分规则。根据志愿服务的类型、内容、难度、时长、效果等因素，制定科学、合理、公正的时间积分规则，明确志愿者在提供服务时所能获得的时间积分数量，以及志愿者在兑换服务或资源时所需支付的时间积分数量。时间积分规则应具备灵活、动态、激励的特点，根据志愿服务的市场供需、社会效益、志愿者反馈等情况，及时调整时间积分的价值和兑换比例，激发志愿者的积极性和主动性。

三是拓展志愿服务时间积分用途。根据志愿者的需求和期望，拓展时间积分的兑换范围和方式，提高时间积分的流通性和实用性。时间积分可以用于兑换其他志愿者的服务，如家教、陪护、翻译、咨询等，也可以用于兑换社会资源，如培训、考试、就业、创业、旅游、文化等，还可以用于捐赠公益事业，如扶贫、救灾、环保、慈善等。时间积分的兑换应尽量简化程序，方便志愿者的操作和使用。

四是建立志愿服务时间积分信用体系。根据志愿者的时间积分获取和使用情况，建立志愿服务时间积分信用体系，对志愿者的信用进行评估和记录，形成志愿者的信用档案和信用等级，作为志愿者的社会荣誉和个人资本。信用体系应具备完善、公开、可监督等特点，保障志愿者的信用权益，惩戒志愿者的信用违约，提升志愿者的信用意识和信用水平。

总之，可兑换时间货币系统对于大学生志愿服务常态化的意义在于，它为志愿服务提供了一种新的激励和认可机制。在这样的系统中，大学生通过参与志愿服务活动可以获得一定的时间货币积分，这些积分可以在社区内兑换为其他服务或作为评选优秀志愿者等方面的参考依据。这种机制鼓励大学生将个人时间投入志愿服务中，同时也为他们的付出提供实际的回报和认可。它有助于将志愿服务转变为一种可持续的、有吸引力的活动，从而促进志愿服务的常态化发展。此外，通过时间货币系统，大学生的志愿服务不仅是一种社会贡献，也成了他们个人发展的一部分，有助于提升他们的社会责任感和公民意识。可兑换时间货币系统，使大学生与未来有约，意味着大学生志愿服务更倾向于朝着马克思主义人与社会互动发展的方向前进。

结论与未来研究的展望

本研究以马克思主义人本价值目标引领下的心理契约理论为理论基础，从以马克思主义为“体”、西方管理学理论为“用”的“体用关系”视角，对大学生志愿服务常态化问题进行了深入的探讨和分析。本研究的主要结论和贡献如下：

（1）从本质特征和双重意义两个方面，对大学生志愿服务常态化进行了界定和阐释，提出了大学生志愿服务常态化的概念内涵和外延，明确了大学生志愿服务常态化对于个人成长和社会进步的重要价值与意义。

（2）通过问卷调查和访谈以及个案分析，对大学生志愿服务的现状和问题进行了实证研究，发现大学生志愿服务并没有达到常态化状态，而是存在着不同的层次和类型，表现出一些非常态化的特征，如主体自愿性不足、动机公益性不强、时间持续性不高、服务专业性不够、对象广泛性不够、区域均衡性不理想、内容精准性不够等。

（3）从马克思主义人本理论和心理契约理论两个维度，对大学生志愿服务非常态化问题进行了理论解释，揭示了大学生志愿服务非常态化问题的根源在于偏离了马克思主义人本价值目标，导致相关主体之间心理契约关系的失衡和异化。本研究创新性地将马克思主义人本理论和心理契约理论结合起来，构建了一个“体用关系”的交叉视角，为分析大学生志愿服务常态化问题提供了一个新的理论框架。

（4）通过对国内外做法的比较分析，总结了一些促进大学生志愿服务常态化的经验和启示，如信用记录模式、时间银行模式、法儒相济模式等。本研究还从目标引领的角度，提出了通过韧化多元主体心理契约关系纽带促成志愿服务常态化的策略和路径，为推动大学生志愿服务常态化提供了一些可行的建议和措施。

本研究虽然取得了一些成果，但也存在着一些不足和局限，需要后续深化研究：

（1）调查范围和样本量有限，只涉及部分高校和社区，可能很难全面反映大学生志愿服务的整体情况和特点。未来可以扩大调查范围和样本量，增加调查的代表性和普遍性。特别是要从社会大系统的角度，脱离大学生研究大学生，脱离高校研究高校，从社会的视角、从社会群众（曾经的大学生）参与志愿服务方面，了解和揭示大学生志愿服务常态化在教育（人的成长）和社会进步层面的效果与意义。当然这不是本研究可以穷尽的问题，须另立选题进行研究。

（2）理论框架还有待完善和提升。本研究初步探索了马克思主义人本理论和心理契约理论在大学生志愿服务常态化问题上的结合，指明了以马克思主义人本理论为“体”，即解决方法论和大方向问题；以心理契约理论为“用”，即解决具体方法和现实工具问题。然而，这两种理论之间的关系本身就非常复杂，具体要与时代紧密结合，未来可以进一步完善和系统化这个理论框架，使其逻辑性更充分、说服力更强。

（3）实践建议方面，提出了一些比较宏观和抽象的策略与路径，虽然有一定的操作性，但是还可以进一步细化和具体化这些实践建议，从而进一步增强其可行性和有效性。

总之，本研究是对大学生志愿服务常态化问题的一次尝试性探索和分析，希望能为相关的理论研究和实际工作提供一些参考和启发，也期待学术界对这一问题予以更多关注和研究，从而为促进大学生志愿服务常态化做出更多的探索。

附录一：大学生志愿服务情况调查问卷

亲爱的同学：

您好！

感谢您参与本次大学生志愿服务情况调查，这是一项旨在了解大学生志愿服务现状、存在问题和改进对策的调查。请您花费 10 分钟左右的时间，根据您的实际情况，选择回答以下问题。您的回答将对我们的研究有很大的帮助，也将有助于我们提高大学生志愿服务的常态化水平。请放心，您的回答将被严格保密，仅用于学术研究和教学目的。

请在每个问题后的括号内选择填写您认为最合适的答案，如果没有合适的选项，请选择“其他”并说明。

1. 您是否参加过志愿服务？

- 是（　　）
- 否（　　）

2. 如果您参加过志愿服务，请问您参与过哪些志愿服务项目？（可多选）

- 教育类（　　）
- 环保类（　　）
- 关爱类（　　）
- 公益类（　　）
- 其他（请注明：　　　　　　　　　　　　　　　　）

3. 如果您参加过志愿服务，请问您参与志愿服务的主要动机是什么？请从以下选项中选择最符合您动机的一项。

- 为社会做贡献，帮助他人，实现自我价值（　　）
- 增加社会经验，提高个人能力，拓展人脉（　　）
- 应付学校要求，完成学分或获得证书（　　）

- 其他原因，如兴趣爱好，跟随朋友等（　　）

4. 如果您参加过志愿服务，请问您每周参与志愿服务的平均时长是多少？

- 小于 1 小时（　　）
- 1 ~2 小时（　　）
- 2 ~3 小时（　　）
- 3 ~4 小时（　　）
- 大于 4 小时（　　）

5. 如果您参加过志愿服务，请问您对参与志愿服务在帮助和收获方面有何评价？请从以下选项中选择最符合您感受的一项。

- 对自己和他人来说都有很大帮助和收获（　　）
- 对自己有一定帮助和收获，对他人影响不大（　　）
- 对自己没有太大帮助和收获，对他人效果不明显（　　）
- 对自己无任何帮助和收获，对他人造成负面影响（　　）

6. 如果您参加过志愿服务，请问您对参与过的志愿服务是否满意？请从以下选项中选择最符合您态度的一项。

- 非常满意，并愿意继续参与（　　）
- 比较满意，并可能会继续参与（　　）
- 不太满意，并不太想继续参与（　　）
- 非常不满意，并不会继续参与（　　）

7. 如果您参加过志愿服务，请问您对志愿服务项目、管理、培训、激励等方面有何意见和建议？请在下面的空白处填写您的回答。

（　　　　　　　　　　　　　　　　　　　　　　　　　　　　）

8. 如果您没有参加过志愿服务，请问您是否有意愿参与志愿服务？

- 有意愿（　　）
- 没有意愿（　　）

9. 如果您有意愿参与志愿服务，请问您希望参与哪些类型的志愿服务项目？（可多选）

- 教育类（　　）
- 环保类（　　）
- 关爱类（　　）
- 公益类（　　）

- 其他（请注明：   ）

10. 如果您有意愿参与志愿服务，请问您希望通过什么渠道了解和报名参加志愿服务项目？（可多选）

- 学校官网或公众号（　　）
- 学生会或社团组织（　　）
- 志愿者协会或平台（　　）
- 社区或基层组织（　　）
- 其他（请注明：   ）

11. 请对志愿服务组织的登记注册要求进行评价，1 分表示非常不合理，5 分表示非常合理。

- 1 分（　　）
- 2 分（　　）
- 3 分（　　）
- 4 分（　　）
- 5 分（　　）

12. 请对志愿服务组织的登记注册程序进行评价，1 分表示非常不便利，5 分表示非常便利。

- 1 分（　　）
- 2 分（　　）
- 3 分（　　）
- 4 分（　　）
- 5 分（　　）

13. 如果您对志愿服务组织的登记注册制度有任何意见或建议，请在下面的空白处填写。（   ）

14. 请对志愿服务活动的评价标准进行评价，1 分表示非常不公正，5 分表示非常公正。

- 1 分（　　）
- 2 分（　　）
- 3 分（　　）
- 4 分（　　）
- 5 分（　　）

15. 请对志愿服务活动的评价方法进行评价，1 分表示非常不科学，5 分表示非常科学。

- 1 分（ ）
- 2 分（ ）
- 3 分（ ）
- 4 分（ ）
- 5 分（ ）

16. 如果您对志愿服务活动的评价激励制度有任何意见或建议，请在下面的空白处填写。（ ）

17. 请对志愿者的培训内容进行评价，1 分表示非常不相关，5 分表示非常相关。

- 1 分（ ）
- 2 分（ ）
- 3 分（ ）
- 4 分（ ）
- 5 分（ ）

附录二：访谈提纲

注：本提纲是访谈之前准备的提纲。访谈有别于问卷调查，为避免类似于问卷调查有可能程序化导致的信息失真，本着随机接近访谈对象，拉近心理距离的原则，主要是以看似不经意聊天的方式进行。以下访谈提纲并非面向访谈对象的直接提问内容，而是研究者有意努力获取或尽量引导谈话对象将话题靠近的相关问题，所以以下提纲不存在与具体谈话有直接的对应性，得到的信息也并非完全与事先准备的提纲所要涵盖的信息完全一致。

一、面向大学生的访谈提纲：

1. 请您介绍一下您自己的基本情况。

2. 您是否参与过大学生志愿服务活动？如果是，请您描述一下您参与的活动的类型、时间、地点、内容、目标、收获等。

3. 您是出于什么动机参与大学生志愿服务活动的？您对志愿服务的态度是什么？您认为志愿服务对您的个人发展有何影响？你参加的志愿服务活动离您学校多远？

4. 您对大学生志愿服务的常态化有什么看法？您对志愿服务走向常态化有何建议和意见？

5. 您对大学生志愿服务的组织和管理有什么评价？您认为有哪些优点和不足？您对改进和完善的建议和意见是什么？

6. 您对大学生志愿服务的效果和价值有什么评价？

7. 关于大学生志愿服务，您还有什么想要补充或者分享的内容吗？请谈谈您的想法。

二、面向社区居民的访谈提纲：

1. 请您介绍一下您自己的基本情况，包括姓名、年龄、职业、住址、社区等。

2. 您是否接触过大学生志愿服务活动？如果是，请您描述一下您接触的活动的类型、时间、地点、内容等。

3. 您是怎样看待大学生志愿服务活动的？您对志愿者的态度是什么？您认为志愿服务对您或您身边的人的生活质量有什么影响？

4. 您对大学生志愿服务的常态化有什么看法？您认为常态化对社区的发展有何作用？

5. 您对大学生志愿服务组织和管理有何评价？您认为有何优点和不足？

6. 您对大学生志愿服务的效果和价值有何评价？您认为有哪些效果和存在哪些问题？

7. 您还有什么想要补充或者分享的关于大学生志愿服务的内容吗？请您表达您的想法和感受。

参考文献

经典著作:

[1] 马克思恩格斯选集(1-4卷)[M].北京:人民出版社,2012.

[2] 马克思恩格斯文集(1卷)[M].北京:人民出版社,2009.

[3] 列宁选集(1-4卷)[M].北京:人民出版社,2012.

[4] 毛泽东选集(1-4卷)[M].北京:人民出版社,2009.

[5] 毛泽东文集(1-2卷)[M].北京:人民出版社,1993.

[6] 毛泽东文集(3-5卷)[M].北京:人民出版社,1996.

[7] 毛泽东文集(6-8卷)[M].北京:人民出版社,1999.

[8] 邓小平文选(1-3卷)[M].北京:人民出版社,1993、1994.

[9] 邓小平文集(上中下卷)[M].北京:人民出版社,2014.

[10] 江泽民文选(1-3卷)[M].北京:人民出版社,2006.

[11] 胡锦涛文选(1-3卷)[M].北京:人民出版社,2016.

[12] 习近平谈治国理政(第一卷)[M].北京:外文出版社,2018.

[13] 习近平谈治国理政(第二卷)[M].北京:外文出版社,2017.

[14] 习近平谈治国理政(第三卷)[M].北京:外文出版社,2020.

[15] 习近平谈治国理政(第四卷)[M].北京:外文出版社,2022.

[16] 中共中央文献研究室.习近平总书记重要讲话选编[M].北京:中央文献出版社,2016.

[17] 中共中央文献研究室.习近平关于青少年和共青团工作论述摘编[M].北京:中央文献出版社,2017.

[18] 中共中央党史和文献研究院.习近平关于"不忘初心、牢记使命"重要论述选编[M].北京:中央文献出版社,党建读物出版社,2017.

[19] 中共中央党史和文献研究院.习近平关于调查研究论述选编[M].

北京:党建读物出版社,中央文献出版社,2023.

中外著作:

[1] 教育部. 深入学习习近平关于教育的重要论述[M]. 北京:人民出版社,2019.

[2] 中共中央党史和文献研究院. 论党的青年工作[M]. 北京:中央文献出版社,2022.

[3] 中共中央宣传部. 习近平新时代中国特色社会主义思想三十讲[M]. 北京:学习出版社,2018.

[4] 中共中央宣传部. 习近平新时代中国特色社会主义思想学习纲要[M]. 北京:学习出版社,人民出版社,2023.

[5] 中共中央宣传部. 习近平新时代中国特色社会主义思想学习问答[M]. 北京:学习出版社,人民出版社,2021.

[6] 中共中央宣传部. 毛泽东邓小平江泽民论社会主义道德建设[M]. 北京:学习出版社,2001.

[7] 北京志愿服务发展研究会. 中国志愿服务大辞典[M]. 北京:中国大百科全书出版社,2014.

[8] 北京青年志愿者协会. 走进志愿服务[M]. 北京:中国国际广播出版社,2006.

[9] 北京青年志愿者协会. 志愿组织建设与管理[M]. 北京:中国国际广播出版社,2006.

[10] 北京青年志愿者协会. 志愿者你准备好了吗[M]. 北京:中国国际广播出版社,2006.

[11] 共青团中央青年志愿者工作部主编. 社会主义核心价值观与青年志愿者行动[M]. 北京:人民出版社,2015.

[12] 中国志愿服务联合会编著. 中国志愿服务发展报告(2017)[M]. 北京:社会科学文献出版社,2017.

[13] 广东省少年儿童救助保护中心组编. 志愿服务与践行[M]. 广州:华南理工大学出版社,2014.

[14] 单江林. 校园志愿服务教程[M]. 北京:科学出版社,2009.

[15] 丁元竹,江汛清,谭建光. 中国志愿服务研究[M]. 北京:北京大学出版社,2007.

[16] 丁元竹,郑瑞涛,王鹏. 志愿服务指标体系研究[M]. 北京:清华大学

出版社,2018.

［17］陈秋明.大学生志愿服务理论与实践［M］.北京:商务出版社,2018.

［18］党秀云.志愿服务制度化:北京经验与反思［M］.北京:国家行政学院出版社,2013.

［19］丁帅.大学生志愿服务中价值观培育研究［M］.北京:经济日报出版社,2020.

［20］袁智杰,王倩.新时代大学生志愿服务理论与实践［M］.北京:现代出版社,2022.

［21］李茂平.志愿服务与道德建设［M］.北京:中国社会出版社,2020.

［22］陶倩,等.新时代中国特色志愿服务发展研究［M］.北京:社会科学文献出版社,2018.

［23］张红霞.文化多样化背景下大学生志愿服务育人功能研究［M］.北京:中国社会科学出版社,2020.

［24］王为正,刘佳.大学生志愿服务长效机制建设研究［M］.北京:人民出版社,2015.

［25］魏娜.志愿服务概论［M］.北京:中国人民大学出版社,2018.

［26］丁元竹,江汛清.志愿活动研究:类型、评价与管理［M］.天津:天津人民出版社,2001.

［27］张勤.志愿者培育与可持续发展研究［M］.北京:中国社会科学出版社,2016.

［28］陆士桢.中国特色志愿服务概论［M］.北京:新华出版社,2016.

［29］戴彩虹.新时期大学生志愿服务研究［M］.北京:中国大地出版社,2018.

［30］穆青.志愿服务理论与实践研究［M］.北京:北京理工大学出版社,2010.

［31］许莲丽.新时代中国志愿服务理论与实践的新探索［M］.北京:人民出版社,2018.

［32］张晓红.高校志愿服务项目案例分析［M］.北京:人民出版社,2019.

［33］罗立军,汪家华.传统文化与志愿服务实践［M］.广州:暨南大学出版社,2020.

［34］安国启.志愿行动在中国:中国志愿行动研究［M］.北京:中央文献出版社,2002.

［35］ 曹卫洲. 国外青年志愿服务活动概况［M］. 北京：中国青年出版社,1998.

［36］ 陈曦. 大学生志愿服务［M］. 北京：冶金工业出版社,2009.

［37］ 江汛清,廖恳. 与世界同行：全球化下的志愿服务［M］. 杭州：浙江人民出社,2005.

［38］ 莫于川. 中国志愿服务立法的新探索［M］. 北京：法律出版社,2009.

［39］ 穆青. 志愿服务理论与实践研究［M］. 北京：北京理工大学出版,2010.

［40］ 沈望舒. 论中国特色志愿服务文化［M］. 北京：新华出版社,2021.

［41］ 佘双好. 志愿服务概论［M］. 北京：武汉大学出版社,2013.

［42］ 田军. 志愿服务理论与实践［M］. 上海：立信会计出版社,2007.

［43］ 罗文章,覃正爱. 道德的阳光——学雷锋常态化研究［M］. 北京：人民出版社,2015.

［44］ 孟宪平. 社会主义核心价值体系建设常态化研究［M］. 北京：人民出版社,2019.

［45］ 季惠斌. 大学生思想政治教育常态化发展研究［M］. 沈阳：辽宁人民出版社,2018.

［46］ 李宝梁. 完善志愿服务发展机制研究［M］. 天津：天津社会科学院出版社,2017.

［47］ 钱理群. 论志愿者文化［M］. 北京：生活 · 读书 · 新知三联书店,2018.

［48］ 罗公利,肖强. 青年志愿服务长效机制建设研究——以山东省大学生志愿服务为例［M］. 北京：经济科学出版社,2014.

［49］ 荣德垦. 青春与伙伴同行——我国志愿服务法律法规与政策选编［M］. 杭州：浙江工商大学出版社,2017.

［50］ 张晓红. 论志愿服务教育［M］. 北京：人民出版社,2017.

［51］ 沈杰. 志愿行动. 中国社会的探索与践行［M］. 北京：人民出版社,2009.

［52］ 谭建光. 志愿服务：理念与行动［M］. 北京：人民出版社,2014.

［53］ 张晓红. 高校志愿服务发展报告［M］. 北京：中国青年出版社,2017.

［54］ 陶倩. 当代中国志愿精神的培养研究［M］. 上海：上海人民出版社,2013.

［55］孙婷. 志愿失灵及其矫正中的政府责任——以北京志愿服务为例［M］. 北京:知识产权出版社,2011.

［56］张洪彬. 思想政治教育中志愿精神问题研究［M］. 北京:人民出版社,2015.

［57］郑朝静. 大学生志愿精神培育［M］. 北京:社会科学文献出版社,2013.

［58］卓高生. 大学生志愿精神作用机理及实证研究［M］. 北京:中国社会科学出版社,2016.

［59］袁媛,刘建成. 志愿服务政策法规概览［M］. 太原:山西经济出版社,2009.

［60］张耀灿,陈万柏. 思想政治教育学原理［M］. 北京:高等教育出版社,2001.

［61］项久雨. 思想政治教育价值论［M］. 北京:中国社会科学出版社,2003.

［62］高书祥,王萍,李杨. 新时期志愿服务制度化研究——以沈阳市为例［M］. 沈阳:东北大学出版社,2018.

［63］王洪松. 当代中国的志愿服务与公民社会建设［M］. 北京:中国政法大学出版社,2015.

［64］余逸群,纪秋发. 中国志愿服务:历史、实践与发展［M］. 北京:北京理工大学出版社,2016.

［65］王婕,蒲清平. 新时代中国青年志愿服务理论与实践［M］. 北京:人民出版社,2022.

［66］陶然. 中国大学生志愿服务概念、精神、场域研究［M］. 南京:江苏人民出版社,2022.

［67］李磊. 基于心理契约的信任价值观建构研究［M］. 天津:南开大学出版社,2020.

［68］宋马林,孙玉环. 高校教学二重主体心理契约履行现状及契合程度调查研究［M］. 北京:科学出版社,2018.

［69］吴楠,朱虹. 马克思人本思想的历史轨迹及其当代价值［M］. 北京:中国社会科学出版社,2016.

［70］蒋锦洪,刘洋,闫莉. 马克思的人本思想及其当代价值研究［M］. 上海:上海人民出版社,2021.

［71］崔秋锁，付秀荣，丁立卿. 马克思人本思想研究［M］. 北京：人民出版社，2014.

［72］［德］康德. 道德形而上学原理［M］. 苗力田，译. 上海：上海人民出版社，2002.

［73］［古希腊］亚里士多德. 尼各马可伦理学［M］. 廖申白，译. 北京：商务印书馆，2003.

［74］［美］马斯洛. 人类价值新论［M］. 胡万福，等译. 石家庄：河北人民出版社，1988.

［75］［德］马克思·韦伯. 新教伦理与资本主义精神［M］. 简惠美，译. 北京：华夏出版社，1988.

［76］［美］马尔库塞. 单向度的人［M］. 张峰，等译. 重庆：重庆出版社，1988.

［77］［英］亚当·斯密. 道德情操论［M］. 谢宗林，译. 北京：中央编译出版社，2016.

［78］［英］约翰·穆勒. 功利主义［M］. 徐大建，译. 上海：上海世纪出版集团，2008.

中文期刊：

［1］徐原. 新时代构建高校志愿服务体系的路径探索［J］. 人民论坛·学术前沿，2022(2).

［2］张网成，陈锋. 双因素理论视野下的大学生志愿服务激励政策［J］. 浙江工商大学学报，2021(4).

［3］陶然. 试论大学生志愿服务“双内核”精神［J］. 学校党建与思想教育，2019(20).

［4］金艳，朱煜. 大学生志愿精神的新时代意蕴［J］. 学校党建与思想教育，2019(2).

［5］张红霞. 论大学生志愿服务参与社区治理的实现［J］. 社会科学家，2019(2).

［6］严惠敏，许益锋，陈鸿佳. 改革开放以来大学生志愿服务的特点与新时代发展趋向［J］. 思想理论教育，2018(4).

［7］张晓红. 正确解读大学生志愿服务［J］. 人民论坛，2018(19).

［8］杨威. 大学生志愿服务的三个乱象——让大学生志愿服务活动回归初心［J］. 人民论坛，2018(19).

[9] 林彩燕. 社会功能视野下提高大学生志愿服务质量论析[J]. 学校党建与思想教育,2018(4).

[10] 孟珍伟. 充分发挥大学生志愿服务的育人作用[J]. 吉首大学学报(社会科学版),2017,38(S2).

[11] 傅帅雄,刘雨青,黄顺魁. 提升大学生志愿服务活动的思想政治教育功能的思考[J]. 思想理论教育导刊,2016(11).

[12] 许人冰. 论高校大学生志愿服务体系存在的问题及其优化[J]. 广东青年干部学院学报,2011(1).

[13] 黄艳. 当代大学生志愿服务现状、问题与对策[J]. 高等农业教育,2014(2).

[14] 徐子恒,王为正. 高校青年志愿服务存在的问题及对策[J]. 思想理论教育导刊,2014(8).

[15] 黄巧荣. 大学生志愿精神的培育与弘扬[J]. 当代青年研究,2012(3).

[16] 陶倩,肖炳南. 大学生志愿精神培养的理论思考[J]. 思想教育研究,2012(11).

[17] 许黎英. 论大学生志愿精神的培育[J]. 浙江社会科学,2013(6).

[18] 齐秀强,赵英丽. 社会工作视角下大学生志愿服务长效机制构建[J]. 当代青年研究,2013(7).

[19] 魏娜,王哲. 志愿服务对公共服务的价值与影响[J]. 当代青年研究,2016(1).

[20] 刘海春,姚岱虹. 社会治理视域下大学生志愿服务长效机制的构建[J]. 思想教育研究,2014(6).

[21] 丁科,张明霞. 大学生志愿服务的思想政治教育功能及其实现[J]. 教育与职业,2015(8).

[22] 兰英,彭林权. 试论大学生志愿服务的育人功能[J]. 学校党建与思想教育,2015(2).

[23] 张红霞. 论大学生志愿服务的育人功能及其实现路径[J]. 思想理论教育导刊,2019(1).

[24] 王娟. 胡希希. 中日大学生志愿服务的异同比较和启示[J]. 日本问题研究. 2013(3).

[25] 王莉. 大学生志愿精神培育略论[J]. 学校党建与思想教育,2015

(22).

[26] 卓高生,易招娣. 服务学习理论视域下大学生志愿精神培育策略探析[J]. 河北学刊,2014(3).

[27] 蔡振春. 青年大学生志愿服务长效机制构建探索[J]. 学校党建与思想教育,2017(6).

[28] 曹常玲. "服务学习"视域中的大学生志愿服务常态化机制探究[J]. 中国成人教育,2016(13).

[29] 薛志谦. 基于创新创业思维的大学生志愿服务常态化路径研究[J]. 当代青年研究,2016(03).

[30] 刘燕清,陈玉林. 大学生志愿服务失灵及矫正机制构建[J]. 当代青年研究,2016(3).

[31] 林彩燕. 志愿服务的问题与对策初探——以大学生志愿服务的供需调查为视角[J]. 浙江学刊,2016(3).

[32] 柯凤华. 大学生志愿服务常态化路径构建[J]. 人民论坛,2015(26).

[33] 孙志勇,冯译冉. 思想政治教育视域下的大学生志愿服务探析——以河北省大学生志愿服务活动为例[J]. 河北学刊,2015,35(2).

[34] 顾洪英. 充分发挥志愿服务在大学生思想政治教育中的载体作用[J]. 思想理论教育导刊,2014(6).

[35] 张红霞,张耀灿. 文化多样化对我国大学生志愿服务的影响及对策[J]. 社会科学家,2014(6).

[36] 刘子实,郭欣媛. 公民志愿精神的培育离不开社会环境的优化[J]. 人民论坛,2018(18).

[37] 周青利. 马克思主义发展观为志愿服务提供不竭动力[J]. 人民论坛,2019(16).

[38] 孙宁华. 志愿服务:社会主义核心价值观的公民实践[J]. 中国高等教育,2016(22).

[39] 殷向杰,许尧. 我国志愿服务发展的困境、成因及完善思路[J]. 道德与文明,2014(2).

[40] 李茂平. 志愿服务与社会主义道德建设[J]. 湖南社会科学,2012(5).

[41] 万斌,高嵘. 当代中国志愿精神的三维把握[J]. 山东师范大学学报(人文社会科学版),2012(6).

[42] 张耀灿. 关于弘扬志愿精神的几个问题[J]. 思想政治教育研究,2011(5).

[43] 俞可平. 人的全面发展:马克思主义的最高命题和根本价值[J]. 马克思主义与现实,2001(5).

[44] 张拥军. 新时代高校志愿服务育人功能及其实现路径探析[J]. 思想教育研究,2019(6).

[45] 张晓红. 高校志愿服务教育课程化路径探索[J]. 思想教育研究,2011(5).

[46] 张晓红,苏超莉. 大学生“被志愿”:志愿服务的自愿性与义务性[J]. 中国青年社会科学,2017(1).

[47] 曾琰,陶倩. 志愿服务的价值理性与工具理性及其关系[J]. 思想教育研究,2010(8).

[48] 魏娜,刘子洋. 论志愿服务的本质[J]. 中国人民大学学报,2027,31(6).

[49] 王为正. 关于大学生志愿者服务活动长效机制建设的思考[J]. 思想理论教育导刊,2011(2).

[50] 王为正,徐子恒. 浅析中国高校志愿服务网络框架的现状与发展[J]. 思想教育研究,2013(9).

[51] 田丽娜. 论志愿精神与社会主义核心价值观的契合性[J]. 思想教育研究,2015(9).

[52] 谭建光. 中国特色的志愿服务理论体系分析[J]. 青年探索,2015(1).

[53] 谭建光. 中国志愿服务:从青年到社会——改革开放40年青年志愿服务的价值分析[J]. 中国青年研究,2018(4).

[54] 任志勇,王丽新. 关于培育新时代中国志愿服务文化的思考[J]. 学校党建与思想教育,2018(16).

[55] 马晓君. 志愿服务视角下的高校德育机制构建[J]. 黑龙江高教研究,2016(12).

[56] 陈晓运. 1949年以来中国志愿服务的变迁逻辑[J]. 青年探索,2018(4).

[57] 蒋直平,陈晚云. 志愿精神:大学教育的应然追求[J]. 理论与改革,2015(5).

［58］李玮，林伯海. 利己与利他关系视角下的大学生志愿精神培育［J］. 西南交通大学学报（社会科学版），2018，19（2）.

［59］李玮，林伯海. 新时代中国志愿精神的内涵特点与培育践行［J］. 学习与实践，2018（10）.

［60］王莹，尚琳琳. 志愿服务的道德属性及其在国家治理中的作用［J］. 道德与文明，2018（1）.

［61］康秀云. 美国培育积极公民的志愿服务路径研究［J］. 外国教育研究，2012，39（7）.

［62］纪秋发. 美国人参与志愿服务现状及启示［J］. 北京青年研究，2016（4）.

［63］敖带芽. 德国志愿体系对我国发展志愿组织的借鉴与思考［J］. 探求，2014（2）.

［64］冯旺舟，戴芸芸. 新时代高校志愿服务融入社区治理的困境与重塑——基于大数据的视角［J］. 中国青年社会科学，2021（3）.

［65］冯德安，牛璐瑶. 改革开放以来我国青年志愿服务回顾与未来发展路径分析［J］. 北京青年研究，2019（1）.

［66］刘波亚. 网络志愿服务：互联网时代志愿服务的拓展与延伸［J］. 贵州大学学报（社会科学版），2013（3）.

［67］李强. 志愿服务在公民道德建设中的价值和功能［J］. 探求，2016（6）.

［68］陈东利. 论共同富裕的志愿服务伦理实现路径［J］. 西北民族大学学报（哲学社会科学版），2022（2）.

［69］彭柏林. 墨家志愿服务伦理思想及其当代价值［J］. 北京大学学报（哲学社会科学版），2022（2）.

［70］肖雅月，张晓东. 志愿服务的伦理之维［J］. 江苏社会科学，2021（1）.

［71］孙宁华. 公民参与志愿服务的道德困境与出路［J］. 学校党建与思想教育，2015（8）.

［72］王婕，蒲清平，刘晓云. 新时代志愿服务参与社会治理的逻辑方略［J］. 重庆大学学报（社会科学版），2018（5）.

［73］赵少华，王华琳. 新时期高校志愿服务的机遇、挑战与对策［J］. 中国青年研究，2017（12）.

［74］姜泽廷. 志愿服务价值与马克思主义人的价值理论的联系［J］. 北京

交通大学学报(社会科学版),2012(2).

[75] 高地. 关于新时代大学生志愿精神培育的整体性思考[J]. 思想教育研究,2020(5).

[76] 金伟,鞠彬彬. 中国特色志愿服务的边界分析[J]. 学习与实践,2022(2).

[77] 张雪,金艳. 论新时代大学生志愿精神培育的着力点[J]. 学校党建与思想教育,2020(12).

[78] 彭惠青,付钰平. 我国青少年志愿精神培育与制度倡导[J]. 学校党建与思想教育,2016(1).

[79] 张冰,朱小磊. 大学生持续性志愿服务行为影响因素[J]. 当代青年研究,2018(5).

[80] 张杰. 我国志愿服务组织的行政化倾向及校正路径[J]. 理论月刊,2014(9).

外文文献:

[1] Nesbit, R. & Brudney, J. L. Projections and policies for volunteer programs: the implications of the serve America Act for Volunteer Diversity and Management [J]. *Nonprofit Management & Leadership*, 2013, 24 (1): 3 -21.

[2] Morten, Frederiksen. Dangerous, commendable or compliant: How nordic people think about volunteers as providers of public welfare services [J]. *International Society for Third-Sector Research*, 2015 (26): 1739 -1758.

[3] Boje. *Civilsamfund medborgerskab og deltagelse* [R]. København: Hans Reitzels Forlag, 2017.

[4] Evans, Adam, Nistrup, Anne & Pfister, Gertrud. Active ageing in Denmark[J]. *Journal of Aging Studies*, 2018 (46): 1 -9.

[5] Ane, Grubb1 & Lars, Skov Henriksen. On the changing civic landscape in Denmark and its consequences for civic action[J]. *International Society for Third-Sector Research*, 2018 (12): 1 -12.

[6] Huang, Meibo. & Hu, Jianmei. Foreign aid study: Chinese schools and Chinese points [J]. *The Pacific Review*, 2020 (12): 1 -30.

学位论文:

[1] 张洪彬. 论志愿精神[D]. 长春:东北师范大学,2011.

[2] 郑朝静. 大学生志愿精神培育研究[D]. 福州:福建师范大学,2012.

［3］刘雨青. 共青团青年志愿服务工作机制的建构与完善研究［D］. 南昌:南昌大学,2015.

［4］张祖冲. 志愿精神中志愿者责任意识的培育研究［D］. 上海:上海大学,2016.

［5］徐帅. 中国特色志愿服务体制研究［D］. 北京:北京交通大学,2017.

［6］孙宁华. 志愿服务的伦理研究［D］. 苏州:苏州大学,2017.

［7］丁帅. 大学生志愿服务中价值观培育研究［D］. 北京:中国矿业大学,2018.

［8］张文智. 新时代大学生志愿服务问题研究［D］. 长春:东北师范大学,2019.

［9］柳杨. 新时代大学生志愿服务研究［D］. 沈阳:辽宁大学,2020.

［10］卢翠荣. 新时代大学生理想信念教育常态化研究［D］. 石家庄:河北师范大学,2021.

［11］周禄涛. 新时代大学生志愿服务高质量发展研究［D］. 福州:福建师范大学,2021.